T0122660

LA PHILOSOPHIE EMPIRISTE
DE
DAVID HUME

BIBLIOTHÈQUE D'HISTOIRE DE LA PHILOSOPHIE

Fondateur : Henri GOUHIER   Directeur : Jean-François COURTINE

Michel MALHERBE

LA PHILOSOPHIE EMPIRISTE

DE

DAVID HUME

Quatrième édition corrigée

PARIS

LIBRAIRIE PHILOSOPHIQUE J. VRIN

6, Place de la Sorbonne, Vᵉ

2001

© *Librairie Philosophique J. VRIN,* 1976, 1984, 1992

(*pour les précédentes éditions,* ISBN 2-7116-0539-6)

© 2001 *pour la présente édition*

Imprimé en France

ISBN 2-7116-1480-8

AVERTISSEMENT

Les références se liront de la façon suivante :

1. *Traité* : *Traité de la Nature Humaine*
Le titre est suivi de l'indication du livre, de la partie, de la section, puis de la page dans l'édition anglaise de Selby-Bigge (Oxford 1888), enfin de la page de la traduction de Ph. Baranger et Ph. Saltel pour le premier livre, de J.-P. Cléro pour le second, de Ph. Saltel pour le troisième (tous volumes parus dans la collection GF, Paris 1995, 1991, 1993).

2. *Abrégé* : *Abrégé du Traité de la Nature Humaine*
Le titre est suivi de l'indication de la page dans l'édition anglaise de Keynes et Sraffa (Londres 1938), puis de la page de la traduction de D. Deleule (Paris 1971, Aubier).

3. *Essais* : *Essais moraux, politiques et littéraires*
Le titre est suivi de l'indication de la partie, puis de la page dans l'édition anglaise d'E. Miller (2ᵉ ed., Indianapolis 1986, *Liberty Classics*), enfin de la page de la traduction de M. Malherbe pour la première partie (Paris 1999, Vrin) et de la traduction de F. Granjean pour la seconde partie (sous le titre : *Discours politiques*, Mauvezin 1993, T.E.R.).

4. *Enquête* : *Enquête sur l'Entendement Humain*

Le titre est suivi de l'indication de la section, puis de la page dans l'édition anglaise de Selby-Bigge (Oxford 1902), révisée par P.H. Nidditch (Oxford 1975, Clarendon Press), qui réunit les deux *Enquêtes*, enfin de la page de la traduction revue de D. Deleule (Paris 1999, livre de poche).

5. *Morale* : *Enquête sur les Principes de la Morale*

Le titre est suivi de l'indication de la section, puis de la page dans l'édition de Selby-Bigge, révisée par Nidditch, enfin de la page de la traduction de Ph. Saltel (Paris 1991, GF).

6. *Histoire* : *L'Histoire Naturelle de la Religion*

Le titre est suivi de l'indication du tome et de la page dans l'édition de A.W. Colver (Oxford 1976, Clarendon Press), puis de la page de la traduction de M. Malherbe (3e ed., Paris 1996, Vrin).

7. *Dialogues* : *Dialogues sur la Religion Naturelle*

Le titre est suivi de l'indication de la section, puis de la page dans l'édition anglaise de N. Kemp Smith (Oxford 1935), enfin de la page de la traduction de M. Malherbe (Paris 1997, Vrin, 2e éd.).

8. *Lettres* : *The Letters of David Hume*

Le titre est suivi de l'indication du tome et de la page de l'édition Greig (Oxford 1932, Clarendon Press).

INTRODUCTION

La philosophie a ses suspects. Elle n'accueille pas tous les siens sur le même pied : la plupart y sont naturellement introduits ; mais quelques-uns ne sont acceptés qu'avec prudence. De Platon, de Descartes, de Hegel, on ne demandera certes pas : celui-ci est-il philosophe ? Ils portent avec évidence les attributs de leur qualité et prennent immédiatement la place qui leur est réservée. Mais que David Hume se présente, muni du titre doublement incertain d'empiriste et de sceptique, et la méfiance apparaît. Considérez son projet : instaurer sceptiquement une science nouvelle et première. Considérez sa méthode : s'en rapporter à l'expérience, mais de façon à ne satisfaire ni le sens commun ni les philosophes. Considérez le résultat : une œuvre dont la pertinence irritante ne peut être explicitée dans une évidence stable et signifiante. Car on ne peut ignorer Hume : à la façon de Philon dans les *Dialogues*, il est posté à plusieurs des carrefours stratégiques de la philosophie, amorçant des manœuvres qui le rendent difficile à saisir, et tenant des propos à la fois opportuns et déceptifs. D'où la relation ambivalente qu'on entretient généralement à son égard, et qui le fait considérer à la fois comme un naïf et comme un esprit subtil, comme un innocent et comme un ironiste. Kant, qui avec Reid fut le premier à se comporter de la sorte, a fixé exemplairement cette relation : « Depuis les *Essais* de Locke et de Leibniz, ou plutôt depuis l'origine de la métaphysique, aussi loin qu'on remonte son histoire, il ne s'est rien passé qui eût pu être plus décisif pour les destinées de cette science, que l'attaque qu'elle eut à subir de la part de David Hume. Il n'apporta aucune lumière en cette sorte de connaissance, mais il fit néanmoins jaillir une étincelle avec laquelle on aurait bien pu avoir de la lumière, si elle avait atteint une mèche inflammable dont la lueur eût été avec soin entretenue et augmentée »[1]. Cet éloge bien connu est admirable et cependant ambigu : Hume aurait pu inventer la philosophie critique ! Malheureusement sa puissance sceptique n'a d'égal que sa faiblesse métaphysique ; son génie s'accompagne d'une simplicité désarmante. Il réveille des sommeils dogmatiques, mais n'ouvre pas lui-même les yeux ; il découvre des champs problématiques insoupçonnés, mais ne les exploite pas. Quant à ses intentions, il ne les remplit jamais. Tour à tour, son scepticisme, son causalisme, son empirisme, son naturalisme, l'ont détourné de la voie royale. Il n'est philosophe qu'en puissance. En vérité, la philosophie lui aurait rendu un hommage sans mélange, s'il s'était comporté comme Socrate, qui eut le double mérite d'accoucher les esprits et de ne rien écrire. Mais Hume a écrit. Et comme il embarrasse, la critique tendra à revenir de la théorie à l'homme lui-même. « Toute l'édification [du scepticisme

---

1. Kant, *Prolégomènes à toute Métaphysique Future*, trad. Gibelin (Paris 1965), p. 10.

humien] en une théorie cherchant à démontrer que toute réalité et toute science de la réalité est une fiction, n'est possible que par une sorte de mauvaise foi intellectuelle, dont il est difficile de dire jusqu'à quel point Hume se l'est avouée à lui-même et en a jamais clairement pris conscience »[1]. il est vrai que Husserl, puisque c'est lui qui s'exprime en ces termes, multiplie ailleurs les louanges et reconnaît à l'auteur du *Traité* l'honneur insigne d'avoir le premier saisi « le problème concret universel de la philosophie transcendantale[2] ».

Sans doute Hume est-il un philosophe équivoque. Equivoque, parce que la relation théorique qu'on peut entretenir avec sa philosophie, suppose du lecteur un changement de comportement. Car, il ne suffit pas de se fier en philosophe à sa propre raison pour entrer dans une œuvre qui réfute moins qu'elle ne met mal à l'aise, et qui traite le philosophe comme le sens commun : l'un et l'autre vivent dans l'évidence de leur propre élément. Or, Hume demande qu'on se libère du préjugé en

---

1. Husserl, *Philosophie Première*, trad. Kelkel (Paris 1970), tome 1, p. 254.
2. *Logique Formelle et Logique Transcendantale*, trad. S. Bachelard (Paris 1957), p. 342.
L'auteur des lignes qui suivent ne s'embarrasse pas d'une telle gratitude et c'est bien à son insu qu'il parle à la gloire de Hume : « Le *Traité* est l'un des livres les plus fastidieux qui soient, et l'examen attentif que j'en fais ne me rend pas sceptique mais me met en colère. Certes, on y trouve beaucoup d'habileté, mais l'habileté y est seulement celle d'une ingéniosité et d'une perversité extrême, et l'ingéniosité est seulement dépassée par la perversité. On pourrait souhaiter que soit épargné à celui qui étudie en philosophie tout contact avec Hume, et par là la peine de déraciner quelques-unes des formes les plus gratuites de la confusion commune à la philosophie ». H. A. Prichard, *Knowledge and Perception* (Oxford 1950), p. 174. Cité par J. Passmore *Hume's Intentions*, 2ᵉ éd. (Londres 1968), p. 152.

faveur de la raison philosophique, qu'on se libère, en quelque sorte, de la naïveté de la philosophie, et qu'on comprenne comment le seul fait de s'y appliquer engage la théorie. Cette inquiétude de la raison philosophique, Hume la communique en frappant son œuvre de deux traits peu communs dans l'histoire de la philosophie : le goût du plaisir et le sens de l'humour.

Certaines existences, avec leurs enfances, leurs vocations, leurs conquêtes, furent des philosophies. On connaît aussi des philosophies qui furent des existences : il leur fallut la maturité de l'âge et la patience du professorat. La philosophie de Hume est d'une troisième espèce, ni généreuse, ni grave. Elle est un plaisir à la fois intérieur et sociable. Elle se goûte tantôt avec impétuosité, tantôt avec mesure, tantôt avec sérénité. « Le chemin de la vie le plus doux et le plus innocent passe par les avenues de la science et du savoir »[1]. Si l'on est poussé par le désir de la gloire, c'est en quelque sorte de façon désintéressée, pour redoubler le plaisir. La spéculation, en effet, obéit à une passion singulière, l'amour de la vérité, qui comme toute passion tend à sa satisfaction, mais qui a pour fin non pas les avantages que l'humanité pourrait en retirer et qui seraient modestes, mais la jouissance de l'exercice intellectuel. La philosophie est comme la chasse et le jeu. « Le plaisir de l'étude consiste essentiellement dans l'action de l'esprit et dans l'exercice du génie ou de l'entendement, lorsqu'on s'attache à découvrir ou comprendre une vérité. S'il faut que la vérité soit importante pour parfaire le plaisir, ce n'est pas que cette importance apporte à notre contentement une addition

---

1. *Enquête* I, 11, 50.

considérable, c'est uniquement parce qu'elle est, en quelque mesure nécessaire pour fixer notre attention »[1]. Le progrès de la science ou le bien de l'humanité est comme la proie du chasseur ou la fortune du joueur : ce sont des objets utiles qui ont pour unique fonction de captiver l'imagination et de laisser ainsi libre cours au plaisir de l'esprit.

Cette passion de la vérité fut, chez notre auteur, juvénile. Hume avait 29 ans, quand le *Traité* parut. C'était le résultat d'une chasse de dix années, à laquelle il s'était adonné avec tant d'ardeur qu'il y joua sa santé et qu'il dut prendre retraite en France, à Reims, puis à la Flèche, dans le collège même de Descartes[2]. On y trouve toutes les marques d'une intempérance spéculative : l'ardeur à convaincre, la vanité de se rendre subtil, la satisfaction de soi, le goût du triomphe. L'ouvrage n'eut pas de succès, ce qui gâta le plaisir. Toujours vive, mais mieux instruite, la passion de la gloire sut prendre dans l'âme du philosophe un tour plus calme et plus sociable. Elle jugea sévèrement les excès littéraires du *Traité*, peu conformes à la mesure d'un âge plus mûr et à une esthétique qui cherche dans la composition l'équilibre entre le raffinement et l'imagination[3], et elle s'adapta à une forme philosophique plus souple et plus apte à conquérir le public, la forme de

---

1. *Traité* II, 3, 10, 450-451, 310.
2. *My Own Life*, dans *Essais*, I, xxxiv, 56-57. Cf. La lettre au Docteur Arbuthnot, 1, 12-18. Sur l'identification de cette lettre de mars 1734, qui éclaire la genèse du *Traité*, voir E. C. Mossner, *Hume's Epistle to Doctor Arbuthnot*, Huntington Library Quarterly VII, 1944, p. 135-152. En ce qui concerne la biographie de Hume, on consultera E. C. Mossner, *The Life of David Hume* (Oxford 1954).
3. Voir 'De la simplicité et du raffinement dans le style' (*Essais*, I).

l'essai. Il faut réconcilier les doctes et les salons, rendre la philosophie plus abordable, sans lui ôter sa rigueur : « et à cette fin, je ne sais rien de plus avantageux que des *Essais* comme ceux que je me propose d'offrir au public afin de le divertir »[1]. Ce furent les *Essais littéraires, Moraux et Politiques*, puis les *Essais philosophiques* (prenant ensuite le titre : *Enquête sur l'Entendement Humain*), *l'Enquête sur les Principes de la Morale* (l'œuvre la mieux achevée, au dire de Hume), enfin les *Discours Politiques*[2]. Mais le goût de l'étude ne s'était pas affadi ; il retrouva même des intérêts de la première heure : l'histoire et la religion. D'un côté, la tâche fut longue et laborieuse, mais pleine de richesse et de variété. De l'autre côté, elle fut plus aisée, mais demanda plus de précaution et plus de sûreté. Si *l'Histoire Naturelle de la Religion* parut assez rapidement, les *Dialogues sur la Religion Naturelle* furent retardés jusqu'après la mort de Hume. Celui-ci eut le temps de les polir et surtout il y trouva le plaisir rêvé de tout chasseur ou joueur : chasser en étant le maître du destin, jouer en étant le maître du sort[3].

Il connut donc trois âges philosophiques ; mais trois âges sans séparation, car le *Traité* contient l'œuvre future, qui en conservera les principes et les arguments, quand elle n'en

---

1. "L'art de l'essai", *Essais* I, 535, 286.

2. Sur le jugement de Hume sur ses écrits, voir *My Own Life*, *Lettres* I, 1-7.

Rappelons que le *Traité* ne fut pas réédité une seule fois du vivant de son auteur. Celui-ci, sous les attaques du Reid et de Beattie, le répudia dans un avertissement daté de 1775, qui parut en tête de l'édition de 1777 et que Leroy traduit au début de l'*Enquête sur l'Entendement Humain*. Voir *Lettres* I, 158 (à Elliot, mars/avril 1751) ; 187 (à Stewart, février 1754).

3. Voir notice bibliographique.

reproduira pas des pages entières. Certes, il y a de la nouveauté, et même des changements, mais il faut les prendre souvent comme le résultat d'une intention modifiée plutôt que comme un enrichissement proprement doctrinal. Change surtout l'art de philosopher. C'est pourquoi le lecteur a l'impression que Hume répète sans redondance, que chaque *Essai,* chaque *Enquête* est une œuvre nouvelle et originale, bien que les thèses et les analyses qui s'y trouvent paraissent souvent déjà dans le *Traité.* Hume éclaire lui-même dans l'introduction de ce texte ce progrès sans devenir, qui fait le plan de ses écrits[1]. La chasse et le jeu demandent une stratégie : la philosophie doit commencer par conquérir la capitale, qui est la science de la nature humaine. Quand elle s'en sera rendue maîtresse, elle pourra sans peine étendre sa conquête aux provinces que sont la logique (*Enquête sur l'Entendement Humain*), la morale (*Enquête sur les Principes de la Morale*), la critique et la politique (*Essais Moraux, Politiques et Littéraires*), et dériver des premiers principes établis sur une base naturaliste, un enseignement pratique. Plus lointaines sont les mathématiques, la philosophie naturelle et la religion : si les premières sont des protectorats

---

1. C. W. Hendel, *Studies in the Philosophy of David Hume* (Princeton 1925 ; nouvelle édition New York 1963) pense que Hume aurait progressivement pris conscience de son scepticisme, en découvrant le caractère non rationnel de la croyance, ce qui lui aurait permis de conserver la possibilité de la croyance religieuse. N.K. Smith *The Philosophy of David Hume* (Londres 1941), p. 530-537, estime que dans les deux *Enquête*s Hume purifie le *Traité* des inconsistances qui grèvent ce texte, du fait qu'il n'a pu faire la synthèse harmonieuse de ses sources lockienne, newtonienne et hutchesonienne. Il progresserait ainsi vers une théorie simplifiée, mais plus forte, de la croyance et de la morale.

pacifiques et respectueux, la troisième exige un combat sur les frontières (*Histoire Naturelle de la Religion, Dialogues*). Les trois âges sont donc en même temps les trois moments de la conquête : la fondation d'une science nouvelle et expérimentale, puis la mise en œuvre des principes, leur justification dans l'histoire, enfin le combat contre la « bigoterie », cette confusion de la philosophie et de la religion, qui sous le couvert de la finalité attenterait à la signification sceptique de l'œuvre.

L'enseignement du *Traité* est repris de manière développée dans les œuvres postérieures, à plusieurs exceptions près : la doctrine de l'impression réduite à peu au début de la première *Enquête*, celle de l'espace et du temps rapidement évoquée dans la section XII du même texte, et toute la critique de l'histoire de la philosophie centrée sur la question de l'identité tant objective que subjective (continuité et extériorité de l'existence des objets, identité substantielle et identité essentielle, immatérialité de l'âme et identité personnelle) réduite à quelques allusions dans la même section ; c'est-à-dire : d'une part la théorie la plus élémentaire, sans laquelle l'empirisme ne saurait être radical, d'autre part la théorie la plus développée, jusqu'à laquelle l'empirisme doit s'élever, s'il veut se garder jusqu'au bout de tout passage à l'*a priori*. Entre ces bornes ainsi fixées, on trouve une théorie de la causalité ou de l'entendement, reprise dans sa signification logique et méthodologique par la première *Enquête*, une théorie des passions répétée dans la *Dissertation sur les Passions* ; une morale remodelée en une philosophie pratique dans la seconde *Enquête* ; une philosophie politique naturaliste, dont les *Essais* 'politiques' dériveront des principes d'analyse historique, tout comme les *Essais* 'esthétiques' s'efforceront, d'établir des règles du goût. En outre, amorcée dans le *Traité* de façon discrète sous forme de réflexions éparses[1] ou d'exemples choisis[2] et suggérée comme un avantage de la philosophie[3], la critique de la religion forge progressivement ses armes et ses thèmes : elle fixe sa méthode dans l'essai *Superstition et Enthousiasme*, applique les conséquences sceptiques du raisonnement de causalité au miracle et à la Providence (sections 10 et 11 de l'*Enquête sur l'Entendement Humain*), assigne à la religion ses origines et ses effets dans l'*Histoire Naturelle de la Religion* et lui ôte le droit d'être un principe philosophique dans les *Dialogues*.

Nous trouvons une illustration de cet équilibre général de l'œuvre dans les rapports à établir entre le *Traité* et l'*Enquête sur l'Entendement Humain*. Hume les précise lui-même. Reprochant au *Traité* ses excès juvéniles, il déclare : « Je crois que les *Essais Philosophiques* [premier titre de *l'Enquête*] renferment toute chose d'importance ayant trait à l'entendement, que vous trouveriez dans le *Traité* et je vous conseille de ne pas lire celui-ci. En abrégeant et en simplifiant les questions, je les rends vraiment plus complètes. *Addo dum minuo.* Les principes philosophiques sont les mêmes dans les

---

1. Sur l'existence de Dieu : *Traité* I, 3, 7, 94, 169 ; sur l'idée de ses attributs : *Traité* I, 3, 14, 160, 245 ; 1, 4, 5, 248-249, 339-340.
2. On notera le fait curieux que les exemples choisis dans *Traité* I, 3, 8 et 9, à propos de la croyance et de la crédulité, appartiennent pour la plupart au domaine religieux.
3. *Traité* I, 4, 7, 271-272, 364-365.

deux cas »[1]. Cette dernière affirmation suffit à écarter l'idée
que, d'un ouvrage à l'autre, Hume aurait renouvelé sa doctrine, et plus particulièrement l'idée qu'il aurait été déçu dans
ses ambitions philosophiques et aurait opté dans *l'Enquête*
pour un scepticisme de repli. Certes, celle-ci ne reproduit pas
les raisonnements les plus abstrus du *Traité*, les évoquant
seulement comme autant de problèmes sceptiques. Mais par là
Hume se critique moins qu'il ne se limite : les premiers
principes de la nature humaine sont inférés empiriquement ; à
un certain degré de généralité, le raisonnement devient plus
obscur et plus livré à l'hypothèse, parce qu'on touche au fond
même du scepticisme. *L'Enquête* proposant une analytique de
l'entendement peut faire l'économie de ces développements
et concentrer son étude sur la causalité d'une manière plus
efficace et plus décisive en sa simplicité. C'est pourquoi, elle
est une œuvre nouvelle qui n'annule pas le *Traité*, mais
renforce dans ses effets la science de la nature humaine établie
par celui-ci[2].

1. *Lettres* I, 158 (à Elliot, mars/avril 1751). Cf. T. E. Jessop, *Sur l'Interprétation*, *Les Études Philosophiques* (1973 n°1), qui tire argument de
références de ce genre pour mettre en lumière un Hume moraliste. Mais le
Hume moraliste est un Hume métaphysicien en exercice.

2. Sur le rapport entre les deux textes, voir J. Laird, *Hume's Philosophy
of Human Nature* (Londres 1932), p. 95-96 ; A. Flew, *Hume's Philosophy of
Belief* (Londres 1961), chap. 1. Voir aussi le tableau comparatif dans l'introduction de L. A. Selby Bigge à l'édition des deux *Enquête*s (Oxford 2ᵉ édition 1902). L' *Enquête* s'organise autour de la théorie de la causalité en tant
qu'elle fournit une science complète de l'entendement, qui comporte l'étude
des raisonnements expérimentaux (sections IV à VII), une méthodologie
appliquée successivement à la *Morale* (section VIII), à la raison des animaux
(section IX), au témoignage historique (section X), à la providence (section

Telle est la diversité d'une philosophie qui, s'adonnant tantôt à l'investigation et au raisonnement, se ramassant tantôt en un discours plus aisé et plus influent, et guerroyant sans cesse contre la superstition, demeure toujours la même. Il en est d'elle comme du plaisir épicurien : pleine dans la satisfaction du *Traité,* elle n'est pas susceptible d'être augmentée, mais seulement variée, dans le reste de l'œuvre. Tout plaisir se répète. Il y aurait eu cependant de la monotonie, si ne se renouvelait pas constamment la surprise d'un humour qui éprouve sans relâche le confort de la raison et de la certitude.

Cet humour est indissociable du scepticisme de Hume et en définit la nature : ni scepticisme pénitence (quand le péché du dogmatisme se retourne contre le dogmatisme), ni scepticisme tragédie (quand la raison se suspend dans l'impossible vérité), mais le scepticisme tranquille et souriant d'une *science sceptique.* Hume n'est pas un hypocrite, même s'il a l'art de l'allusion et du double sens[1]. Il dénonce lui-même les disputeurs sans sincérité[2]. Son pouvoir est plus subtil : il consiste à renvoyer la pensée à la nature. Hume dit toujours ce qu'il pense, il le dit toujours littéralement, mais de telle façon que la pensée s'appréhende décalée, obscure, et qu'au moment où elle espérait se fonder sur sa propre loi, elle se découvre comme un ordre tout de surface engendré par une cause étrangère. Une raison qui, pressée par l'aporie, suspend

XI), le tout étant encadré par une justification de la philosophie spéculative (section 1) et par la définition d'une science sceptique (section XII).

1. On ne fera donc pas de cet humour un principe d'explication à toutes les difficultés rencontrées dans les textes. Cf. en ce sens J.V. Price, *the Ironic Hume* (Austin 1965).

2. *Morale* I, 169, 69.

son jugement est une raison malheureuse ; mais elle ne cesse pas pour autant d'être raison et en un sens d'être sûre de soi. Le scepticisme humien est beaucoup plus redoutable : l'esprit est capable de science et de vérité ; il dispose de règles pour diriger sa connaissance. Mais il ne peut se reposer dans la certitude de soi : il est proprement sans fondement. Ainsi, la science expérimentale de Newton consiste en inférences causales qui ont pour principe une transition de l'imagination ; la raison établit des règles, mais, étant empirique, sa systématicité est l'effet corrigé de tendances se contrariant les unes les autres ; le cogito, ce refuge de toute évidence, est une fiction improbable, ce qui n'empêche pas chacun d'avoir le sentiment de soi. Qu'on entende bien : la science existe, la raison a une efficacité ; nul ne doute de sa propre conscience ; mais toute cette évidence est agitée de l'intérieur et contrainte de trahir son obscurité. Or, pour susciter un tel trouble, il suffit d'user d'une arme bien connue, la naïveté. Alors que Descartes met en place l'appareil du doute en vue d'atteindre une vérité parfaitement assurée, et ainsi commence à philosopher, Hume s'établit dans le préjugé, s'y enfonce jusqu'à atteindre ce qui précède tout jugement, et rendre manifeste le fait que l'esprit se fie à une puissance naturelle de juger, qui est tendance et non point raison. Dans le premier cas on s'efforce d'instituer une règle d'innocence, de rendre ou plutôt de donner à la lumière naturelle de la raison toute sa clarté ; dans le second, on découvre la nature, dont la raison est elle-même un des effets. C'est pourquoi la philosophie humienne ne cherche pas, par un acte de volonté, à recommencer selon un ordre nouveau ce qui a toujours déjà commencé, mais à régresser dans l'histoire de l'esprit, jusqu'à son origine, qui lui est immanente. Par exemple, alors que les philosophes distinguent soigneusement la perception et l'objet de la perception, le peuple les identifie, ou plutôt prend tour à tour la même perception tantôt pour un phénomène intérieur, tantôt pour l'objet extérieur. Or, c'est au peuple et non au philosophe, qu'il faut s'en rapporter, parce qu'il est plus naïf et plus naturel, de sorte qu'à ausculter son sentiment on découvre que l'existence des objets sensibles est une croyance qui est produite par certains principes, à partir du donné primitif[1]. Autre exemple encore : Hume, dit-on, a confondu l'idée, réalité psychologique, et le concept, réalité logique[2]. Confusion impardonnable de la part d'un auteur aussi subtil ! Mais c'est précisément cette 'confusion' qui importe (et ébranle l'assurance de tout positivisme logique). L'idée n'est pas l'image mentale, mais la réalité même donnée dans cette absence qu'est la pensée ; et c'est seulement en la déterminant ainsi, qu'on pourra faire la genèse du concept et expliquer son rapport au contenu d'expérience. Ainsi, quand on attendrait qu'il distingue, Hume ramène-t-il la distinction à son origine ; là où on espérait un ordre des raisons, il parcourt une suite causale ; alors qu'on pouvait croire qu'il s'établirait dans l'évidence du sens, il exhume quelque genèse obscure. C'est là toute la manœuvre de son scepticisme : ne pas se relâcher d'un empirisme qui défait tout discours s'adossant à une évidence,

---

1. *Traité* I, 4, 2.
2. Ainsi A. Flew, *Hume's Philosophy of Belief* (chap. 2) reproche-t-il à Hume d'avoir confondu le sens des mots et l'image mentale ; il conclut à la nécessité de substituer à son empirisme psychologique un empirisme logique.

sans exercer d'autre pouvoir que celui d'un naturalisme qui, étant toujours à côté, trompe l'attente philosophique.

On comprend alors que les philosophes s'irritent, qu'ils se fâchent d'une œuvre dans l'effort de laquelle ils peuvent se reconnaître, mais qui les prive du sérieux de la raison, comme si par malice elle travaillait non pas à détruire, mais à rendre fragile. Fragile est toute intention fondatrice; fragile, le tribunal de la raison; fragile, l'évidence du sens de la philosophie; fragile, l'ordre dans lequel la pensée s'éprend d'elle-même. L'ennemi est intérieur, et d'autant plus redoutable, que sa prétendue stupidité ou hypocrisie ne fait qu'un avec l'intuition et la prescience qu'on est contraint de lui accorder.

De ceci, le commentateur tirera le devoir de s'abandonner à cette duplicité apparente, de se pénétrer de naïveté, en un mot de prendre les textes à la lettre. C'est au contraire réduire la force de la philosophie humienne, que prétendre corriger ses « erreurs », sous le prétexte d'en faire briller plus clairement le génie, que transformer l'embarras qu'elle crée, en incohérence, Hume apparaissant alors indifférent aux impératifs du discours philosophique. « On doit lire les écrits philosophiques de Hume avec beaucoup de précautions. Ses pages, surtout celles du *Traité*, sont si pleines de matière, il dit tant de choses différentes et dans tant de rapports différents, et avec une indifférence si grande à ce qu'il a dit auparavant, qu'il est très difficile de dire exactement quel fut son enseignement ou quel il ne fut pas, s'il fut cette doctrine ou s'il fut celle-là... Ceci fait qu'on trouve facilement toutes les philosophies chez

Hume ou aucune, si on oppose un énoncé à l'autre »[1]. Pour
surmonter de telles incertitudes, C. W. Hendel invoque la
modération du scepticisme humien, modération qui est un
comportement d'accueil à la science, aux croyances et même
à la religion, et dans l'unité de ce comportement, il pense
réconcilier les contradictions d'une philosophie ouverte[2].
J. Laird s'efforce à une exactitude sélective qui, proportionnée à la subtilité de Hume, réussirait à mesurer le rapport de
ses réussites et de ses échecs[3]. N. K. Smith propose un argument historique qui, éclairant les diverses étapes de la genèse
du *Traité* et les diverses influences qu'il a subies, permet de
comprendre les contradictions, les confusions et les variations
de l'ouvrage[4]. J. Passmore déclare : « L'esprit de Hume,
même à son mieux, n'était pas de l'espèce la plus disciplinée.
La rigueur et la cohérence n'étaient pas ses points forts.
Ce sont pourtant des qualités qu'on attend ordinairement
d'un grand philosophe »[5]. Ces commentaires classiques, et
d'autres plus nouveaux, estiment ainsi à des degrés divers, que
les textes de Hume prêtent à confusion et que les

---

1. L. A. Selby Bigge, dans son introduction à l'édition des deux *Enquête*s
(2ᵉ édition Oxford, 1902), p. VII.

2. *Studies in the Philosophy of David Hume*.

3. *Hume's Philosophy of Human Nature*.

4. *The Philosophy of David Hume*. Hume serait venu à sa philosophie par
l'intermédiaire de la morale, sous l'influence de Hutcheson, et aurait conçu
sa doctrine de la croyance causale sur le modèle de ses analyses de la sympathie ; il aurait alors repris à Locke et à Berkeley une théorie des éléments,
indispensable à son étude ; ce serait postérieurement qu'il aurait découvert
que ce qu'il avait inventé à propos de la causalité bouleversait cette tradition
empiriste. Voir p. 12-20 ; 73-76 ; 110-116 ; 218-226, etc.

5. *Hume's Intentions*, p. 152.

contradictions qu'on y rencontre demandent une interprétation ou une nouvelle écriture. Car, remarque-t-on, ces oppositions sont instructives, ces confusions sont significatives, ces incohérences semblent renvoyer à un principe d'intelligibilité que Hume a ignoré ou qu'il n'a pas su représenter avec exactitude, quoiqu'il l'ait mis en œuvre. En ce sens le discours humien serait à reprendre, à élaguer dans un autre discours qui en exposerait enfin évidemment la vérité. Supprimez-en le réalisme, et son sens authentiquement philosophique apparaîtra ; supprimez-en le psychologisme et les mérites de sa logique seront manifestes ; supprimez-en l'atomisme, et une vraie psychologie en dérivera ; supprimez-en le naturalisme, et une philosophie transcendantale en jaillira…

Mais toutes ces analyses critiques, quelque fécondes qu'elles soient, ne respectent pas la philosophie humienne, en lui prêtant ainsi des significations qui seraient ensevelies en elle. Or, il nous semble que cette philosophie est une philosophie sans fondement, c'est-à-dire sans aucune évidence en laquelle son ordre puisse être réfléchi et ses intentions comprises. Il est inévitable que la raison s'égare dans cette philosophie sceptique, aussi longtemps qu'elle n'admet d'autre règle qu'elle-même, et qu'elle bute sur ce qui paraît incertitude de langage, manque dans le raisonnement, défi aux meilleurs principes. En effet, elle y est incessamment décalée. La philosophie n'est pas dans la philosophie. Prétendre la rétablir dans ses droits, la réajuster sur ses bases, serait réduire à un accident qu'on s'explique mal la cause de son détournement. Or, c'est dans ce déséquilibre capital que Hume se propose d'établir une science nouvelle, qui sera à la philosophie morale ce que les *Principes* de Newton sont à la philosophie naturelle, une vraie métaphysique expérimentale qui combattra avec succès les disputes de mots et la superstition. Il suffirait d'une belle épitaphe, pour honorer une raison sceptique qui se détruirait rationnellement, chacun continuant de vaquer tranquillement à ses certitudes. Mais comment se comporter envers une raison empirique, sans cesse mise en suspens, et cependant entretenant des croyances indubitables et poursuivant son effort de connaissance ? Que faire d'une pensée qui établit une science dont elle n'est pas le maître d'œuvre ? Il faut donc endurer le discours humien, s'adonner avec humour au déportement, se livrer à un savoir errant et cependant assuré.

Hume fait une science de la nature humaine, dont l'empirisme est l'avers et le scepticisme l'envers. La connaissance a pour origine unique l'expérience ; entendons : l'expérience produit non seulement nos connaissances mais encore l'esprit lui-même, comme mémoire, entendement et raison, dans une genèse qui est l'imagination. Lorsqu'il se saisit expérimentalement, l'esprit est renvoyé à sa source et cesse d'être clair à lui-même ; il se découvre sceptiquement effet de la nature. Erreur fatale, répète Husserl, que vouloir faire une science expérimentale de l'esprit ! Mais justement la philosophie de Hume ne se détruit pas pour autant. Que dans l'expérience puisse être engendré l'esprit, heurte le sens et l'évidence ; mais cette genèse n'en est pas moins susceptible d'une légalité qui, à défaut d'être fondée en raison, est connaissable empiriquement. Quelles causes font jaillir du donné atomique l'espace et le temps, la nécessité, l'existence extérieure, le monde et la conscience de soi ? Quels principes de l'imagination, et plus généralement de la nature humaine, peuvent être inférés de telles liaisons causales ? Du divers sensible à la plus haute espèce d'unité et de formalité qu'est l'identité personnelle, du donné à ce qui ne peut jamais être donné, en tant que système du donné, on peut aller *naturellement*. Et pour entrer dans cette pensée naturalisée, il suffit de se rappeler l'enseignement élémentaire de l'analyse humienne de la causalité : la raison de l'effet n'est pas dans la cause et nos raisonnements sont des transitions de l'imagination.

On s'attachera donc à suivre les voies de la naïveté et à pratiquer le déconcertement, sachant qu'en dernier recours la pensée retourne à l'imagination. Mais comme une telle science de la nature humaine ne peut qu'entretenir le soupçon, on conservera la question : quel est le pouvoir de cette œuvre, toute en surface, indifférente à l'intention fondatrice et cependant attachée au projet philosophique ? Il est certain que la réponse, en conduisant à identifier le discours humien, conduira à identifier la philosophie elle-même.

Chapitre premier

UNE SCIENCE NOUVELLE

Dans l'introduction du *Traité*, Hume exprime, avec une ardeur qui n'a rien à envier à la détermination de ses prédécesseurs, son intention d'établir une science nouvelle, capable de mettre fin aux querelles qui n'ont cessé de déchirer l'histoire de la philosophie. Mais il faut au préalable combattre les soupçons du commun, d'autant plus prompt à condamner la recherche spéculative qu'il est plus dogmatique dans les affaires de la vie, et restaurer contre le scepticisme total l'idéal d'une science certaine. « Seul le scepticisme le plus achevé, joint à un grand degré d'indolence peut justifier cette aversion pour la métaphysique »[1]. Ce scepticisme extrême est aussi bien celui de Descartes, antérieur à la recherche philosophique, que celui du sens commun, postérieur à l'insuccès

---

[1]. *Traité* intr. XVIII, 32. Cf. à propos de la morale : « J'ai sûrement essayé de réfuter le sceptique avec toute la force dont je suis capable ; et ma réfutation doit être reconnue sincère, parce qu'elle est tirée des *Principes* essentiels de mon système ». *Lettres* I, 81 (à J. Balfour 15 mars 1753).

de cette recherche. Si l'un, pourtant animé par le souci de la certitude, est incurable, puisqu'il va jusqu'à douter des facultés humaines, l'autre est tout aussi pernicieux ; car, renonçant à l'idéal de la vérité, il détruit les évidences les plus nécessaires à l'action : le sens commun serait étonné d'apprendre que les préventions qu'il entretient envers les raisonnements de l'esprit portent un coup fatal à toute certitude, y compris à celle des sens [1]. Contre ces excès et ces abandons, contre ce dogmatisme à double face, qui tantôt prétend suspendre toute évidence au nom de la raison, tantôt rejette la raison au nom de l'évidence, Hume se propose d'établir la philosophie sur des bases nouvelles et n'hésite pas à la nommer *métaphysique* : « Il faut cultiver la vraie métaphysique avec soin pour détruire la métaphysique fausse et adultérée » [2].

Sans aller jusqu'à formuler la condamnation lapidaire de Husserl : « Si Hume en tant que penseur sceptique était logique avec lui-même, il devrait s'abstenir tout simplement de dire quoi que ce soit… » [3], peut-être entretiendra-t-on le sentiment de Reid, lorsqu'il déclare : « Il semble que ce soit une sorte toute particulière d'humeur chez cet auteur, que de commencer dans son introduction par la promesse solennelle

1. *Enquête* XII.
2. *Enquête* I, 12, 47. Le mot *métaphysique* est chez Hume ambivalent : il signifie tantôt les raisonnements abstrus, se réduisant à des batailles de mots, parce qu'ils portent sur des matières hors de notre portée (*Traité*, I, 4, 2, 189, 272 ; *Morale*, *appendice* I, 289, 209-210), tantôt les raisonnements abstraits, proprement spéculatifs, habituellement condamnés par le sens commun et par la philosophie facile, mais qui sont cependant légitimes (*Traité* I, 2, 2, 32, 83).
3. Husserl, *Philosophie Première*, tome 1, p. 260.

d'établir rien moins qu'un système complet de sciences, sur un fondement entièrement nouveau, à savoir celui de la nature humaine, alors que l'intention de l'ouvrage tout entier est de montrer qu'il n'y a ni nature humaine, ni science du monde »[1]. Ce n'est pas exactement taxer Hume d'hypocrisie, mais plutôt suggérer que l'excès même de son projet d'une certitude absolue le condamnait à l'échec : son orgueil de philosophe, l'ayant conduit à solliciter les certitudes premières et à suspendre les intérêts immédiats de l'existence, aurait abouti à la double punition du scepticisme, celle de devoir renoncer à toute vérité et celle de contredire sans cesse ce renoncement, en étant contraint de reconnaître toutes les évidences nécessaires à la vie.

Cependant l'image d'un jeune philosophe, s'élançant avec impatience et imprudence dans la carrière, porté à des apories sceptiques et, la maturité venue, revenant à une modération plus conforme à l'esprit du temps, ne résiste pas à l'analyse. Nulle part Hume ne renonce à son dessein d'une science nouvelle. *L'Enquête*, œuvre parfaitement maîtrisée, proclame : « On ne peut continuer de nourrir le soupçon que cette science est incertaine et chimérique ; à moins de professer un scepticisme qui ruinerait toute spéculation et même toute action »[2]. Hume prétend apporter une solution au problème de la causalité, en finir avec les disputes de mots concernant la liberté et la nécessité, réduire définitivement la superstition, et, après avoir passé en revue tous les motifs

---

1. Reid, *An Inquiry into the Human Mind*, *Philosophical Works* (éd. Hamilton, 6ᵉ éd. Edimbourg 1863), p. 102.
    2. *Enquête* I, 13, 54.

sceptiques, dresser le tableau des sciences auxquelles l'esprit doit se consacrer et pour lesquelles il doit abandonner toute théologie et toute métaphysique scolastique. Nul renoncement en ceci. Et c'est abuser de la conclusion du 1er livre du *Traité* qu'en appeler à la mélancolie [1] que les difficultés et les contradictions rencontrées inspirent au philosophe ; en réalité cette passion, qui résulte du conflit de l'intention spéculative, voulant faire régner la règle de la raison, et la conscience des faiblesses de notre entendement, n'est pas un état final, mais plutôt une passion critique nous orientant vers la solution des embarras sceptiques, grâce à une science qui trouve son principe dans la nature humaine. Tout témoigne plutôt dans le développement de l'œuvre humienne du renforcement de l'intention critique. Le *Traité* introduit la méthode expérimentale dans le domaine moral ; il en résulte une science empirique et sceptique, qui propose des règles pour juger des évidences et des croyances. Le caractère plus borné de *l'Enquête* permet une application de ces règles et la définition des limites de la connaissance. C'est cette même science sceptique qui soutient les *Essais,* dans l'analyse politique, esthétique ou historique, qui fonde la sociologie religieuse de *l'Histoire Naturelle de la Religion,* et qui dans les *Dialogues* détruit méthodiquement le théisme de la religion naturelle. Il faut donc ne pas faire de contre-sens sur l'expression par

---

1. *Traité* I, 4, 7. Le sentiment de sa solitude et de sa faiblesse n'empêche pas Hume d'affirmer que, si l'on veut bien écarter les hypothèses, on pourra « espérer établir un système ou un ensemble d'opinions sinon vraies (car c'est peut-être trop espérer) du moins qui satisfasse l'esprit humain et puisse supporter l'épreuve de l'examen le plus critique » (272, 366). Voir aussi *Enquête* I, 8-9, 47.

laquelle Hume qualifie sa philosophie, celle de *scepticisme mitigé*. Elle ne signifie pas une demi-mesure imposée par la vie à une philosophie destructrice, rendue impuissante par sa propre négativité. La modération doit être prise de façon positive : la modération propre à une science qui, sceptique envers l'évidence d'une raison fondatrice, n'en établit pas moins, empiriquement, les principes de toute science et les règles de la certitude et de la croyance. Les sceptiques philosophiques « poussent leurs recherches dans les coins les plus abstrus de la science ; et à chaque pas, ils donnent un assentiment proportionné à l'évidence qu'ils rencontrent. Ils sont même obligés de reconnaître que les objets les plus abstrus et les plus éloignés sont ceux qui sont les mieux expliqués par la philosophie »[1]. Ce qu'on reproche à Hume, c'est moins sa méthode sceptique, comme ascèse scientifique, sur laquelle tous les philosophes du temps s'accorderaient, que la signification qu'il attribue à cette méthode et par laquelle il déloge la raison de ses propres œuvres. Or, c'est cette signification qui permet de saisir la philosophie humienne dans sa positivité. On se gardera donc de considérer le scepticisme comme une menace intérieure[2] ; on le tiendra pour l'effet d'un savoir

---

1. *Dialogues* I, 168, 84.
2. Cf. J. Passmore, *Hume's Intentions* : « dans l'œuvre de Hume le scepticisme s'est porté constamment au delà de son rôle subordonné, menaçant la sécurité des sciences sociales, ébranlant le sens commun aussi bien que la métaphysique, ouvrant les portes si largement à l'arbitraire que le métaphysicien peut s'élancer aussi librement que le savant. Hume ne pouvait pas réussir l'impossible : aucun degré d'habileté ne peut construire avec succès une science fondée sur le scepticisme » (p. 151). Passmore nous paraît manquer la fin même de la philosophie humienne.

trouvant sa matière et ses règles dans l'expérience [1]. Le scepticisme de Hume est le résultat actif d'un empirisme radical [2].

*

Il est remarquable que Hume ait été considéré par ses
contemporains comme un métaphysicien, conduisant au
scepticisme par son souci même de soumettre la nature
humaine à l'examen de la raison et d'en découvrir tous les
ressorts et tous les principes : « Parmi les écrivains métaphysiques, M. Hume occupe une place de premier rang. Toutes les
parties de la philosophie deviennent dans ses mains de la
métaphysique » [3]. On a pu même mettre en cause les motifs qui
présidaient à sa philosophie : « Quel goût, quel cœur doit
posséder celui qui prend plaisir à représenter la nature comme
un chaos, et l'homme comme un monstre, à chercher la laideur
et la confusion, là où d'autres se réjouissent dans la perception
de l'ordre et de la beauté » [4]. En regard de ces critiques, la
première section de l'Enquête où Hume prend la défense de la
philosophie spéculative et où il légitime l'intention du Traité,
devient capitale. Il faut en effet restituer l'esprit de l'époque.
La tradition sceptique avait été renouvelée à la suite des
secousses de la Renaissance et de la Réforme et était devenue

1. Voir Enquête XII ; Dialogues I.
2. Voir en ce sens C. Maund, « On the Nature and Significance of Hume's
Scepticism », Revue Internationale de Philosophie, 1952, n°2, p. 168-183.
3. Beattie, An Essay on the Nature and Immutability of Truth in
Opposition to Sophistry and scepticism (Edimbourg 1770), p. 421. L'ouvrage qui s'en prenait violemment à Hume obtint un succès immédiat et valut
à son auteur de nombreux honneurs académiques et ecclésiastiques.
4. Beattie, An Essay, p. 458.

une arme à double tranchant dans les querelles religieuses. Elle avait ensuite trouvé un aliment dans les débats, les critiques, les effondrements et les incertitudes entretenues par l'émergence d'une nouvelle forme de science. Un accord assez général s'était réalisé, dans les milieux éclairés, pour admettre l'impossibilité d'une science absolument certaine, reposant sur des principes premiers, et en même temps pour considérer comme suffisant à la science et à l'action les évidences que nous fournit l'expérience. Et l'on s'efforce de définir les limites de la connaissance, les divers degrés de certitude, l'équilibre qu'il faut établir entre les deux sources du savoir : l'expérience et la raison. Un scepticisme constructif, opposé au scepticisme radical, négateur de toute vérité, se développe dans la philosophie naturelle et triomphe avec Newton, qui propose le modèle d'une science exactement contrôlée, affranchie des hypothèses engendrées par une raison sans frein, et bornée par une expérience toujours renouvelable [1]. L'important est qu'il faille modérer la raison et que la mesure à laquelle elle est soumise soit la certitude fournie par l'évidence sensible. Ce scepticisme, critique à l'égard des facultés humaines, s'accompagne d'une entière assurance en l'expérience. Or, les dangers de toute recherche purement spéculative sont encore plus considérables dans le domaine de la philosophie morale, puisque l'incertitude à laquelle elle ne peut manquer de conduire trouble l'action humaine. La philosophie morale a pour fin première le progrès moral de l'humanité ; elle doit prodiguer des lumières qui incitent à la vertu et

---

1. Voir H. G. Van Leeuwen, *The Problem of Certainty in English Thought*, 1630-1690, La Haye 1970.

qui instruisent les hommes de leur devoir, sans ébranler
l'assurance par laquelle le sens commun se dirige dans les
choses de la vie. Il ne s'agit pas de connaître les principes de la
nature humaine, mais de rendre conscients les décrets par
lesquels la nature nous dirige avec fermeté, aussi longtemps
que nous nous y abandonnons, quoique de façon aveugle
quand nous n'usons pas de notre raison. L'essentiel est donc
de réaliser l'accord entre la nature et la raison, sans laisser à
celle-ci le pouvoir de substituer ses fins aux fins de celle-là.

C'est par rapport à un tel esprit que Hume entreprend de
légitimer la philosophie spéculative, dans le domaine moral.
Cette justification est d'autant plus délicate qu'il a à se distinguer d'une philosophie dont l'influence s'exerce de façon
active dans le *Traité*, à savoir la philosophie de Hutcheson[1].
Quelques mois après la publication des deux premiers livres
du *Traité,* Hume soumet à Hutcheson le troisième livre ; et ce
dernier, réputé pour son éloquence et son influence sur ses
auditoires, lui reprochant un manque de chaleur dans la
défense de la vertu, Hume répond par une distinction, qu'il
reprendra au début de *l'Enquête* : la distinction entre deux
sortes de philosophes, également indispensables, le moraliste
d'une part, qui usant de toutes les ressources de la poésie et de
l'éloquence s'efforce, comme Hutcheson lui-même, de solliciter le sens moral et d'entretenir l'amour pour la vertu, le
métaphysicien d'autre part, qui s'adresse à la raison humaine
et tente de découvrir les fondements de la connaissance, de la

---

1. Sur l'influence de Hutcheson, voir N.K. Smith, *The Philosophy of David Hume*, chap. 2.

morale et du jugement esthétique[1]. Les deux sortes de philosophies sont difficiles à réunir[2] parce qu'elles se distinguent
comme le sens moral et la raison, dans l'enseignement de
Hutcheson : le jugement moral ne repose pas sur la connaissance rationnelle du bien et du mal, mais dépend d'un
sentiment qui nous oriente immédiatement et de façon désintéressée dans nos jugements et nos actions, et auquel la raison
doit se soumettre ; une philosophie spéculative ne peut rien lui
apporter, puisqu'il est par lui-même infaillible ; tout au plus
peut-on le mettre en valeur et le rendre à sa pureté, quand les
calculs d'intérêt ont étouffé sa voix. Inversement la raison est
totalement indifférente aux fins morales, puisque son seul
objet est la découverte du vrai et du faux. On peut en conclure
que les deux espèces de philosophie n'ont pas les mêmes fins
et qu'elles ne s'adressent pas aux mêmes facultés de l'esprit
humain ; il semble même qu'elles n'aient pas à attendre de
concours l'une de l'autre. La philosophie facile (l'expression
n'est pas péjorative), qui est la plus ancienne, est assurée
contre les excès de l'éloquence par son rapport immédiat au
sens moral qui lui transmet son évidence ; elle ne peut oppri-
mer les consciences, car elle fait appel à leur propre clarté. La
philosophie spéculative n'a rien à attendre du sens moral : ce
n'est que par elle-même qu'elle peut revenir sur ses propres
erreurs. De cette indépendance réciproque, Hume tire un
argument en faveur de son entreprise : une recherche abstraite

1. *Lettres* I, 33 (17 sept. 1739). *Enquête* I, 5-6, 43-44.
2. *Enquête* I, 8, 46-47 ; I, 16, 59. C'est dans l'*Enquête sur les Principes de
la Morale,* que Hume pense être parvenu au plus près de la conciliation de la
profondeur de l'analyse et de l'efficace de la vérité (*My Own Life,* in *Essais* I,
xxxvi, 58). Cf. « L'art de l'essai » (*Essais* I, 533-535, 285-286).

est certes plus exposée à se tromper, l'entendement peut se
perdre dans des raisonnements trop difficiles, mais il n'y a là
nul danger : la philosophie est sans pouvoir sur la vie morale et
religieuse ou n'a d'influence qu'aussi longtemps que le philosophe reste dans son cabinet[1]. L'athéisme spéculatif n'empêche pas Epicure d'être bon citoyen et de rendre ses devoirs aux
dieux[2].

Cependant ce premier argument ne suffit pas. La philosophie spéculative est le plus souvent l'objet d'une double
critique : d'une part, qu'elle est inefficace, et par conséquent
inutile, d'autre part, et paradoxalement, qu'elle est pernicieuse en raison de son inefficacité même. En effet elle
n'entretient pas avec la nature humaine le même rapport que la
philosophie facile. Celle-ci sert immédiatement la pratique :
elle permet aux hommes de mieux vivre en société, d'apprécier leurs devoirs, de goûter les vertus et les beautés, de
faire leur bonheur et celui d'autrui. Elle répond directement
aux exigences de la vie, et c'est ce qui fait toute sa valeur. Il
n'en est pas de même de la métaphysique, qui suppose des
conditions d'oisiveté et de solitude : il faut pour la pratiquer
être libéré du souci de l'existence matérielle et des sollici-
tations de la société humaine. En outre, cette sorte de philosophie, au lieu d'être animée par des passions qui dépendent
directement ou indirectement du bien et du mal, du plaisir ou
de la douleur, est inspirée par une passion tout à fait singulière,
l'amour de la vérité, qui nous procure un plaisir désintéressé,
indépendant du résultat de la recherche. L'utilité n'est que

1. *Traité* I, 4, 7, 272, 365. *Enquête* I, 7, 45.
2. *Enquête* XI, 135-136, 243-244.

l'occasion de l'activité de l'entendement, qui jouit de son propre exercice. Or, c'est précisément ce plaisir de soi, ce goût de l'examen pour le plaisir de l'examen, qui peut être pernicieux. En effet, obéissant à ses seules fins, la raison manifeste un orgueil contre nature. La satisfaction suprême serait de parvenir à la connaissance des premiers principes, et il n'est pas de difficulté dans l'abstraction que le philosophe s'épargne pour atteindre ce but[1]. En cela la raison prétend s'affranchir de la nature : elle suspend ses fins, qui sont pratiques ; elle questionne les évidences grâce auxquelles celle-ci nous dirige ; elle en vient même, à chaque pas fait vers la généralité, à négliger le critère infaillible de l'expérience et à substituer à la transition facile de l'imagination un ordre critique qui fait violence à la nature de l'entendement. C'est pourquoi la nature dit au philosophe : « Donnez libre cours à votre passion pour la science, mais faites que votre science soit humaine et telle qu'elle puisse se rapporter directement à l'action et à la société… Soyez philosophe ; mais au milieu de toute votre philosophie, soyez toujours un homme »[2].

Comment résister à une voix aussi pressante et s'abandonner à la démesure de la spéculation ? Et cependant Hume ne renonce pas à son projet d'une science spéculative, parce que cette démesure est ambivalente. D'une part la raison, emportée par sa passion, c'est-à-dire sa nature, fait l'épreuve de ses excès et de sa faiblesse : la solitude et le ridicule auxquels elle se condamne, le passage de la jouissance de soi à

---

1. La philosophie va alors de l'abstrait à l'abstrus. Cf. *Enquête* II, 21-22, 67 ; voir aussi *Morale, Appendice* I, 289, 209-210.
2. *Enquête* I, 9, 48.

la mélancolie, la pousse à la conscience de sa vanité et à la reconnaissance de la mesure à laquelle elle est asservie, la nature humaine ; mais d'autre part en raison de sa liberté et du pouvoir qu'elle a de se replier sur elle-même, en vertu de son exigence désintéressée de rigueur et d'exactitude, et de son souci de substituer à l'action naturelle l'exercice réfléchi de la règle, elle se détermine comme une puissance critique, qui impose l'examen de toute certitude et l'analyse de toute évidence. Elle devra alors soumettre tout jugement et toute action non à sa propre loi, qu'elle saisirait dans une pure appréhension de soi, mais à la loi de la nature, ou plus exactement à la nature devenue en elle loi. Car la raison est le pouvoir que la nature a de se réfléchir comme règle. Et c'est pourquoi la philosophie spéculative est la science critique de la nature.

Il ne faut pas toutefois comprendre cette affirmation en des termes lockiens. L'un des traits caractéristiques de la pensée anglaise du XVIIIe siècle est de ne pas séparer le philosophe de l'homme du commun et de se croire capable de les réunir dans une même famille, celle de l'humanité (qui progresserait toute entière grâce aux lumières de quelques-uns), en affirmant que la raison philosophique ne fait que rendre claire et distincte la raison latente et aveugle qui, dans l'impulsion de la nature, dirige infailliblement le vulgaire. Il y a au contraire chez Hume un abîme entre la nature et la raison, qui interdit qu'on identifie la nature à la raison, à la faveur de l'identification de la raison à la nature. La raison est hors nature. Mais allons plus loin : la nature n'est pas en elle-même règle ; elle ne parle pas, sinon dans le discours philosophique. Elle est une impulsion aveugle, dont l'universalité signifie seulement une uniformité qui est un fait et non un principe. Certes, elle juge, mais sur le

champ et par sentiment. « La morale est plus proprement
sentie que jugée »[1]. Son infaillibilité est donc instantanée et ne
va pas au-delà de l'épreuve actuelle du bien et du mal, du beau
et du laid. Aussi est-elle incapable, attachée qu'elle est à la
perception morale ou esthétique comme la croyance à l'idée,
d'anticiper l'action, de la diriger, et d'une certaine façon
d'instruire et d'éduquer les hommes. La crédulité et la per-
version du sens commun, pourtant infaillible, l'insuffisance
de la philosophie facile ou pratique, pourtant la plus efficace,
puisque la plus immédiate, le démontrent suffisamment. Il
revient donc à la raison humaine de représenter des fins, des
lois et des moyens, choses qu'elle ne peut tirer d'aucune autre
source que de la connaissance de la nature humaine. Et Hume
de rappeler, après bien d'autres, que « la nature humaine est la
seule science de l'homme : elle a été jusqu'ici la plus, négli-
gée »[2], et que l'importance de cette science n'est pas
seulement théorique mais aussi pratique.

On comprend alors combien la philosophie facile, en
raison même de sa proximité au sentiment, est exposée à
l'erreur, ce qui n'est pas très redoutable puisque le sentiment
ignore le vrai et le faux, mais surtout à la superstition, qui est
autrement pernicieuse, parce qu'elle dévoie les principes de la

1. *Traité* III, 1, 2, 470, 66. Hume dit par ailleurs : « Les décisions philosophiques ne sont que les réflexions de la vie courante, rendues méthodiques
et corrigées ». *Enquête* XII, 162, 285; Cf. *Dialogues* I, 166, 81. Ces formules
signifient que même dans son activité méthodique et corrective, la raison
reste un effet de la nature et que la raison philosophique ne saurait
s'émanciper au point de trouver en elle-même son fondement.

2. *Traité* I, 4, 7, 273, 366. Cf. Malebranche : *De la Recherche de la
Vérité*, préf. p. XX, (éd. G. Rodis-Lewis, Paris, 1962).

conduite humaine. La superstition, c'est l'équivalent de ce qu'on appelle aujourd'hui l'idéologie[1]. Nous avons besoin de métaphysique pour vivre, car la nature sûre mais silencieuse, ne suffit pas. Nous avons besoin pour agir de nous représenter notre rapport au monde, de connaître notre pouvoir sur lui, et de déterminer les fins de notre nature. Cela ne peut se faire que dans une philosophie spéculative et abstraite, sans laquelle l'esprit s'abandonne à la fantaisie. « Je trouvai que la philosophie morale, que l'antiquité nous a transmise, souffrait du même défaut que celui qui s'est trouvé dans la philosophie naturelle, à savoir d'être purement hypothétique, et de dépendre plus de l'invention que de l'expérience »[2]. Les « penseurs étroits »[3] rejettent les raisonnements abstraits à cause de leur difficulté et de leur raffinement et ne font pas l'effort de rapporter la généralité à l'expérience. Mais ils ne renoncent pas pour autant à imaginer les objets sur lesquels portent ces raisonnements. Simplement ils accordent à leurs hypothèses la même valeur d'infaillibilité immédiate qu'au sentiment. L'esprit s'orienterait avec la même assurance dans le vrai et le faux que dans le bien et le mal. Ils prennent par conséquent l'existence de leur représentation, foncièrement indéterminée puisqu'elle n'est pas soumise à l'expérience, pour l'intuition naturelle de la réalité du monde et de l'homme. Bref, ils confondent l'idée et la nature ; et lorsque cette confusion va jusqu'à modifier l'action, à opposer par exemple à la morale

---

1. Sur les rapports de la superstition et de la philosophie, voir : *Traité* I, 4, 7, 271, 364 ; *Enquête* I, 11-12, 51-52 ; X, 109, 205 ; « Du suicide » (*Essais*, 577-578, voir *Histoire*, 115).

2. *Lettres* I, 16 (mars 1734). *Abrégé*, 6, 37.

3. « Du commerce », II, 253, 10.

naturelle une morale artificielle tirée de l'idée qu'ils se font du monde, ils deviennent les victimes de la superstition.

Ainsi « quelque pénible que puisse apparaître cette recherche, cette enquête intérieure, elle devient en quelque mesure nécessaire à ceux qui voudraient décrire avec succès les apparences manifestes et extérieures de la vie et des mœurs »[1]. Cependant la difficulté de cette science et la négligence qu'on a eu à son égard ne sont pas accidentelles. Connaître la nature humaine ne serait pas une tâche malaisée, si cette nature était rationnelle et s'il suffisait d'une réflexion sur soi pour l'appréhender. Partagés entre le sentiment, assuré mais obscur, et la raison, claire mais sans fondement premier, nous sommes étrangers à nous-mêmes. Ce n'est que dans l'expérience, laborieuse et patiente, irrémédiablement contingente, précédant toujours l'esprit, que nous accédons à notre propre humanité. Celle-ci ne nous est pas plus connue immédiatement que la nature des choses. « Il me semble évident que, puisque l'essence de l'esprit nous est aussi inconnue que celle des corps extérieurs, il doit être également impossible de former une notion de ses pouvoirs et qualités autrement que par de soigneuses et de rigoureuses expériences et par l'observation des effets particuliers qui résultent des différentes circonstances et situations où il se trouve »[2]. Les principes de la nature humaine seront des principes généraux inférés de l'analyse des comportements humains, que ces principes soient théoriques ou pratiques. La difficulté réside donc dans la construction d'une science qui n'est supportée par aucune

1. *Enquête*, I, 10, 49.
2. *Traité*, intr., xxi, 35.

évidence immédiate, mais qui doit toujours s'en rapporter, si fines soient ses analyses, à l'expérience qui lui est donnée. Sa seule assurance formelle sera l'exactitude ou la précision, qualités avantageuses lorsqu'il faut dégager à partir de données complexes les circonstances générales et lorsqu'il faut ruiner la philosophie abstruse et le jargon de la superstition. « Nous pouvons observer dans tous les arts ou professions, même dans ceux qui intéressent le plus la vie ou l'action, qu'un esprit de précision, à quelque degré qu'on l'ait acquis, les porte tous plus près de leur perfection et les rend plus profitables aux intérêts de la société »[1].

*

On pourrait croire que Hume propose ainsi une anthropologie empirique s'efforçant d'obéir aux exigences habituelles qui accompagnent l'exercice de toute méthode inductive : décrire les données avec exactitude, détacher les éléments invariables des circonstances accidentelles, énoncer des lois en prenant soin de mesurer toujours leur degré de généralité. Il n'en est rien. Il en va de l'idéal de précision chez Hume comme de l'idéal de rigueur chez Husserl. La philosophie souffre non pas de n'avoir pas trouvé une forme scientifique ni même une méthode qui lui permettrait d'enchaîner les vérités, mais de n'avoir pas découvert le principe à partir duquel elle est possible comme science. Ce principe est pour Hume l'expérience, l'expérience comprise comme source de précision et d'exactitude. Or, cette dernière définition conduit à

1. *Enquête* I, 10, 44-45.

former un concept tout à fait, original de l'expérience, distinct de celui de l'expérience commune et même de l'expérience scientifique, un concept apparemment paradoxal : celui d'une *expérience radicale.*

Pour entrer dans la signification essentielle de l'empirisme humien, il importe de rappeler d'abord qu'en imposant cet idéal de précision à la philosophie, Hume ne proclame rien moins que sa volonté d'être le Newton de la science de la nature humaine. « Il vaut la peine d'essayer si la science de l'homme ne pourrait pas permettre la même exactitude que celle dont se sont révélées susceptibles plusieurs parties de la philosophie naturelle. Il y a, semble-t-il, toutes les raisons d'imaginer qu'elle pourrait être portée au plus grand degré d'exactitude » [1]. Or, une telle prétention concentre en elle toute la valeur acquise par la science au XVIIIᵉ siècle et se propose d'achever, dans un domaine qui lui avait jusqu'ici échappé, une révolution commencée par Copernic et parvenue à sa maturité dans la physique mathématique de Newton. Si ce projet parvient à ses fins, le système du savoir sera complet et embrassera en lui tout ce que l'homme peut se proposer de connaître. « Quand persuadés de ces principes, nous parcourons les bibliothèques, que nous faut-il détruire ? Si nous prenons en main un volume de théologie ou de métaphysique scolastique, par exemple, demandons-nous : contient-il des raisonnements abstraits sur la quantité et le nombre ? Non. Contient-il des raisonnements expérimentaux

---

1. *Abrégé*, 6, 39.

sur des questions de fait ou d'existence? Non. Alors mettez-le au feu, car il ne contient que sophismes et illusions »[1].

Le premier mérite de la précision en philosophie est de donner les moyens de triompher définitivement de la métaphysique abstruse, comme Newton avait eu raison des hypothèses en physique. Mais de même que les hypothèses des astronomes dans l'ancienne physique et encore celles de Descartes, sont le complément inévitable d'une imprécision de l'expérience, de même la philosophie morale, aux yeux de Hume, est restée prisonnière d'une expérience essentiellement qualitative, se bornant à appréhender les choses dans leur diversité et leur richesse immédiate. Il faut faire descendre la précision jusque dans l'expérience[2].

Or, il est remarquable que cette science nouvelle, qui se propose d'analyser les phénomènes avec exactitude et d'établir le système rigoureux des lois générales auxquelles ils obéissent, ait été l'objet de débats et de critiques, qui concernaient moins ses énoncés que son esprit. Le reproche majeur, et en apparence paradoxal, opposé à la physique moderne, fut celui de favoriser le scepticisme. On a pu montrer effectivement que la Société Royale avait hérité, à travers les personnalités qui l'animèrent, des débats sur la certitude et sur l'évidence, qui faisaient le fond philosophique de la querelle des

---

1. *Enquête*, XII, 165, 289-290. Au début du xviiie siècle, l'Université écossaise était souvent encore soumise au joug rigoureux de la théologie calviniste et de la philosophie scolastique.

2. Voir A. Koyré, *Études d'Histoire de la pensée philosophique* (Paris 1961), « du monde de l'à peu près à l'univers de la précision », p. 341-362. *Études newtoniennes* (Paris 1968), « sens et portée de la science newtonienne », p. 25-49.

protestants et des catholiques en Grande-Bretagne. Les réformés, du moins les moins enthousiastes d'entre eux, dans leur lutte contre le dogmatisme de leurs adversaires, qui n'était pas sans séduction, en appelaient à une échelle de degrés de certitude et opposaient à l'autorité romaine des vérités absolues, l'idée d'une connaissance modérée, assez sûre pour nous instruire de ce qui importe à notre salut, trop faible pour nous faire pénétrer la nature et les desseins de Dieu. Certes l'équilibre était difficile à tenir entre le pyrrhonisme, qui s'en prend à toute vérité, et ce scepticisme de combat au service des vérités immédiates. Parallèlement, se répandait dans les milieux scientifiques l'idée que la certitude absolue ne peut être atteinte dans les sciences et que notre connaissance de la nature ne peut pas être parfaite, quoiqu'elle puisse être satisfaisante[1]. Ainsi Newton, en réponse à la représentation que Hook propose de sa théorie de la lumière et des couleurs, écrit à Oldenbourg : « J'ai dit, en vérité, que la science des couleurs était mathématique, et aussi certaine que toutes les autres parties de l'optique ; mais qui ignore que l'optique, et beaucoup d'autres sciences mathématiques, dépendent aussi bien des sciences physiques que des démonstrations mathématiques ? Et la certitude absolue d'une science ne peut excéder celle de ses principes »[2]. La certitude de l'optique est physique et n'atteint pas à la perfection de l'évidence mathématique.

---

1. H. G. Van Leeuwen, *The Problem of Certainty in English Thought, 1630-1690*, La Haye 1963.
2. *Isaaci Newtoni opera quae extant omnia*, London 1779-1785, t. IV, p. 342.

On peut cependant douter qu'une telle prudence dans la connaissance, soucieuse qu'elle était d'établir solidement la vérité, contre les qualités occultes et les tourbillons cartésiens, ait suffi à faire passer pour sceptique la science nouvelle. Il faut quelque autre raison, qui se manifeste assez clairement dans les jugements qu'un Berkeley porte sur la physique newtonnienne[1]. La philosophie naturelle est sceptique, parce qu'elle prétend ignorer la nature vraie et réelle des choses et qu'elle se contente d'établir entre les phénomènes une causalité mécanique, laquelle ne nous instruit pas du pouvoir véritable par lequel la cause produit son effet. Ainsi de l'attraction : de l'aveu même de Newton, on ne peut se prononcer sur la question de savoir si cette cause, la plus générale qui soit, est une qualité des corps ; sa nature est obscure et elle n'est connue que par ses effets. Berkeley en conclut : « Je ne vois pas qu'on désigne rien de plus que l'effet lui-même ; car le mode de l'action productrice et la cause productrice ne sont pas même visés »[2]. Par conséquent, tout le système des lois générales, faute d'appréhender la nécessité à partir de l'idée même de la cause, n'explique pas les phénomènes, mais se contente de les décrire, de les comparer et de les rassembler. La physique a l'utilité d'une grammaire de la nature. « Et à mon avis ces gens qui forment des règles générales à partir des phénomènes mêmes, puis déduisent les phénomènes de ces règles, sont, semble-t-il, des grammairiens et leur art est la grammaire de la nature »[3]. Ce sont deux conceptions de la

---

1. *Principes de la connaissance humaine*, § 101-107.
2. *Principes*, § 103, trad. Leroy, (Paris 1944), p. 303.
3. *Principes*, § 108, p. 309.

causalité qui s'opposent ainsi : l'une, encore aristotélicienne, qui veut que la cause du mouvement soit dans les corps eux-mêmes et que la cause contienne la raison de ses effets et les détermine dans tous leurs caractères (on peut nier la causalité corporelle et y substituer, comme le fait Berkeley, une causalité divine ; cela ne change rien au concept de la cause) ; l'autre, nouvelle, selon laquelle la causalité est la liaison des phénomènes constatée, généralisée et représentée dans une loi, mais dont on ignore l'opération réelle. Cette dernière conception est newtonienne et Hume se chargera d'en faire la théorie.

Elle contient un scepticisme foncier, qui ne porte pas sur l'étendue de la connaissance, mais sur sa nature même. Or, elle procède du souci de la précision. Car celle-ci s'applique à la diversité sensible des phénomènes ; elle soumet à l'analyse ce qui pourtant se donne comme cause évidente et suffisante dans l'expérience commune, et elle fait passer de la détermination qualitative et substantielle au rapport quantitatif. Préciser, c'est instituer une causalité abstraite, connue empiriquement dans son existence et mathématiquement dans son essence.

Or, ce qui paraît difficulté dans la philosophie naturelle devient scandale dans la philosophie morale. En effet prétendre y exercer la même exigence de rigueur, rejeter tout ce qui ne se plie pas à elle, conduit à créer une distance irrémédiable entre l'expérience que nous avons de nous-mêmes, expérience riche et pleine, toute pénétrée de certitude, qui semble nous instruire immédiatement de nos pouvoirs et de nos fonctions, et la science de la nature humaine. Les philosophes du sens commun, et en particulier Beattie, représenteront

Hume comme un philosophe abstrait, portant atteinte aux
évidences que la nature nous impose pour nous diriger dans la
vie, et troublant la lumière naturelle de l'esprit, par une
volonté d'exactitude et d'examen qui rétablit les obscurités
des raisonnements scolastiques. « Un métaphysicien, explo-
rant les recoins du cœur humain, a autant de chance de trouver
la vérité, qu'un homme avec des yeux microscopiques de
trouver son chemin »[1]. L'esprit d'analyse, poussé à l'extrême,
c'est-à-dire ne se contentant pas de décrire, conduit à l'aveu-
glement. En outre cet excès produit l'excès inverse, selon un
retournement qu'on retrouve dans la critique que Rousseau
fait des philosophes, à savoir celui de l'esprit d'uniformité et
de système, que Hume pousserait jusqu'au verbalisme :
« Quand il trouve deux ou trois choses appelées par le même
nom, il écrira cinquante pages de métaphysique pour prouver
qu'elles sont identiques, plutôt que de se donner la peine de les
examiner de façon à voir ce qu'elles sont réellement »[2]. Les
éléments simples, dégagés par l'analyse, sont abstraits et
constituent principes les plus généraux. Au contraire, la
nature se présenterait dans l'expérience immédiate comme la
totalité liée des qualités les plus variées, comme la réunion
admirable de la plus grande simplicité et de la plus grande
richesse.

On pourrait même dire l'entreprise humienne perverse.
L'esprit du temps admettrait volontiers un scepticisme
mesuré envers la raison. Mais qu'est-ce qui mesure ainsi la

---

1. Beattie, *An Essay*, p. 454. À l'inverse, voir Berkeley, *Principes*,
intr. § 5.
2. *An Essay*, p. 445.

raison? L'évidence immédiate. Or, c'est à cette évidence que Hume s'en prend par sa décision d'analyse. Ses contemporains n'ont pas tort de s'émouvoir, mais ce qu'ils imputent aux excès d'une raison faillible, pressée par l'ambition, n'est en réalité que le développement nécessaire d'une qualité propre à la physique newtonienne. Et c'est parce qu'il est moins bon philosophe que Berkeley et que Hume, ou parce que la science expérimentale a perdu son pouvoir critique, en se vulgarisant, que Reid peut penser parvenir à renverser le scepticisme humien en lui opposant la méthode expérimentale. Cette méthode serait familière à tout esprit. « Les *regulae philosophandi* de Newton sont des maximes du sens commun et sont mises en pratique chaque jour dans la vie commune; et celui qui fait de la philosophie par d'autres règles, tant en ce qui concerne le système matériel que l'esprit, manque son but » [1]. Or, la science n'est pas un sens commun amélioré qui permet d'affiner l'appréhension des objets; car si le sens commun décrit, la science construit. Pour reprendre l'image familière de l'anatomie, que Hume utilise souvent [2], l'analyse ne précise pas le détail de l'apparence des corps, mais elle nous fait pénétrer à l'intérieur, dans l'organisation intime des parties qui produisent la forme globale. La beauté externe des

1. *An Inquiry*, p. 97. *Les Regulae Philosophandi* se trouvent placées au début du troisième livre des *Principia*. cf. A. Koyré, *Études newtoniennes*, « les Regulae Philosophandi », p. 315-329. Pour un jugement contraire au nôtre, en ce qui concerne Reid, voir L. L. Laudan, « Thomas Reid and the Newtonian Turn of British Methodological thought », dans : *The Methodological Heritage of Newton*, edited by R. E. Butts and J.W. Davis (Oxford 1970).

2. *Lettres*, I, 32; *Traité* I, 4, 6, 263, 355; III, 3, 6, 621, 251; *Abrégé*, 6, 39; *Enquête*, I, 10, 49.

corps n'a d'égal que leur laideur intérieure, ce qui prouve qu'on ne voit pas la même chose, selon qu'on est d'un côté ou de l'autre. Tel est bien le motif de l'insatisfaction de Berkeley envers la méthode expérimentale : elle nous conduit à douter de la vérité sensible, c'est-à-dire de la possibilité qu'a l'esprit de connaître immédiatement ses propres idées. Semblablement Reid et Beattie voient en Berkeley et en Hume les maîtres d'un scepticisme total, parce qu'ils auraient renversé l'évidence de l'expérience naturelle, en ruinant la croyance en l'existence des corps et du sujet. Par son idéal d'analyse, la science transforme les objets de l'expérience et leur attribue des caractères étrangers aux qualités appréhendées sensiblement. Bien plus elle juge les données immédiates des sens. « L'expérience n'est qu'une aide de la raison, car si elle fournit l'information à l'entendement, l'entendement demeure juge et a le pouvoir et le droit d'examiner et d'apprécier les témoignages qui lui sont présentés » [1]. En bref le scepticisme de la science nouvelle envers l'évidence sensible nous apprend que l'expérience n'a pas de signification univoque et que c'est tout autre chose de renvoyer à l'expérience dans une science empiriste et d'en appeler à l'expérience dans la pratique empirique de la vie courante.

---

1. R. Boyle, *Christian Virtuoso, in Works* (London 1772), V. P. 359. Cité par Van Leeuwen, *The Problem of Certainty in English Thought*, p. 98-99.

*

Qu'est-ce que l'expérience dans le projet humien d'une science de la nature humaine, conçue sur le modèle de la physique expérimentale ? Il faut revenir à Newton [1].

Hume en effet est non seulement étroitement fidèle à l'esprit de la physique expérimentale, mais se propose grâce à la transposition de sa méthode dans le domaine de la philosophie morale, d'en faire la théorie et de la fonder. La critique nominaliste de Berkeley, faisant de la science abstraite une grammaire de signes, serait pertinente, si la précision et la généralisation n'avait pas pour condition la mathématisation des phénomènes. La généralisation n'est possible que si les phénomènes sont généralisables par avance, que s'ils ont un être général. Loin d'être un langage appliqué par commodité au physique, les mathématiques sont le mode d'accès nécessaire à l'expérience scientifique. La grande nouveauté de la philosophie naturelle est d'avoir renouvelé l'essence du physique. En effet ce que la science étudie est phénomène, c'est-à-dire ce qui apparaît, ce qui se montre distinctement. Phénomène s'oppose à hypothèse, mais tout aussi bien à l'expérience sensible qualitative, qui par sa variété est toujours lumière et ombre, qui à la fois donne immédiatement et cache

1. Sur les rapports de Newton et de Hume, voir N.K. Smith, *The Philosophy of David Hume*, 53-62 ; J. Laird, *Hume's Philosophy of Human Nature* (London 1932) 22-24 J. Passmore, *Hume's Intentions*, 43-52. Le nom de Newton apparaît dans l'*appendice* du *Traité*, 369, 388 dans l'*Enquête*, VII, 73, 153 note ; dans l'*Enquête* sur les *Principes* de la *Morale*, III, 204, 109. Ce petit nombre de références représente mal les nombreuses allusions faites à l'illustre savant. Voir aussi l'éloge fait dans l'*Histoire d'angleterre*, chap. 71, ed. Campenon (Paris 1830) tome 10, p. 402 403.

une nature occulte. Le phénomène est sans profondeur; lorsque les savants affirment que nous ne pouvons connaître la nature dernière des choses, ils expriment moins leur défiance envers le pouvoir de la raison que l'essence des objets qu'ils étudient : ces objets sont sans nature dernière. En effet soumettre le physique au mathématique, c'est ne retenir en lui que ce qui est mesurable et quantifiable, c'est-à-dire homogénéiser et uniformiser le monde. Encore cette formule n'est-elle pas très exacte : elle pourrait suggérer qu'il y aurait un reste dans les choses qui résisterait à la science. Or, la distinction des qualités premières et des qualités secondes permet d'écarter ces dernières qui, quoique causées par les premières, doivent leur qualité propre au sujet percevant, de sorte que seuls demeurent expérimentalement réels les rapports géométriques et numériques, qui en tant que tels déterminent les phénomènes solidairement et relativement, les enveloppent dans un système général, sans toucher jamais à une quelconque essence intime. L'attraction est une qualité obscure, mais mathématiquement elle est parfaitement connue. Aristote distinguait diverses espèces qualitatives de mouvement, ordonnées selon une plus ou moins grande perfection d'être ; la physique nouvelle ne connaît qu'un seul type de mouvement : le déplacement dans un espace homogène.

Ainsi la science de la physique expérimente du général mathématique, elle ignore le particulier. C'est pourquoi le vieux problème de l'induction aristotélicienne disparaît. La généralisation n'est pas une vertu du particulier, qui inciterait à la comparaison ; elle n'est pas non plus une violence faite au donné ; elle est constitutive de l'apparence des phénomènes. S'exprime en elle la légalité du mesurable, valant universellement pour tous les phénomènes, si dissemblables qu'ils puissent être, réunissant le ciel et la terre, les révolutions astronomiques et la chute des corps. Il n'y a pas à chercher de qualité commune dans le particulier. L'induction moderne pose bien la question du statut de la généralité, informée par la nécessité mathématique, mais en bloc, si l'on peut dire : comment le langage mathématique peut-il s'appliquer à la réalité physique ? Ce qui ne remet aucunement en cause l'exigence de précision.

On objectera à juste titre que Newton déclare également : « Bien que la preuve tirée par induction des expérimentations et des observations ne soit pas une démonstration des conclusions générales, cependant elle est le meilleur moyen de prouver ce que la nature des choses admet, et peut-être considérée comme d'autant plus forte que l'induction est plus générale »[1]. Il y a un risque dans l'induction qui ne se produit pas dans la déduction. On objectera encore que la mathématisation de l'univers caractérise plus les transformations d'un siècle que la synthèse newtonienne, et vaut aussi bien pour Descartes que pour Newton. Or, Newton combat avec vigueur les hypothèses des Cartésiens, qui procèdent des excès de la géométrisation de l'être matériel. Aux deux premières *Regulae Philosophandi,* qui expriment les conditions de la généralisation mathématique, dans le langage de la causalité physique, répondent les deux dernières règles, qui affirment avec force l'empirisme de la science nouvelle. Ce qui doit

---

1. *Optics*, in *Opera* IV, p. 263. Voir aussi *Principes*, trad. Mme du Châtelet, tome 2, p. 174. (Paris 1756 ; nlle. éd. 1966) : « Dans cette philosophie, les propositions sont déduites [dérivées] des phénomènes et rendues générales par induction ».

donc être saisi, c'est tout autant la nécessité d'une vérification expérimentale de l'exactitude, que la possibilité d'une expérience exacte. Comment vérifier ce qui est posé au préalable comme la forme nécessaire du phénomène? Comment le donné peut-il nous instruire d'une forme qui n'est pas donnée? Le mérite de la pensée newtonienne est de poser la question fondamentale de l'empirisme, que ni l'empirisme naïf, qui prétend tirer la vérité du sensible même, ni le rationalisme cartésien, qui postule la possibilité d'une connaissance qui se passe de l'expérience, ne peuvent manifester: que nous livre l'expérience? Qu'est-ce que l'expérience pour vérifier l'esprit?

Dans sa préface à la première édition des *Principes,* Newton s'élève contre la séparation, établie par les Anciens, entre la géométrie, science exacte, et la mécanique, art d'habileté auquel l'approximation suffit. Il faut réconcilier la géométrie théorique et la mécanique pratique dans une mécanique théorique. «La géométrie est fondée sur une pratique mécanique et elle n'est autre chose qu'une branche de la mécanique universelle qui traite et qui démontre l'art de mesurer»[1]. En effet, l'objet réel de la géométrie, les lignes et les cercles, n'est pas géométrique mais physique et doit être appréhendé dans sa relation au mouvement; il est proposé comme problème à la mathématique qui, étant la science du général, est apte à le résoudre de la façon la plus simple et la plus certaine. Cela signifie que d'une part les phénomènes qui sont donnés dans l'expérience et dans la pratique humaine doivent être soumis à une analyse géométrique, qui les déter-

1. *Principes*, trad. Mme Du Châtelet, tome 1, p. XV.

mine jusque dans leur essence et en fait des réalités abstraites, que d'autre part il y a cependant un excès du physique sur le mathématique, en vertu duquel s'impose le recours à l'expérience, quoique celle-ci n'en dise jamais plus que le raisonnement. Cet excès commande le sens de l'analyse mathématique et sa place dans la méthode expérimentale : cette analyse est le moment de la solution des problèmes et de la généralisation. Elle règle l'induction, qui est proprement le passage à la science, la réduction du caractère singulier et contingent des expériences qui la suscitent. Toutefois, de même que l'expérience scientifique est indissociable du raisonnement, de même inversement le raisonnement doit toujours être compris physiquement. « Par cette sorte d'analyse, nous pouvons progresser des composés aux éléments, des mouvements aux forces qui les produisent, et en général des effets à leurs causes, et des causes particulières aux plus générales, jusqu'à ce que l'argument s'achève dans la plus générale » [1].

Comment a-t-on pu estimer que la méthode expérimentale allait de soi, et la considérer comme l'amélioration du sens commun, alors qu'elle le contredit si manifestement? En effet, l'unité active, et non pas la juxtaposition, du mathématique et du physique, du raisonnement et de l'expérience, l'un constituant l'autre dans son essence et réciproquement, ne laisse pas d'être mystérieuse. Pourquoi conserver le langage de la cause, pourquoi parler encore d'attraction, de puissance, de solidité etc., qui sont autant de concepts sensibles confus, alors que les principes mathématiques déterminent totalement la nature, renouvellent sa définition et en font la totalité réglée

---

1. *Optics*, in *Opera...* IV, p. 263.

des variations relatives des positions des corps, et non plus un principe interne propre à chaque être ou à chaque ensemble d'êtres ? Le physique est le sensible ; mais la réalité immédiatement sensible n'est pas retenue. L'être matériel n'est tel que mathématiquement. L'observation, ce en quoi il semble que la réalité sensible se donne le plus immédiatement, l'observation est d'une essence distincte de celle de la perception. Non seulement elle a pour condition la mesure, étant instrumentale, mais encore elle ne voit que ce qu'elle se donne à voir : des rapports mathématiques. L'expérimentation, ce en quoi il semble que nous trouvions la meilleure garantie contre tout apriorisme, ne cherche pas en toute rigueur à prouver la validité de l'induction, laquelle est assurée par le calcul. On ne voit pas pourquoi une expérience de plus, même provoquée, serait en mesure de fonder la généralité. Elle est tout au plus susceptible de corroborer une vérité établie par ailleurs. Elle n'est vraiment intéressante que lorsqu'elle traduit un désaccord qui suscite l'exception ; et celle-ci ne remet pas en cause le rapport établi, mais demande un affinement de l'analyse, pousse vers un nouveau progrès en direction de la généralité et conduit à réduire encore davantage les vérités immédiatement sensibles. Mais si le rapport de la connaissance à la nature est ainsi toujours anticipé mathématiquement, si la seule source de nouveauté possible de la part de l'expérience, est la contre-épreuve, qui n'a de valeur que pour autant qu'elle entraîne une ouverture de la théorie, si celle-ci la récupère toujours après coup, comme ce qu'elle aurait pu et dû déterminer, qu'apporte l'expérience ? A strictement parler, rien. Rien sinon un fondement, à la fois évident et obscur, aussi indispensable à la précision, contre les hypothèses des

Cartésiens, que les mathématiques, contre les à peu-près qualitatifs de l'expérience commune.

Avoir fait de l'expérience un problème, tel est le mérite philosophique de la physique expérimentale de Newton.

*

On ne pouvait attendre de Newton qu'il fasse la théorie de ce problème. Sa réflexion sur la science est du reste embryonnaire. Toutefois ses hésitations scientifiques sont intéressantes. Sa volonté de ne pas affirmer que l'attraction est une qualité générale des corps, traduit l'inadéquation du physique et du mathématique, l'obscurité résiduelle et cependant fondatrice du donné. La théorie corpusculaire empêche qu'on fasse de l'espace l'essence de la matière. C'est pourquoi il y a quelque ambiguïté à parler, en ce qui le concerne, de mathématisation de l'univers. Les rapports mathématiques n'expriment les lois du monde que pour autant qu'ils sont vérifiées. La nuance pourrait sembler secondaire, et l'on pourrait se contenter de rapporter la nécessité de la vérification à l'imperfection de nos facultés. Or, cette nécessité s'enracine dans l'essence même de la réalité. Le recours systématique à l'expérience, avec tous les caractères de calcul et de mesure qu'on lui sait, confère aux phénomènes et à la loi d'attraction une facticité irréductible et interdit une science rationnelle *a priori* de la composition et de l'organisation de l'être physique, lequel se donne comme étant ainsi et non ainsi. Cette différence, difficile à assigner, de l'expérience et de la raison, invite en outre à rejeter toute substantialisation de l'être donné, qu'elle soit sensible ou mathématique. Aucune réalité substantielle n'est donnée sensiblement, puisque la science conduit à y substituer des rapports mesurables. Mais la totalité mathématique n'est pas pour autant la substance corporelle, puisqu'il est de l'essence des corps d'être sensibles. La révolution cosmologique de la nouvelle physique consiste non seulement à substituer le quantitatif au qualitatif, mais encore à remplacer les choses par des rapports de causalité ; ce que Newton exprimait dans le langage du temps, en affirmant que nous ne pouvons pas connaître les principes derniers de la nature.

Cette révolution fut vécue au XVIIIe siècle sous les espèces d'un malaise latent, nourrissant les philosophies les plus attentives, mais réfléchi par la conscience commune dans l'idéologie d'une science triomphante. Enfin la philosophie naturelle trouvait une base assurée et formait un corps de vérités contrôlables dans l'expérience ! On en finissait avec l'obscurité de la philosophie scolastique et on ouvrait la raison cartésienne, prisonnière des limites de sa propre perfection, au progrès indéfini d'une science, toujours en mouvement vers les principes premiers et en même temps solidement garantie par l'évidence sensible. Qui part des faits, et se place dans le déséquilibre bilatéral de l'expérience et des mathématiques, a l'assurance d'éviter toute contrainte dogmatique. Cependant, un tel esprit d'examen devait demeurer lié par l'assurance que nous avons des évidences naturelles, chargées de le régler. Le XVIIIe siècle n'était pas prêt à renoncer à l'évidence. Or, c'est bien ce à quoi invitait la science newtonienne, comme le virent Berkeley et Hume. La philosophie expérimentale signifie la non-évidence intelligible du mathématique, puisque celui-ci doit être fondé dans autre que soi, dans le sensible ;

mais également la non-évidence du sensible, qui n'offre rien à voir, et qui, par lui-même, c'est-à-dire hors de la collaboration, en déséquilibre perpétuel, de la théorie et de l'expérience, ne parle pas. Il n'est pas difficile d'admettre que l'expérience sensible soit confuse et qu'elle demande à être éclairée par la raison, laquelle n'a pas de validité hors de cette fonction d'élucidation. Mais reconnaître que l'intuition sensible ne nous représente pas les choses dans leur évidence première, telles qu'elles sont en elles-mêmes, que la détermination n'est pas vue mais construite, devoir considérer que l'évidence est aveugle, si l'empirique et le rationnel ne s'unissent pas dans une synthèse originale, entrer ainsi dans la séparation de l'esprit et de l'être, menait sur les chemins hasardeux d'un scepticisme, qui ne garantissait pas une certitude dernière. Le XVIIIe siècle est un siècle assoiffé de certitude et pourtant extrêmement fragile, qui n'en finit pas de régler ses comptes au scepticisme : pour en triompher, il fait appel à une science qui précisément l'alimente. Les disciples de Newton, considérant à juste titre que la distinction ontologique entre l'attraction et les autres qualités des corps n'avait pas de fondement, en conclurent à tort qu'elle était aussi évidente empiriquement que la solidité ou l'étendue, alors qu'ils auraient dû achever pour ces qualités ce que Newton avait fait pour l'attraction, et reconnaître qu'elles étaient, elles aussi, dépouvues de clarté sensible[1]. Les sens sont aveugles. On

---

1. Newton, 3e lettre à Bentley, *Opera* V, p. 438. Cf. A. Koyré, *Études Newtonniennes*, « sens et portée de la synthèse newtonienne », p. 36-38. La répugance de Newton à faire des concepts sensibles fondamentaux de la physique des idées claires et distinctes, est relevée par Hume, qui reproche

comprend la réaction à une telle conclusion extrême. Il faut défendre l'intuition, sous quelque forme que ce soit. Que dit Beattie, exprimant la voix imbécile [1] du sens commun, contre la philosophie humienne? «Dans la philosophie naturelle, l'évidence des sens et l'évidence des mathématiques vont main dans la main, et l'une produit la conviction aussi efficacement que l'autre» [2], alors que, comme deux pots de terre marchant de concert, elles se fracassent l'une contre l'autre. Et plus loin: «Il est évident… que dans la philosophie naturelle, aussi bien que dans les mathématiques, aucune argumentation n'est poursuivie au delà des principes évidents par soi et que de même que dans celles-ci tout raisonnement s'achève en intuition, de même dans celle-là il se résout de façon ultime dans l'évidence des sens» [3]. A plus forte raison, en ce qui concerne la science de la nature humaine. Mais qui ne voit qu'une telle évidence est au mieux une foi, au pire un préjugé (le plus essentiel), et dans les deux cas une proie facile pour la machine de guerre du sceptique?

*

Le sceptique va trop loin. On le traitera tour à tour de plaisantin qui cultive le paradoxe, d'hypocrite qui sert ses fins personnelles, ou de pervers qui brouille le clair message de la nature. Mais le scepticisme n'est pas accident qui dépende de

aux disciples du maître d'avoir fait de ses hypothèses des dogmes. *Enquête* VII, 73, 120, note.

1. Cf. *Lettres*, II, 301. «Beattie, cet individu stupide et borné…».
2. *An Essay*, p. 172.
3. *An Essay*, p. 201.

la volonté ou de l'humeur d'un homme, il est le développement radical et logique des questions et des virtualités de la science expérimentale. C'est pourquoi il est moins intéressant de savoir ce que Hume emprunte à Newton que de préciser comment il donne à la science de celui-ci son fondement. « Ce n'est pas une remarque surprenante que d'affirmer que l'application de la philosophie expérimentale aux questions morales devait venir après son application aux questions naturelles, à un intervalle d'un siècle environ, puisque, trouvons-nous, il y eut environ le même intervalle entre les origines de ces sciences... »[1]. Délai qui permet l'instauration de la science première et générale de la nature humaine.

On observera d'abord que Hume retient de Newton un vocabulaire qui est quasi consacré au moment où paraît le *Traité*. Mais son mérite est de faire un usage régulier et en général fidèle des notions les plus essentielles. On trouve chez lui la même hésitation sur le mot *hypothèse,* qui signifie tantôt une conjecture demandant une vérification, en droit possible[2], tantôt un raisonnement reposant sur une supposition gratuite et fictive[3]. Le terme *phénomène* conserve toujours sa signification stricte : ce qui apparaît dans une observation attentive et réglée[4]. Quand au mot *principe*, il suffit de rapprocher l'expression humienne : les principes de la nature humaine, du

1. *Traité*, intr. xx, 34.
2. Voir par exemple *Traité*, II, 2, 2, 345, 191.
3. Voir par exemple *Traité*, I, 3, 4, 83, 145. *Enquête* XI, 139, 249-250. Sur l'emploi du mot chez Newton, voir le célèbre scolie du liv. III des *Principes*, trad. Mme du Châtelet, tome 2, p. 79. Cf. A. Koyré, « l'hypothèse et l'expérience », dans les *Études newtoniennes*, p. 53-84.
4. Voir par exemple I, 1, 1, 4, 44.

titre de l'œuvre principale de Newton : *les Principes Mathématiques de la philosophie naturelle*, pour éviter tout contresens qui conduirait à entendre par cette idée des propositions claires et distinctes par elles-mêmes ; ce sont des lois dérivées des phénomènes, que l'on s'efforce de rendre aussi générales que possible, et qui nous sont connues par leurs effets[1]. Ainsi l'association est-elle un principe comparable à l'attraction, parce que ses effets sont partout sensibles, quoique ses causes soient si obscures que chercher à les percer, dans l'état actuel de la science, conduirait à des hypothèses dépourvues de toute validité[2]. Enfin *experiment* est le plus souvent distingué d'*expérience* et représente une expérience provoquée, c'est-à-dire une théorie appelant la vérification[3].

A l'emploi de ce vocabulaire répond l'usage de la méthode expérimentale dans le domaine moral. On peut commencer par envisager cet usage avec une certaine naïveté, qui correspond à la naïveté du jeune auteur du *Traité,* dans son zèle à imiter le maître. Afin d'éliminer les hypothèses, qui accompagnent l'absence d'une étude exacte de la nature humaine, on s'astreindra à l'examen des phénomènes, on s'efforcera de dégager les constances, puis on induira par analyse les principes qui leur sont communs ; ces principes seront à leur tour soumis à des principes plus généraux, et l'on poursuivra la progression dans la généralité, aussi longtemps qu'elle sera supportée par une méthode expérimentale strictement appliquée, tout en

1. Voir par exemple *Traité,* intr., xxii, 36.
2. *Traité* I, 1, 4, 12-13, 56 ; II, 1, 4, 283, 118 ; II, 1, 5, 289, 125.
3. Voir par exemple *Traité* intr. XXII-XXIII, 36-37. Il est difficile de respecter en français la distinction puisque nous n'avons qu'un seul mot.

s'efforçant de produire un ordre systématique[1]. Cette méthode, Hume l'applique parfois avec ostentation, presque comme un cérémonial, visant à manifester à tous les lecteurs l'importance et le sérieux de son entreprise[2]. On établira des tables d'observation afin de faire apparaître les liaisons invariantes ou les liaisons variant proportionnellement; on énoncera des lois qu'on soumettra à la vérification, soit grâce à des démonstrations par l'absurde, soit par des expérimentations soigneusement réglées. Et lorsque Hume a à faire son propre éloge dans l'*Abrégé*, faute d'en avoir reçu, il accuse systématiquement les caractères newtoniens de son étude pour mieux la faire valoir.

Mais Hume est plus qu'un écolier; la méthode expérimentale est pour lui plus qu'un exercice, car il en réfléchit les conditions d'application dans la philosophie morale. S'il fallait le tenir pour un psychologue, on devrait lui savoir gré d'avoir clairement discerné, avant bien d'autres, les problèmes suscités par une psychologie empirique. La première difficulté tient au fait que la matière de l'esprit est autrement plus complexe que celle à laquelle a affaire la philosophie naturelle : un fait n'entre jamais en relation simple avec un autre fait, mais leur liaison s'insère toujours dans une multitude de circonstances susceptibles de la faire varier, de la modifier ou de l'anéantir; Or, ces circonstances sont beaucoup plus nombreuses, leur action est beaucoup plus subtile dans l'esprit, et il est difficile de faire le partage entre les

1. *Abrégé*, 6, 39.
2. Le meilleur exemple de cette organisation, touchant à la mise en scène, est dans le *Traité*, II, 2, 2.

déterminations superflues et les déterminations essentielles,
« si bien qu'une extrême constance est nécessaire pour nous
faire persévérer dans notre enquête et une extrême sagacité
pour choisir le bon chemin parmi tant d'autres qui se présentent. S'il en est ainsi déjà en philosophie naturelle,
combien ces qualités sont-elles encore plus nécessaires en
philosophie morale, où il y a une bien plus grande complication de circonstances et où les vues et les sentiments essentiels à toute action de l'esprit, sont si enveloppés et obscurs
qu'ils échappent souvent à notre attention la plus stricte et que
non seulement leurs causes demeurent inexplicables, mais
que même leur existence reste inconnue ! » [1]. Le sens commun
répugne à un tel effort et se laisse porter par l'accoutumance,
qui détermine non son jugement mais son imagination [2]. Cette
première difficulté est renforcée par une seconde. Lorsque la
philosophie naturelle est dans un tel embarras, elle s'efforce,
grâce à des instuments, d'isoler les divers paramètres du
phénomène étudié, de les mesurer, et de répéter l'expérience
en les faisant varier. Celui qui étudie la nature humaine n'a pas
ce recours. Ou bien, il peut emprunter ses exemples à
l'histoire, mais sera gêné par la grande variété des lieux et des
temps ; ou bien, ne pouvant disposer de la matière sur laquelle
il travaille, il n'a d'autre recours que de se mettre lui-même en
situation, de se placer dans les mêmes conditions que celles du
phénomène observé. Hume est parfaitement conscient des
problèmes de la psychologie subjective. La possibilité que
j'ai d'expérimenter sur moi est limitée, en raison des

1. *Traité*, I, 3, 15, 175, 253. Cf. *Enquête* VIII, 60-61, 133.
2. *Traité*, I, 3, 13, 148, 221-222.

circonstances qui me sont propres et dont je ne puis m'abstraire ; je ne peux pas réduire ma propre subjectivité empirique. Et à supposer même que j'en sois capable, l'attention méthodique que je porte à ce que j'expérimente en moi, modifie l'objet de mon expérimentation. « Mais si je tentais de lever un doute en philosophie morale par le même procédé, en me plaçant dans le même cas que celui que je considère, manifestement cette réflexion et cette préméditation troubleraient tellement l'opération de mes principes naturels qu'elles rendraient impossible de tirer des phénomènes une conclusion juste » [1]. Ce n'est donc que d'une manière fictive qu'on peut utiliser un tel procédé et bénéficier de l'avantage d'être à la fois l'observateur et l'observé. Les expérimentations de ce genre n'ont alors qu'un caractère assez général de vraissemblance, à laquelle est préférable le plus souvent l'observation des phénomènes réels, qui remplissent la vie et l'histoire humaine. Partagée par le choix suivant : ou bien la simplicité et la clarté dans la vraissemblance, ou bien les données réelles dans l'obscurité et la complexité, la psychologie n'est pas une science précise, c'est-à-dire n'est pas une science.

Mais Hume n'est pas psychologue : il est philosophe. Et il ne pouvait manquer de voir que la condition de l'exactitude de la philosophie naturelle fait justement ici défaut : la méthode expérimentale a pour ressort l'analyse mathématique, qui constitue l'horizon rigoureux de tout phénomène physique. A défaut de cette analyse, la méthode peut-elle encore être utilisée ? Conserve-t-elle encore ses vertus ? Que Hume ne soit pas ignorant du problème, ressort clairement de l'éloge mitigé

---

1. *Traité*, intr., xxxiiii, 37.

qu'il fait de Bacon, le louant d'avoir rejeté la métaphysique obscure et vaine des médiévaux et mis en valeur le rôle de l'expérience, sans avoir été pour autant capable de forger un instrument théorique valable, susceptible de donner à celle-ci un caractère régulier. « Bacon a montré de loin la route de la vraie philosophie; Galilée, l'a non seulement montrée, mais y a marché à grand pas. L'Anglais n'avait aucune connaissance de la géométrie; le Florentin a ressuscité cette science et passe pour le premier qui l'ait appliquée, avec les expériences, à la physique » [1]. Que reproche-t-il aux philosophes moraux de l'Antiquité? « Ils se contentent de représenter le sens commun de l'humanité sous les plus vives lumières et de donner son meilleur tour à la pensée et à l'expression, sans suivre rigoureusement une chaîne de propositions ni disposer les différentes vérités en une science régulière » [2]. Régulière, c'est-à-dire réglée comme la philosophie naturelle l'est par les mathématiques. Sous peine donc de perdre toute vigueur et de n'être plus qu'un procédé incertain, la méthode expérimentale, lorsqu'elle est transposée dans le domaine moral, doit trouver un substitut à ce qui fait sa valeur scientifique dans la physique. Ce qui est donc en question, c'est la possibilité de concevoir la philosophie empiriste comme une science, disposant d'une analyse aussi efficace que l'analyse mathématique. La science de la nature humaine ne doit pas être inférieure à la science de la nature matérielle. Et si cette science peut être réalisée, il est clair que le sens de la méthode et de l'expérience ne peut manquer d'être profondément transformé.

1. *Histoire d'Angleterre*, chap. 49, tome 7, p. 256-257.
2. *Abrégé*, 6, 37-39.

*

La meilleure façon de rendre compte de la transposition et de la signification de la science expérimentale dans la philosophie morale est d'examiner comment Hume réfléchit les mathématiques et leur emploi dans la physique.

Quoiqu'il n'ait pas été un mathématicien, Hume n'a jamais cessé de porter un vif intérêt aux mathématiques et de reconnaître, en elles le plus haut degré de certitude. Si l'essai *de l'Origine et du Progrès des Arts et des Sciences* affirme que la religion, la politique, la métaphysique et la morale sont les disciplines« qui forment les branches les plus importantes de la science », alors que les mathématiques et la philosophie naturelle « sont moitié moins estimables »[1], la conclusion de l'*Enquête* fait plus que rétablir la balance. Certes Hume est en cela de son époque[2]. Les controverses de Clarke et de Leibniz sur les thèses de Newton, les apories de Bayle, les débats sur l'espace, le vide et l'infini, agitaient les esprits, à un point tel qu'il était difficile à un jeune auteur de ne pas y consacrer une part importante de sa réflexion[3]. Mais on trouve chez Hume plus que de l'intérêt, et plus particulièrement en ce qui concerne la géométrie. Amplement développée dans le *Traité,* la doctrine de l'inexactitude de cette science est reprise dans l'*Abrégé* et présentée par Hume comme une opinion aussi originale que sa théorie de l'âme[4]. On ne peut donc que regret-

1. (*Essais esthétiques*), I, 126, 179.
2. Cf. J. Laird, *Hume's Philosophy*, p. 64-66.
3. Cf. *Traité*, I, toute la deuxième partie.
4. *Abrégé*, 25-27, 73-79. En vérité, le propos est classique, puisqu'il vient d'Aristote.

ter qu'il ait détruit, sur l'avis d'un mathématicien réputé, une dissertation, qui portait le titre *Les Principes Métaphysiques de la Géométrie*[1].

Les mathématiques sont la seule science remplissant les conditions d'une science rationnelle. En effet, elles opèrent sur la relation de quantité et de nombre qui, ainsi que toutes les autres relations qui « dépendent entièrement des idées que nous comparons les unes aux autres »[2], établit des liaisons logiquement nécessaires entre les termes. C'est pourquoi elles méritent seules le nom de connaissance *(knowledge),* alors que la physique, qui dérive de l'expérience les relations entre les idées, ne propose jamais que des raisonnements probables. Leurs jugements se règlent sur le principe de non-contradiction et leur progrès est produit par un entendement qui s'exerce indépendamment de l'expérience. Cependant, on ne peut pas les considérer comme une science a priori. En effet si Hume représente bien la distinction newtonienne du physique et du mathématique, sous la forme de deux opérations qualitativement différentes de l'esprit (« connaissance et probabilité sont de nature si contraires et si incompatibles qu'elles ne peuvent se fondre insensiblement l'une dans l'autre »[3]), il exprime également la nécessité de dériver de l'expérience les idées algébriques, arithmétiques ou géométriques. Ces idées ne sont pas des réalités idéales, qui se donneraient dans une vue pure et intellectuelle. Comme toutes les idées, elles sont des copies d'impressions. Elles ne sont même pas des qualités abstraites,

---

1. *Lettres*, II, 253 (à William Straham, 25 janvier 1772).
2. *Traité*, I, 3, 1, 69, 127.
3. *Traité*, I, 4, 1, 181, 262.

représentées comme telles; ce serait en effet supposer que l'expérience contient des formes générales qu'un processus d'abstraction pourrait libérer, ce qui reviendrait à admettre des essences mathématiques. Toute idée est particulière. La figure est identique au corps figuré, le nombre aux choses nombrées[1]. Et à ceux qui affirment que les objets de la géométrie sont « de pures idées dans l'esprit » parce que « personne ne prétendra tirer une ligne ou tracer une surface absolument conforme à la définition », Hume répond en identifiant l'idée à la possibilité d'existence : « Tout ce qui peut se concevoir par une idée claire et distincte, implique possibilité d'existence »[2]. Il n'y a ni plus ni moins dans l'idée que dans l'impression.

On objectera que ce refus de l'idéal ou du général n'est guère conforme à l'esprit de la philosophie naturelle, qui se propose d'énoncer les principes mathématiques du monde physique. Hume affirme que les mathématiques et la physique ont le même objet, mais qu'elles ne raisonnent pas de la même façon sur lui, l'une opérant par comparaison d'idées, l'autre par raisonnements expérimentaux, et qu'elles n'ont pas la même fin, l'une visant à dégager des relations, l'autre à établir des faits. Mais si on voit bien par là comment les mathématiques peuvent se rapporter à la réalité physique, puisque celle-ci leur donne leur matière, il semble qu'on ne soit plus en mesure de comprendre l'idéal de généralité et de précision qui les rend nécessaires. Or, à ceux qui fondent l'exactitude et la précision dans une saisie purement intellectuelle d'essences mathématiques, Hume reproche de verser dans une mauvaise

1. *Traité*, I, 1, 7, 19, 64.
2. *Traité*, I, 2, 4, 42-43, 95.

généralité, qui permet des arguments, comme ceux sur l'infini, qui sont aussi incontrôlables que les hypothèses des Cartésiens[1]. L'expérience est le seul critère d'exactitude des mathématiques et la seule source de précision. En effet « puisque toutes les impressions sont claires et précises, les idées, qui en sont les copies, doivent être de même nature et ne peuvent jamais sinon par notre faute, contenir rien d'aussi obscur ni d'aussi embrouillé »[2]. Les espèces et les genres sont des idées indéterminées et sans contenu, puisqu'on en a abstrait toutes les déterminations particulières, et que l'impression est totalement particulière. Mais n'est-ce pas opposer à la science les solides préjugés du sens commun qui en appelle toujours à l'immédiatement donné? N'est-ce pas revenir à la qualification obscure et confuse des choses, pratiquée par l'expérience de tous les jours?

Il faut en vérité lever une équivoque qui porte sur la notion d'expérience et ne pas hésiter à affirmer qu'en renvoyant à l'impression, qui est toujours particulière, Hume propose une doctrine originale et radicalement empiriste de la généralité. Pourquoi la géométrie n'offre-t-elle pas les mêmes garanties que l'algèbre ou l'arithmétique? « La géométrie, l'art par lequel nous déterminons les proportions des figures, bien qu'elle dépasse de beaucoup en universalité et en exactitude les jugements vagues des sens et de l'imagination, n'atteint pourtant jamais la précision ni l'exactitude parfaite. Ses premiers principes se tirent encore de l'apparence générale des objets; et cette apparence ne peut jamais nous apporter de

1. *Traité*, I, 3, 1, 72, 131.
2. *Traité*, I, 3, 1, 72-73, 132.

sécurité, quand nous considérons la prodigieuse petitesse dont la nature est susceptible » [1]. La géométrie est imprécise non dans ses raisonnements, mais dans ses principes, c'est-à-dire dans son rapport à son objet. Au sein des relations d'idées, Hume distingue deux classes : celle qui concerne la qualité (ressemblance, contrariété, degrés de qualité) et qui appartient au domaine de l'intuition, de la saisie immédiate et globale, et celle qui concerne la quantité, qui est un objet de démonstration. Quand les différences quantitatives sont assez importantes, on peut les saisir intuitivement, dans une précision qualitative suffisante. Mais lorsqu'elle a affaire à des différences très petites ou à l'égalité, la géométrie est incapable de se prononcer avec précision, faute de pouvoir décomposer, comme le fait l'arithmétique, ces idées complexes que sont les figures en ses éléments simples, et de pouvoir les comparer bi-univoquement. L'impuissance de la géométrie tient à ce qu'elle a pour objet l'espace qui, si réduit soit-il, est déjà une totalité de coexistence, un ensemble d'impressions ayant une forme globale, une qualité intuitive, une manière d'apparaître. Le défaut de cette science est donc d'être encore intuitive (si on veut bien admettre qu'on intuitionne toujours des formes) et de ne pas pouvoir pousser la décomposition des idées complexes en leurs éléments absolument simples, fondateurs de toute précision. L'égalité géométrique se donne à voir et est nécessairement prise dans une appréciation globale [2]. Les imperfections de celle-ci peuvent être corrigées par les règles

---

1. *Traité* I, 3, 1, 70-71, 129 ; Cf. I, 2, 4, 45 sq, 97 *sq.* ; *Abrégé* 75-79 ; *Enquête*, XII, 277, (partie de la note supprimée à partir de la 3ᵉ édition, et non reproduite par Selby-Bigge).

2. *Traité, appendice,* 637, 387.

générales et par la mesure. Mais l'idéal d'une mesure exacte est ici imaginaire, car il faudrait que le mathématicien pût saisir chaque unité et l'ordre d'ensemble. Bien plus, toutes les figures, toutes les formes intuitives sont par définition imprécises. Il est impossible de rendre compte de leur production. « Quand nous tirons ces lignes [une droite ou une courbe] sur du papier ou sur une surface continue quelconque, il y a un certain ordre d'après lequel les lignes progressent d'un point à un autre, et tel qu'elles produisent l'impression d'ensemble d'une courbe ou d'une droite ; mais cet ordre est parfaitement inconnu et l'on ne note rien que l'apparence globale » [1]. Par une telle remarque Hume anticipe sur les conclusions qui seront celles de la Théorie de la Forme, mais il récuse l'idée que la perception intuitive soit l'expérience originaire. Elle est spatiale et donc imaginaire, alors que les impressions sont des unités simples sans étendue.

Si cette doctrine est mathématiquement contestable, et il semble que Hume ait pris conscience de ce fait, elle est philosophiquement capitale. Elle conduit en effet à distinguer deux ordres d'expérience, deux ordres de qualité ou de particularité. D'une part l'expérience perceptive nous fournit des idées complexes, qui ne sont pas saisies dans la succession de leurs éléments, mais dans la forme globale et intuitive que ces éléments produisent, et qui manifestent le plus souvent leur différence dans un simple acte de comparaison ; d'autre part l'expérience sensible originaire appréhende les impressions ou les idées simples, dans leur unité élémentaire et indivise. La particularité reconnue par le sens commun est une qualité

---

1. *Traité*, I, 2, 4, 49, 102.

ou un ensemble de qualités discernées par comparaison entre des apparences globales; au contraire la particularité des impressions, du simple, est atomique : Elle est la différence absolue, interne à chaque élément, antérieure à toute relation, et même à l'espace.

Dès lors le sens de l'analyse mathématique, sous la forme parfaite qu'elle trouve dans l'arithmétique et l'algèbre, devient clair et généralisable. Toute impression ou toute idée complexe est une quantité, analysable en ses unités simples. La quantification d'un donné intuitif, de ce que la perception nous donne, la réduction de la qualité à la quantité signifie l'exigence d'une analyse qui parvienne à ses éléments derniers. Or, ces éléments n'ont pas de forme, au sens traditionnel du terme ; ce ne sont pas des substances pourvues d'une essence. Le simple est sans nature. On n'en fera pas une qualité comparable. Et que reste-t-il, lorsqu'on a ôté toute forme ou toute relation ? Rien, sinon la quantité, c'est-à-dire l'unité comme pure unité. La précision abstraite de l'algèbre et de l'arithmétique nous ramène analytiquement, en deçà de l'imprécision intuitive des apparences complexes, à la précision concrète et originelle des impressions, c'est-à-dire, à des *qualia* qui ne sont pas des formes. Alors que l'abstraction aristotélicienne se propose de libérer de la matière des formes communes, l'abstraction humienne, par exigence empiriste, efface les figures de l'imagination et fait correspondre l'abstrait au pur concret, à la détermination que l'impression est en soi, originairement, préalablement à toute opération de l'esprit. Il faut renvoyer l'expérience commune à l'expérience originaire. C'est ce que les mathématiques font dans le domaine de la philosophie naturelle. C'est ce que Hume se propose de faire dans le domaine de la philosophie morale.

L'impression et l'idée simple correspondante sont la précision même. La fondation de toute science suppose qu'on puisse y parvenir et que l'analyse soit finie. C'est pourquoi Hume fait porter l'essentiel de son étude de l'espace (et du temps) et de sa critique des mathématiques, sur la question de la division à l'infini. Celle-ci signifierait l'impossibilité de jamais atteindre le simple et de jamais échapper aux évidences intuitives du sens commun. Nous demeurerions dans le géo-métrique, dans la phénoménalité du divers des impressions, et en définitive nous serions la proie d'un scepticisme foncier et indestructible, ruinant toute position d'existence. Pour reprendre l'argument de Malézieu : « Il est évident que l'existence en soi appartient seulement à l'unité et qu'on ne peut jamais l'attribuer au nombre qu'en raison des unités dont le nombre est formé »[1]. C'est contre le pyrrhonisme, repré-senté par les arguments de Bayle[2], que Hume défend les droits de la connaissance. S'il se sent moins assuré pour réfuter cette thèse, dans l'*Enquête* que dans le *Traité*, il n'en déclare pas moins : « Aucun dogme des prêtres inventé à dessein pour courber et subjuguer la raison rebelle des hommes, n'a jamais plus choqué le sens commun que la doctrine de l'infinie divisibilité de l'étendue »[3]. Cette doctrine est ainsi supportée

1. *Traité*, I, 2, 2, 30, 80.
2. *Dictionnaire Historique et Critique*, article « Zénon » ; sur l'influence de Bayle, quant à l'analyse de la division de l'espace à l'infini, voir Laird, *Hume's Philosophy of Human Nature*, p. 78-78 ; N.K. Smith, *The Philosophy of David Hume*, p. 284-290, 325-338.
3. *Enquête*, XII, 156, 274.

par toutes les apparences de rigueur et de clarté, provoquant la défiance à l'égard de la raison; apparences seulement, puisqu'il est de l'essence de l'idée claire et distincte d'être achevée, d'être une unité indivisible ou réductible à des unités indivisibles. Les infinis sont des fictions de l'imagination chargées de donner le vertige à la raison. On évitera de se laisser berner en rappelant l'origine que Berkeley donnait de cette thèse : elle procède de la doctrine des idées générales abstraites, selon laquelle la qualité serait séparable de la chose qualifiée. Quand on est entré dans une telle supposition, quand on a séparé l'étendue de ce qui est étendu, on ne peut effectivement espérer rejoindre l'unité qu'on a abstraite [1].

La possibilité de la transposition de la méthode expérimentale à la philosophie morale est ainsi assurée. L'idéal de précision accompli par les mathématiques, la quantification des données sensibles et leur soumission au calcul et à la mesure sont les formes du principe général d'analyse, qui est

---

1. Les rapports de Hume à Berkeley ne laissent pas d'être imprécis. Dans le *Traité*, (I, 1, 7, 17, 62) et dans L'*Enquête*, (XII, 155, 272), la référence faite à l'évêque irlandais concerne seulement la question des idées abstraites, Hume reprenant l'essentiel de la doctrine professée dans les *Principes*. En outre Hume semble avoir retenu l'esprit général de la critique berkeleyenne des paradoxes mathématiques sur l'infini, leur liaison avec la théorie des idées abstraites, et la nécessité d'admettre des minima sensibilia (comparer l'*Enquête*, XII, 156-157, 275-276, et les *Principes*, § 123 et *sq.*). Hume avait-il, lors de la rédaction du *Traité* une connaissance précise de l'œuvre de Berkeley ou vivait-il de ses souvenirs d'université? On remarquera que dans l'*Enquête* il le considère comme un sceptique pyrrhonien, qui plonge dans l'embarras, sans susciter la conviction. Voir les rapprochements suggérés par Laird, *Hume's Philosophy of Human Nature*, passim. Voir aussi C.W. Hendel, *Studies in the Philosophy of D. Hume*, nouvelle éd. New-York 1963, p. 278-293.

la condition de l'instauration de toute science véritable. Mesurer c'est réduire le complexe en ses éléments simples, renvoyer le réel à la source de toute précision, à savoir l'impression. Pour y parvenir, il est nécessaire de ne plus confondre l'expérience fondatrice de toute certitude et l'expérience commune, l'expérience du simple et l'expérience du complexe. L'humanité n'a pas attendu les physiciens du XVIIᵉ siècle pour consulter l'expérience qui, à défaut d'une science précise, constituait sa principale source d'information, dans les problèmes de la vie courante. Mais cette expérience était qualitative. Elle n'invitait pas à l'analyse mais à la recherche de pouvoirs occultes et aussi divers que la multiplicité des apparences. L'immédiatement intuitif appelle les formes substantielles. Toute connaissance consiste à découvrir ce qui est caché. Au contraire pour la science nouvelle qui mesure et analyse, il n'y a que du superficiel et du manifeste. Le monde n'a pas de profondeur ni de dieu : il peut être expérimenté, c'est-à-dire référé aux éléments simples et sans mystère (puisque précis), qui le constituent. Certes nous ne connaissons pas la nature dernière des choses ; mais le projet d'une telle connaissance a-t-elle un sens pour la science ? Il lui suffit de se rapporter toujours à l'expérience, pour s'assurer de sa vérité et de son exactitude. Par l'analyse, elle manifeste la vérité en son fondement : l'être donné.

*

La méthode est expérimentale, parce que, par analyse, elle se rapporte à l'expérience simple fondatrice. Sa règle majeure est de prendre l'expérience, cette expérience, pour règle. Si on

demande ce qui la légitime, on répondra : l'exigence de la fondation de la science, requise par l'incertitude des hypothèses
philosophiques et par l'imprécision des évidences communes.
Toutefois cette justification de fait, tirée de l'état présent du
savoir, supporte l'entreprise philosophique, mais ne nous
instruit pas de la raison qui nous impose de prendre l'expérience pour règle. En quoi l'expérience est-elle fondatrice ? Si
elle était un principe rationnel, on pourrait invoquer l'auto-
position *a priori* et législatrice de la raison. Or, le seul titre de
l'expérience, c'est d'être. Bien plus, ce titre n'est pur que dans
l'expérience analytique de l'impression élémentaire. Si
l'esprit ne peut faire autrement que de se soumettre à la réalité,
en retour le pouvoir de cette sorte d'expérience n'excède pas
les bornes immédiates de la simple présence. Je suis contraint
de donner mon assentiment à chaque expérience, mais de sa
facticité brute je ne puis dériver aucune loi, à commencer par
cette loi générale de la prendre toujours pour règle. La
difficulté est habituellement représentée comme celle de
l'induction, qui peut bien passer du particulier au général,
mais non à l'universel, seul capable d'anticiper avec certitude
l'avenir. Elle résume l'expérience passée, elle répète les
conjonctions. Peut-elle fonder l'expérience, en tant qu'elle a
le pouvoir d'être appelée à se vérifier elle-même et d'être, en
quelque sorte, toujours en avance sur elle-même ? Comment
la précision de l'expérience-impression, réductrice de toute
relation, peut-elle garantir l'expérience possible, organisée
nécessairement par la relation de causalité ?

La philosophie naturelle ne réfléchit pas le passage de
l'analytique mathématique à la synthèse physique des lois de
causalité. Elle prend spontanément l'expérience pour règle et

tient pour acquise la fondation des lois physiques dans le simple mathématique. Elle reconnaît seulement que la précision des liaisons empiriques est moins ferme que la précision des éléments ou que la précision des relations d'idées qui en dérive directement. Elle vit donc dans l'évidence de la méthode expérimentale. Or, à la faveur de cette évidence, on en vient assez rapidement à perdre de vue l'exigence contenue dans l'analyse mathématique, exigence de la décomposition des idées complexes, qui en retour, puisque les simples sont séparés, rend contingentes et synthétiques toutes les relations physiques. On sera poussé à admettre que l'expérience appréhende d'emblée l'universalité des lois et partant la nature des causes. S'imposera alors l'idée de l'évidence immédiate de la légalité de la nature, de l'harmonie des causes et des effets, au plus grand bénéfice des fins humaines et divines. Et le cercle est bouclé, quand au nom de cette évidence, on se dispense d'une critique de la méthode expérimentale et qu'on fait de celle-ci le fondement de toute légitimité, au point de la transformer en un véritable devoir, le devoir, de la part de l'entendement, de se soumettre aux évidences de la nature.

La méthode expérimentale est donc elle-même le refuge d'une évidence aussi commune chez les savants que l'évidence sensible chez le vulgaire. Le premier à l'avoir ébranlée est Berkeley. Il le fait doublement. D'une part, il récuse l'idée que l'ordre causal soit une légalité objective. L'immatérialisme commande de s'en tenir à l'expérience du seul donné, c'est-à-dire à l'idée elle-même, qui ne se réfère à aucune matière hors d'elle et qui par conséquent est la chose même. Aussi toutes les liaisons sont-elles des liaisons d'idées. D'autre part, cette légalité subjective n'est pas universelle ; la connexion des idées a pour cause l'esprit, et, lorsqu'une certaine régularité est observée, on peut en conclure qu'elle procède de l'Auteur de la nature. Or, Dieu ne saurait être nécessité par aucune causalité mécanique. Tout au plus peut-on parler d'une certaine généralité, qui est au service de la seule causalité qui soit digne de l'Esprit supérieur, la causalité finale[1]. Il revint à Hume d'accomplir le dernier pas. En effet l'évidence de la causalité finale ou de la causalité des idées est tout aussi fragile que celle de la causalité mécanique ou de la causalité formelle. Si Berkeley a raison d'accorder à l'idée un caractère premier, il a tort de faire de cette primauté celle de l'esprit. Lorsque l'analyse est poussée à son terme ultime, tout ordre, mécanique ou final, toute forme, monde ou esprit, toute relation, philosophique ou naturelle, se trouve réduite. Il ne reste que l'évidence-limite d'une expérience, qui n'est expérience *de* rien, qui ne contient qu'elle-même : l'*expérience pure*. Pure de tout *a priori* et de toute constitution et libre de toute naïveté dans son absolue naïveté. En elle est le fondement. « Les idées complexes, on peut sans doute bien les connaître par une définition qui n'est autre qu'une énumération des parties ou idées simples qui les composent. Mais quand nous avons poussé nos définitions jusqu'à remonter aux plus simples idées et que nous trouvons encore de l'ambiguïté et de l'obscurité, quelle ressource possédons-nous encore ? Quelle invention nous permet de jeter de la lumière sur ces idées et de les rendre tout à fait précises et déterminées à notre vue intellectuelle ? Il nous faut produire les impressions que nous avons originellement senties et dont les idées

---

1. *Principe*, § 25 et 30.

sont des copies. Ces impressions sont toutes fortes et sensibles. Elles n'admettent pas d'ambiguïté »[1].

Ainsi est-on allé dans la recherche d'une expérience fondatrice de toute science, de l'évidence sensible et banale des rapports qualitatifs à l'évidence abstraite et scientifique de la causalité mécanique ; de l'évidence de la méthode expérimentale à l'évidence spirituelle de la causalité finale (en suivant Berkeley) ; de l'évidence de l'esprit enfin à l'évidence de la simple existence de l'impression. L'expérience scientifique contient encore dans la philosophie naturelle, une certaine imprécision, non dans ses résultats mais dans ses principes. La transposition de la méthode expérimentale dans la philosophie morale permet d'atteindre enfin un empirisme pur, qu'on est bien obligé de définir comme une *science première*.

*

L'idée d'une science première expérimentale paraîtra paradoxale à celui qui ne conçoit pas qu'il puisse y avoir un empirisme radical. Tout empirisme serait naïf, car il tiendrait pour donné ce qui ne peut pas l'être, à savoir la forme même de l'expérience. Cette critique est juste, sauf si l'empirisme est poussé jusqu'au point où précisément toute forme, toute constitution, toute condition de possibilité est réduite, pour ne laisser subsister que la pure expérience, la seule existence donnée. Naïf, il l'est, mais de façon délibérée, par son intention de parvenir à l'*origine* de toute connaissance. Bien plus,

---

1. *Enquête*, VII, 62, 136. Cf. *Traité*, I, 3, 2, 74-75, 134.

cette naïveté devient redoutable, car elle décèle tout *a priori* et le conteste comme préjugé. Que vaut l'évidence du monde ou du *cogito*? Quel est le titre, qui autorise la raison pure à exercer sa législation? Autant de certitudes que les philosophies aprioristes ou transcendantales n'interrogent pas.

Cette science première et nouvelle, Hume la définit comme la science de la nature humaine. Cette définition n'est pas immédiatement éclairante. L'introduction du *Traité* rappelle trop d'autres introductions à d'autres philosophies, pour que l'originalité de Hume se manifeste d'emblée. La nature humaine est la capitale du domaine de la connaissance, et il faut foncer sur elle si on veut pacifier le pays. « Il n'y a pas de question importante dont la solution ne soit comprise dans la science de l'homme; et il n'y en a aucune qui puisse se résoudre avec quelque certitude, tant que nous ne connaissons pas cette science. Quand donc nous prétendons expliquer les principes de la nature humaine, nous proposons en fait un système complet des sciences, construit sur une base presque entièrement nouvelle, la seule sur laquelle elles puissent s'établir avec quelque certitude »[1]. Cette science nous permettra de connaître l'étendue et les limites de notre entendement et d'éviter les faux débats et les vaines querelles[2]. Malebranche, Locke ou Berkeley en disaient à peu près autant. Cependant l'intention spéculative est plus nettement affirmée chez Hume. Alors que Malebranche veut servir la gloire de Dieu, alors que Locke est attentif à l'utilité de la philosophie et Berkeley soucieux de guérir la raison et l'âme humaine du

1. *Traité*, intr. xx, 34.
2. *Enquête*, XII, 163, 286.

scepticisme, Hume ne nie pas que les sciences, qui ont une relation avec la nature humaine, puissent se suffire à elles-mêmes. Fidèle à une vieille distinction[1], il les partage en deux classes. Il y a d'une part les mathématiques, la philosophie naturelle et la religion naturelle, qui se proposent de connaître les différentes espèces d'êtres et qui sont liées à la science de l'homme, en tant qu'elles dépendent de son entendement ; il y a d'autre part les arts humains (logique, morale, critique et politique), qui nous intéressent dans la mesure où ils peuvent servir notre entendement, notre sens moral, notre goût et notre vie en société[2]. Les premières, disposant d'une méthode sûre, rationnelle ou expérimentale, n'ont guère besoin, dans leur activité de connaissance, de la philosophie, sinon pour ne pas s'attarder sur des hypothèses ; les seconds sont éclairés par des croyances ou des sentiments primitifs universels, qui permettent au vulgaire d'agir et de s'orienter dans les affaires de la vie tout aussi sûrement que le philosophe. Dans les deux cas la philosophie peut être utile, mais n'est pas nécessaire. Elle ne le devient que lorsque, spéculativement, on s'interroge sur leurs principes. La science de la nature humaine est seule capable de fonder l'analyse mathématique et la méthode expérimentale, par une étude des facultés dont elles procèdent ; d'autre part la connaissance des principes les plus généraux, sur lesquels les arts humains reposent, exigent une recherche, qui lui appartient. Plus précisément, ce qu'on attend de cette science, c'est qu'elle fonde, tantôt indirectement tantôt directement, les règles métho-

---

1. Cf. Locke, *Essai sur l'Entendement Humain*, IV, 21.
2. *Traité*, intr. xix-xx, 33 ; *Enquête*, I, 15, 58.

diques ou les règles logiques, morales, esthétiques ou politiques. Spontanément, nous connaissons la règle et nous l'appliquons. Mais sur quoi repose-t-elle elle-même, quelles sont ses limites, quelle est sa valeur ? Pour répondre à ces questions, il est nécessaire de la rapporter à la nature humaine.

Qu'est-ce alors que cette nature humaine, et que sera sa science, pour pouvoir nous instruire du fondement de la règle ? Or, s'il est déjà difficile d'admettre que la règle ait, en tant que telle, à être fondée, on aura encore plus de peine à accepter que son fondement soit connu dans une science *naturaliste*[1]. Car cette science est bien expérimentale : elle ne connaît la nature humaine qu'à travers l'expérience et se propose de l'expliquer et non de la justifier. Comment le fait peut-il fonder le droit ? La question est d'autant plus actuelle, que Hume n'entretient plus l'équivoque dans laquelle son temps appréhendait la loi naturelle, conçue à la fois comme une loi de fait, connaissable empiriquement, et comme une règle morale, inscrite dans notre nature, prenant d'abord la forme d'un sentiment intérieur, puis celle d'un devoir de la raison. Il n'y a pas alors de difficulté à penser que la connaissance empirique de la nature humaine puisse révéler celle-ci dans sa réalité essentielle et la proposer comme la norme de nos actions et comme la source de nos devoirs. La vérité de la nature humaine manifesterait les exigences de perfection, auxquelles nous devons nous soumettre, puisque nous la partageons. L'essence de chaque être est à cet être sa propre règle. Or, Hume nie que la règle soit un rapport des choses ou l'harmonie de l'être. On ne la connaît

---

1. Le terme se trouve chez des auteurs aussi divers que Husserl ou N.K. Smith.

ni par raisonnements d'idées ni par inférences expérimentales. Ainsi pour la morale : « Louable et blâmable ne sont pas identiques à raisonnable et déraisonnable »[1]. A vrai dire, on ne la connaît pas, on l'éprouve : « Puisque le vice et la vertu ne peuvent se découvrir uniquement par la raison et par une comparaison d'idées, ce doit être au moyen d'une impression ou d'un sentiment qu'ils occasionnent que nous sommes capables d'établir une différence entre eux »[2].

D'autre part la nature humaine, si on la comprend comme une essence, n'est pas moins inconnaissable que la matière pour la philosophie naturelle. Elle n'est pas un principe qui nous serait donné dans l'évidence d'une philosophie réflexive ou dans l'assurance du sens commun, qui croit se connaître lui-même. Une telle prétention suppose que cette nature nous soit si intime, du fait que nous la vivons, que nous en avons toujours une compréhension préalable, qui peut être recouverte, ou requérir une élucidation, mais qui ne peut être abolie, parce qu'elle est notre présence à nous-mêmes. Or, Hume affirme que nous ne nous connaissons que par expérience. Bien plus l'expérience doit être radicale, ainsi que l'exige l'idéal de la science analytique. L'expérience première est élémentaire, elle réduit toute relation, toute forme. Par conséquent elle perce l'évidence de soi, que ce soi soit substance, forme ou nature, et reconduit à l'impression. En renvoyant à l'expérience pure, la science de la nature humaine commence par exercer un doute plus radical que le doute cartésien et en quelque sorte inverse, puisqu'elle nous absorbe dans une pure

1. *Traité*, III, 1, 1, 458, 53.
2. *Traité*, III, 1, 2, 470, 66.

expérience de la réalité, d'une donnée qui n'est pas intuition de soi. Ainsi met-elle à l'épreuve les philosophies du sujet aussi bien que les anthropologies pragmatiques. La nature humaine est à connaître à partir de l'expérience première qui est l'absence de soi.

Cette nouvelle forme du scepticisme humien a des conséquences importantes. Qu'on considère l'idée de la finitude humaine, telle que le XVIIe ou le XVIIIe siècle la représente communément. Les limites de notre nature nous sont connues immédiatement, dans un sentiment de soi naturel; cependant nous ne cessons de les transgresser, étant emportés par la folie du désir ou par l'orgueil de la connaissance. Aussi est-il nécessaire que l'évidence initiale qui nous instruit de ces limites sans pouvoir nous les faire respecter, soit réfléchie par la raison, de sorte qu'elles soient précisées et fixées exactement, et qu'elles s'imposent désormais à nous comme des devoirs. Or, cet acte de réflexion les valorise, et, bornes qu'elles étaient de notre essence, elles deviennent les conditions de notre perfection et de notre bonheur. Elles sont le moteur de notre perfectionnement. Nous ne progressons que si nous restons en elles et que si nous nous appuyons sur elles. Par conséquent, grâce à la raison, qui est cet acte par lequel la nature humaine est susceptible de se reprendre, l'homme s'approprie ses propres limites, se recueille en elles et échappe au désordre de l'indéfini. Il reste que cette opération a pour condition la certitude que la reprise est possible, que les limites sont rationnelles, c'est-à-dire, représentables par la raison et servant une fin de la raison. Aussi s'interrogera-t-on peu sur l'essence de la finitude. Entre la connaissance latente et la connaissance explicite que nous en avons, il faut seule-

ment répondre à la question : quelle est-elle ? jusqu'où peut-on
s'étendre ? Au delà de quelle marque les évidences sont-elles
ruinées et la réappropriation devient-elle impossible ? Il ne
faut pas aller trop loin, sous peine de tomber dans le malheur
du scepticisme.

On pourrait croire que Hume partage ces sentiments : « On
ne peut dire quels changements ni quelles améliorations nous
pourrions réaliser dans ces sciences, si nous avions une parfaite connaissance de l'étendue et de la force de l'entendement
humain, et si nous pouvions expliquer la nature des idées que
nous employons et des opérations que nous accomplissons
quand nous raisonnons »[1]. Ce langage ne paraît guère différent de celui tenu par Locke[2]. Et cependant il ne peut avoir le
même sens. En effet, il se produit dans l'œuvre humienne ce
fait (nous aurons à rendre compte) que l'évidence rationnelle
de la finitude est brouillée, parce que la nature humaine perd
son autonomie et son autarcie, et que dans la connaissance
qu'elle en a, sinon dans la connaissance qu'elle a d'elle-
même, la raison ne se retrouve pas mais entre en pays étranger.
Notre finitude ne nous est claire ni par intuition ni par
démonstration ; c'est une force aveugle, sans raison ni fin. En
quelque sorte c'est l'inhumanité au fond de la nature humaine.
Scepticisme, qui se détruit par son propre excès, diront les
contemporains de Hume : la thèse n'a pas besoin d'être
réfutée ! Or, Hume n'en maintient pas moins l'existence de la
science première et la nécessité de la faire reposer sur cette
thèse. Nous pouvons connaître notre nature et ses limites,

1. *Traité*, intr. xix, 33.
2. Voir l'avant-propos de l'*Essai*.

mais à partir de l'expérience pure, dans une science sceptique, et agir en elle, dans une morale empiriste.

La science de la nature humaine ne consiste donc pas à renvoyer à une expérience subjective ou à un fond anthropologique. Et l'on en méconnaît la radicalité quand on la comprend comme une psychologie. Car celle-ci est installée dans l'évidence de l'esprit : elle sait que l'esprit n'est pas la matière, que le sujet n'est pas l'objet, ni l'idée la chose. Ses connaissances s'adossent toujours à un savoir préalable, qui lui fournit ses premiers principes. Bref, elle n'est pas une science radicale. Or, la plupart des critiques qu'on adresse à Hume viennent de ce que l'on ne prend pas en compte la radicalité de son dessein. « Le scepticisme de Hume substitue la psychologie à la métaphysique traditionnelle »[1]. S'il a perçu la nécessité de dégager une logique de la science, il l'enracine, pense-t-on, dans une science de l'esprit humain, elle-même soumise à cette logique. Et on lui fera deux reproches essentiels : d'une part, il fait une mauvaise psychologie, parce qu'il la conçoit sur le modèle mécanique des sciences physiques : « Ses défauts sont, pour la plupart, imputables à la psychologie grossièrement mécaniste, à laquelle il tient plus par hypothèse que par argument, et qui, largement pour cette raison, le conduit à des malentendus avec lui-même »[2]. Tantôt il s'enferre dans le labyrinthe d'une explication causale visant à produire par le jeu de l'association les idées d'espace et de temps, la croyance causale, l'identité du moi, la transcendance du monde ; tantôt, lorsque cette analyse se révèle impuissante,

1. J. Passmore, *Hume's Intentions*, p. 74. Voir tout le chap. IV.
2. N. K. Smith, *The Philosophy of David Hume*, p. 285.

il se rabat sur le terme magique de *feeling,* qui recouvre toutes les opérations élémentaires de l'esprit. Ses analyses descriptives, dit-on, sont insuffisantes et ses analyses explicatives excessives. D'autre part, en raison du déséquilibre produit par l'objectivation de l'esprit, il en vient à confondre l'étude logique et l'étude psychologique : il identifie la perception et la chose, l'image et le concept, l'habitude et la nécessité ; sa doctrine logique de l'induction est pervertie par son recours à un principe obscur de la nature humaine. « La tendance de Hume à substituer l'analyse psychologique à l'analyse logique doit être d'autant plus regrettée, que c'est dans sa logique que son génie brille de la façon la plus éclatante » [1]. Au total Hume n'aurait pas rempli son projet d'une science précise, fondée sur une méthode assurée et adaptée à son objet. Mais ce que l'on prend pour de la confusion ne résulte-t-il pas de son souci d'une science radicale portant son examen sur une matière qui n'est ni psychologique ni logique ? Ce qu'on considère comme une insuffisance de l'analyse ne provient-il pas de la forme sceptique que cette science doit revêtir ? Pourquoi confiner Hume à son rôle d'inventeur de problèmes et ne pas prêter attention au langage et à la démarche dans laquelle il appréhende ces problèmes et s'efforce d'y répondre ? Pourquoi ne pas partir du préjugé favorable que ses contradictions et ses manques sont l'expression d'une logique déconcertante, mais non déraisonnable ?

Parce qu'il est philosophe et que le projet de la radicalité est philosophie, Husserl est, après Kant, celui qui a le mieux

1. N. K. Smith, *The Philosophy of David Hume,* p. 561. voir tout le chap. 25.

perçu l'originalité de Hume. Hume est celui qui a ébranlé toutes les évidences naturelles, sensibles ou rationnelles ; il est celui qui a pratiqué, de fait et non par méthode, la réduction universelle. S'il n'a pas débouché dans le domaine de la philosophie transcendantale, y substituant des fictions de l'imagination, pour tomber dans une « aberration naturaliste et sensualiste »[1], c'est parce qu'il n'a pas pu, sans doute séduit par les prestiges de la science expérimentale, réfléchir les conditions de la primauté d'une science fondatrice et rigoureuse : « Une telle méditation radicale sur la méthode de fondation ultime est absente, nous l'avons dit, chez Hume, et son radicalisme n'est donc pas ce radicalisme authentique qui signifie ultime justification de soi par une ultime prise de conscience et clarification de soi »[2]. Il n'a pas élucidé le sens de la pureté de l'expérience pure, donatrice des évidences premières, et il a mené une analyse dans la direction des termes premiers, où la différence de l'être de la conscience et de l'être pour la conscience ne peut plus être reconnue. Il a pratiqué une radicalité naturaliste.

Cette critique est juste et elle peut nous servir de direction. Mais, demandera-t-on à Husserl, où est le préjugé que Hume n'aurait pas réduit ? Que faut-il réduire : l'être du monde et toute naturalité ? Ou bien au contraire, tout ce qui n'est pas la pure présence de l'être si étroitement mêlée à l'expérience qu'elle ne s'en distingue pas ? Si l'on se prête à cette orientation de l'empirisme, on suspendra alors la raison et ses

1. *Logique Formelle et Transcendantale*, trad. S. Bachelard (Paris 1957), p. 341.
2. *Philosophie première*, tome 1, p. 229-230. Voir p. 219-260 ; p. 341-354.

règles, le monde et ses relations, la subjectivité et sa distance à soi dans la réflexion, la représentation et son opposition de l'objet et du sujet; en un mot : toute forme, tout *a priori*, tout transcendantal, pour se tenir, s'absorber dans l'absolue simplicité, dans l'immanence aveugle de l'impression. On criera au suicide : n'est-ce pas la mort de la pensée qu'on demande ainsi? Certes le projet est irrationnel, de vouloir fonder l'expérience en général et l'expérience scientifique en particulier en rapportant la forme à la matière. Certes le projet est dans son archaïsme foncièrement sceptique, puisqu'il met en défaut toute raison. Et pourtant il est élémentaire; il répond à une question si naïve qu'on l'oublie : pourquoi nous rapportons-nous toujours de façon ultime à l'expérience? ou plutôt, car la question ainsi formulée est encore impure de la recherche d'une finalité rationnelle, qu'est-ce qui fait que nous nous rapportons toujours à l'expérience? Comment l'être-présence s'impose-t-il à nous? ou encore, car la question n'est pas totalement pure du préjugé de la subjectivité, comment l'être-impression produit-il notre présence à nous-mêmes et au monde, dans l'être? On dira que l'expérience est toujours constituée, que la transcendance de l'étant est précomprise dans le sens de l'Être. Mais il reste cette obscurité irritante de ce qu'on nomme chose en soi, substance ou matière, sur laquelle on prend appui pour l'oublier aussitôt. C'est à cela que l'empirisme de Hume prétend revenir pour bâtir une science nouvelle.

CHAPITRE II

L'EXPÉRIENCE-IMPRESSION

Reid accorde à Hume que son scepticisme ne procède pas du caprice ou de la mauvaise foi, mais qu'il est le développement nécessaire de ses principes : réfuter l'auteur du *Traité* impose qu'on fasse la critique de ses assomptions premières. La chose est d'autant plus délicate que c'est s'en prendre à une tradition que Hume achèverait, mais qui trouve sa source dans Descartes. L'erreur foncière qui aurait enrayé le développement de la philosophie et l'aurait conduite malgré elle à un scepticisme ruineux, reposerait sur une seule hypothèse : « Rien n'est perçu que ce qui est dans l'esprit qui le perçoit » [1]. Descartes affirmait : « Je ne puis avoir aucune connaissance de ce qui est hors de moi que par l'entremise des idées que j'en

---

1. Reid, *Inquiry*, p. 96. Voir la dédicace et l'introduction. Cf. aussi l'unique échange épistolaire entre Hume et Reid. Hume, *Lettres*, I, 375 ; Reid, p. 91-92 (ed. Hamilton).

ai eues en moi » [1]. Locke reprend : « J'appelle idée tout ce que l'esprit aperçoit en lui-même, toute perception qui est dans notre esprit lorsqu'il pense » [2]. Berkeley confirme : « Que sont ces objets, maisons, montagnes, rivières etc. sinon les choses que nous percevons par les sens ? Et que percevons-nous d'autre que nos propres idées ou sensations ? » [3]. Et Hume conclut : « Il est impossible que notre idée d'une perception et que celle d'un objet ou d'une existence extérieure puissent jamais représenter des choses qui soient spécifiquement différentes » [4]. La théorie des idées serait le cheval de Troie [5], qui sous des apparences innocentes conduirait à la destruction de la science et des évidences du sens commun.

D'une certaine façon, Reid a raison : l'immédiateté de l'idée (elle serait la seule existence que nous appréhendions) porte atteinte à l'immédiateté des choses et à celle de l'esprit. En effet, d'une part, l'existence des choses qui causent l'idée dans l'esprit ne nous est accessible que si celle-ci est représentative. Or, n'y a-t-il pas contradiction à affirmer que seules les idées sont immédiates et qu'en même temps elles sont les signes assurant la médiation vers la réalité ? Ou encore : je peux atteindre la cause de l'idée, si l'idée ressemble à sa cause ; mais comment puis-je tenir l'idée pour une copie, si je ne suppose pas préalablement qu'elle est causée dans l'esprit ? Berkeley n'a donc pas de peine à établir la thèse sceptique de

1. Lettre à Gibieuf (19 janvier 1642), éd. Adam et Tannery, tome III, p. 374.
2. *Essai*, II, 8, § 8, p. 89.
3. *Principes*, § 8.
4. *Traité*, I, 4, 5, 241, 330.
5. Reid, *Inquiry*, chap. 5, section 8.

l'immatérialisme : ou bien l'objet est lui-même appréhendé ou bien seule l'idée l'est, ce qui revient au même, puisque dans les deux cas j'abandonne la théorie de la double existence et que j'appelle idée l'être perçu. Toutefois l'évêque irlandais n'a pas été jusqu'au bout de son raisonnement. Car il maintient, distincte des existences que sont les idées, l'existence substantielle de l'esprit, dont nous n'avons cependant aucune idée puisqu'il est le sujet de toutes les perceptions. Si la transcendance de l'objet est réduite, l'intentionnalité est conservée. Que l'on répète l'argument à l'égard de l'esprit, que l'on tienne avec rigueur la thèse empiriste que seule l'idée est présence, et il n'est plus nécessaire d'admettre quelque chose qui perçoit ou qui pense. Supprimer la représentation, c'est par là-même supprimer le spectateur. Reid serait donc fondé, afin d'éviter cette double direction sceptique, à faire l'économie de l'idée qui a ainsi confisqué l'existence à son profit, et à ne pas démordre d'une description phénoménologique de l'évidence de la présence immédiate du sujet à l'objet, et de l'objet au sujet.

Cette critique a fait fortune et l'on a vu longtemps dans la théorie humienne l'achèvement de la philosophie de Locke et de Berkeley, et, éventuellement, la preuve de la faillite de l'empirisme [1]. Certains commentateurs, soucieux de ne pas limiter Hume à une investigation purement sceptique, opposent les conclusions négatives qu'il dériverait de la théorie des idées, à ce qui ferait son enseignement positif : la doctrine de la croyance. Les apories concernant l'esprit ou le monde

---

1. Russell, *Histoire de la Philosophie Occidentale*, trad. Kern (Paris 1953), p. 670-671. Husserl, *Philosophie Première*, p. 223.

extérieur seraient la preuve de la nécessité de fonder la science
de la nature humaine sur des principes étrangers à ceux hérités
de Locke et de Berkeley, et que Hume irait chercher, selon
N. K. Smith dans la philosophie de Hutcheson. Tous les
malentendus auxquels prête le *Traité* viendraient de là : à la
fois lucide et aveugle, l'ouvrage détruirait sceptiquement la
théorie des idées et en même temps la conserverait à titre de
doctrine élémentaire, requise pour le traitement de l'activité
synthétique de l'esprit. Cette contradiction affecterait l'économie même du texte, les premières sections masquant
l'enjeu véritable[1]. Sans décider ici de la question des influences historiques subies par Hume et des problèmes concernant la composition du *Traité*, on peut remarquer qu'une telle
thèse suppose d'une part qu'une théorie élémentaire,
lorsqu'elle est poussée à son terme, devient absurde, et d'autre
part que l'unité d'expérience véritable est non la perception,
mais la croyance, toujours engagée dans une synthèse, qu'il
s'agisse de la croyance sensible, de la croyance causale ou du
sentiment de l'identité personnelle. L'atomisme serait une
conséquence de la décomposition abstraite des opérations de
l'esprit, décomposition qui ne permet plus, une fois accomplie, de reconstituer les actes de l'esprit ni les unités
complexes dans lesquelles il est présence au monde. Or, si
Hume ne nie pas que nous vivions dans l'évidence des choses
et du moi et que nos vécus, donnés dans le sens interne, soient
toujours complexes et liés, il se propose précisément de

1. N. K. Smith, *The Philosophy of David Hume*, p. 79-102, 110-116.
R. W. Church, *Humes Theory of the Understanding* (London 1935) p. 15
et *sq*. Noter les jugements plus nuancés de J. Passmore, *Hume's Intentions*,
p. 89 et *sq*.

soumettre à l'examen ces données immédiates de la conscience. L'expérience du sens interne n'est pas l'expérience première, car on n'accède à celle-ci que grâce au principe d'analyse.

C'est ce principe qui renouvelle totalement la théorie des idées. Le reproche fait à Hume de mener une analyse incomplète et simultanément de reprendre la théorie des idées, comme si elle allait de soi, tient à une méconnaissance du sens exact de l'analyse. Ou celle-ci régresse vers des éléments qui sont homogènes à la totalité et on ne peut alors que souscrire à la critique de l'atomisme psychologique, si manifestement contraire à l'expérience la plus commune et aux exigences de la description de la réalité psychique. Ou elle régresse vers l'origine non psychologique de cette réalité et vers une expérience primitive, qu'il importe alors de ne plus confondre avec l'évidence du sens interne. C'est cette seconde possibilité qu'il faut retenir. En effet le principe contient deux opérations indissociables : la décomposition du complexe en simple, et le renvoi de l'idée simple à l'impression simple. Sans cette dernière opération, nous n'avons aucun moyen de nous assurer que l'analyse est achevée et que nous avons atteint les éléments absolument simples. Autrement dit, ce n'est pas la vérité du complexe qui légitime la distinction des simples et permet, à chaque pas, de s'assurer de son exactitude, mais une évidence étrangère, celle de l'impression, à laquelle l'analyse nous fait accéder. «Aucune découverte n'aurait pu être faite avec plus de bonheur pour résoudre toutes les controverses au sujet des idées, que la découverte précédemment indiquée, que les impressions précèdent toujours les idées, et que toute idée, dont est fournie l'imagination, a fait sa première

apparition dans une impression correspondante. Les perceptions de ce dernier genre sont toutes si claires et si évidentes
qu'elles ne souffrent pas de controverse, alors que beaucoup
de nos idées sont si obscures que même l'esprit qui les forme,
est presque impuissant à dire exactement leur nature et leur
composition » [1]. Les évidences immédiates de la conscience
sont enveloppées d'obscurité en raison de la complexité des
phénomènes et surtout du fait qu'elles sont par essence
indistinctes, saisissant en une seule vue des totalités psychi-
ques. Au contraire les impressions sont parfaitement claires et
précises et leur lumière rejaillit sur les idées simples
correspondantes et sur la composition des idées complexes.
Il faut donc distinguer soigneusement deux sortes d'évidence : celle du sens interne, immédiate et directe, mais
incapable d'une analyse achevée ; et celle de l'impression,
qui quoiqu'elle ne soit pas par le sens interne, puisqu'on
n'y accède que par analyse, est cependant si immédiate
qu'elle est le fondement de toute évidence en général. L'analyse humienne ressemble assez, quoiqu'elle aille dans un sens
inverse, à l'analyse phénoménologique, qui, sans refuser à la
conscience de soi empirique toute légitimité, nie qu'elle
puisse parvenir à une connaissance sûre, et qui, par réduction,
nous fait accéder à un autre type d'évidence, non naturelle et
pourtant immédiate par excellence, parce qu'elle est
dépourvue de tout préjugé. De la même façon, l'impression ne
doit pas être considérée indépendamment de la méthode

---

1. *Traité*, I, 2, 3, 33, 101. Cf. *Abrégé*, 10-11, 46-47 ; *Enquête*, VII, 62,
136. Dans ce dernier texte, Hume présente le principe d'analyse comme le
microscope des sciences morales.

d'analyse qui y mène : si elle est bien donnée, si même elle est le donné par excellence, elle ne peut pas être saisie autrement que dans la « réduction » empiriste, qui en prescrit le sens et la fonction.

Le mot *impression* n'est pas nouveau ; il aurait plutôt l'inconvénient de véhiculer des significations étrangères à l'usage que Hume en fait. Sans remonter à l'analyse scolastique de la sensation, qui distinguait les *species impressae* et les *species expressae,* on remarquera que Locke utilise la notion comme synonyme de la sensation : « Les idées commencent d'y [dans l'âme] être produites dans le même temps que la sensation, qui est une impression, ou un mouvement excité dans quelque partie du corps, qui produit quelque perception dans l'entendement » [1]. Mais il semble que ce soit plus particulièrement par rapport à Malebranche que Hume détermine la signification qu'il entend donner au mot. Malebranche considère la sensation comme une modification de l'âme et il en distingue l'impression, qui est ce qui des objets extérieurs vient s'imprimer dans les sens. Au contraire, et cela est nouveau, Hume identifie sensation et impression et en fait une perception. « Quant au mot impression, je ne désirerais pas qu'on croie que je m'en sers pour traduire la manière dont nos perceptions vives se produisent dans l'âme : le mot désigne uniquement la perception elle-même qui n'a de nom propre ni en anglais ni en aucune autre langue que je sache » [2]. Ce déplacement de sens suffit à modifier la théorie

1. *Essai*, II, 1, § 2 3, trad. Coste, p. 74.
2. *Traité*, I, 1, 1, 2, 42, note. Malebranche : *De la Recherche de la vérité*, I, 4, 1. Voir Laird, *Hume's Philosophy of Human Nature*, 26-27.

de l'idée, telle que Hume la trouve chez ses prédécesseurs.
Qu'on compare, par exemple, avec Locke[1]. L'esprit percevant ses seules idées, la sensation est pour l'auteur de l'*Essai*
l'indice, attaché à l'idée, qu'elle n'est pas produite par l'esprit
lui-même, mais qu'elle lui vient du monde extérieur ou de sa
nature propre. Elle montre comment les idées sont produites
dans l'âme. «Nos sens font entrer toutes ces idées [des
qualités sensibles] dans notre âme, par où j'entends qu'ils font
passer des objets extérieurs dans l'âme, ce qui y produit ces
sortes de perceptions »[2]. Cette entrée se fait toujours d'une
façon simple, discontinue, faisant de chaque idée correspondante une unité sans composition parfaitement distincte. C'est
pourquoi l'idée simple est infaillible; car l'esprit y est totalement passif, à la différence des idées complexes, qui
résultent d'actes de composition ou d'abstraction de la part de
l'esprit. La sensation est la garantie de l'infaillibilité de l'idée,
quant à son contenu et quant à sa situation par rapport à la
chose. Mais elle est sensorielle; et il n'y a guère à dire à son
sujet, sinon dans une physiologie qui n'intéresse pas l'esprit.
Pour cette raison, Locke semble considérer que le corps, qui
est la marque de la transcendance empirique du monde, va de
soi, quoiqu'il ne soit pas esprit. C'est précisément à cette
évidence que Hume s'attache, en introduisant la différence du
sentir et du penser à l'intérieur de l'esprit. D'une part, il
restreint l'usage du mot idée aux seules pensées; d'autre part,
il ouvre le domaine des impressions non seulement aux
sensations mais aussi aux passions, alors que chez Locke

1. *Essai*, II, 1.
2. *Essai*, II, 1, § 3, trad. Coste, p. 161.

l'esprit vit ses passions comme il vit le monde extérieur et ne les appréhende que dans l'idée. Enfin et surtout, en faisant de l'impression une perception, en y renvoyant l'idée, Hume dissocie l'esprit de la pensée et fait du sentir le mode primitif de la conscience. L'esprit, non le corps, ni même l'esprit en tant qu'il subit le corps, l'esprit est comme tel d'abord sensation. S'il est par essence présence, il faut accorder qu'il se loge originellement dans l'exister sensible, dans une immédiateté préalable à l'immédiateté de la pensée. La présence de l'esprit à lui-même dans la pensée et sa présence subséquente aux choses dans la représentation ont pour source la présence immanente de l'impression. En même temps, il apparaît que dans l'absolue simplicité de son vivre, l'esprit est aveugle. L'impression n'est pas l'idée, ni une idée confuse, ni même un embryon d'idée : elle est sentie. Pour parler par métaphore, il en est d'elle comme lorsque, sous l'effet d'une lumière trop crue, trop blanche, les choses s'offrent à l'œil avec tant de netteté et tant de violence, que la vision elle-même est en quelque sorte détruite et que toutes les formes s'abolissent dans une perception totalement investie par l'être du monde [1]. Dès lors, c'est tout l'empirisme de la représentation qui perd son fondement. L'impression étant une perception distincte de l'idée, celle-ci est privée de la marque de sa référence à l'extériorité, qu'elle trouvait dans la sensation réléguée au

---

1. On ne s'accordera donc pas avec J. Laporte, « Le Scepticisme de Hume », *Revue Philosophique*, 1933, numéro 115, qui parle à propos de Hume d'un « empirisme pur et intégral qui rejoint le cartésianisme authentique, s'il est vrai que pour Descartes aussi la règle suprême est la recherche de l'évidence ou de l'idée claire, laquelle se définit par la « présence à l'esprit ». (p. 75).

rôle d'indice, et devient flottante (faible); l'impression elle-même est sans distance intérieure, puisqu'elle est dépourvue du redoublement de la pensée; enfin, du fait qu'elle est sentie, l'esprit n'est pas originellement à soi-même, dans l'acte réflexif d'appréhension de ses représentations.

*

Il faut s'attarder sur cette distinction primordiale de l'impression et de l'idée. «Il ne sera pas très nécessaire, je pense, d'employer beaucoup de mots à expliquer cette distinction. Chacun de lui-même percevra facilement la différence qu'il y a entre sentir et penser»[1]. Or, il y a plus de difficulté qu'il n'y paraît. Dans quelle perception cette différence est-elle donnée? Si Hume ne s'attarde pas davantage sur elle, c'est parce qu'il n'a rien à en dire. En effet, distinguer, c'est comparer et, la comparaison étant un acte de la pensée, c'est confronter des idées entre elles, mais non une idée et une impression. Celle-ci est d'un ordre étranger à celle-là. On pourrait être tenté d'en faire une perception de nature idéative. Et Hume semble se prêter à une telle hypothèse dans les premières pages du *Traité*. Bien qu'il ait déclaré que toutes les perceptions de l'esprit humain se résolvent en deux genres distincts, à savoir les impressions et les idées, il affirme cependant: «Cette idée de rouge que je forme dans l'obscurité, et cette impression qui frappe nos regards dans la lumière du soleil, diffèrent seulement en

1. *Traité*, I, 1, 1, 1, 41.

degré, mais non en nature » [1]. Mais l'interprétation de cette formule, qui consisterait à prendre l'impression et l'idée comme des représentations, dont seule varierait la vivacité, est intenable. En effet la vivacité n'est pas l'intensité d'une qualité, elle est l'essence même de l'impression. Sauf dans les cas d'anomalie (folie ou maladie), qui résultent moins d'une confusion de l'impression et de l'idée que d'un exercice défectueux de la conscience qui ruine l'infaillibilité du sentir [2], une idée vive reste une idée, même lorsque dans la poésie elle peut avoir plus d'efficacité qu'une impression (« la pensée la plus vive est encore inférieure à la sensation la plus faible ») [3]; même lorsque les inférences causales, qui font de l'idée une croyance, lui confèrent des qualités et des effets analogues à ceux de l'impression, elle reste saisie dans un acte de conception : la croyance « n'est rien qu'une conception plus vive et plus intense d'une idée » [4].

Que signifie donc l'affirmation qu'il n'y a pas de différence de nature entre les deux classes de perception? Nous voudrions suggérer que l'idée est à penser à partir de l'impression et non l'inverse. « Par idées, j'entends les images effacées des impressions dans nos pensées et nos raisonnements » [5]. L'absence d'une différence de nature est établie à propos de la correspondance et de la ressemblance de l'impression et de l'idée. « La première circonstance qui frappe mon regard, c'est la grande ressemblance entre nos

1. *Traité*, I, 1, 1, 3, 43.
2. *Traité*, I, 1, 1, 2, 42 ; 1, 3, 10, 123, 379.
3. *Enquête*, II, 17, 53. *Traité, appendice*, 630-632, 202-204.
4. *Traité*, I, 3, 10,119-120, 188.
5. *Traité*, I, 1, 1, 1, 41.

impressions et nos idées sur tous les points autres que leur
degré de force et de vivacité » [1]. Hume propose cette qualité
comme l'objet d'une expérience immédiate. Or, c'est manifestement impossible. L'apparition de l'idée implique précisément que l'impression se soit évanouie, puisqu'elle en est
l'absence. On ne saurait donc les tenir simultanément. Et il est
vain d'en appeler à la mémoire, car la conservation du donné
suppose cette ressemblance ; la mémoire est fidèle, si l'idée
peut être la copie de l'impression. Dans ces conditions, la
distinction entre les deux classes de perceptions devient insai-
sissable : en effet l'impression, étant toujours sentie, est un
néant de pensée et ne devient présente à celle-ci que dans
l'idée ; mais cette dernière doit être vérifiée dans le *feeling,*
ainsi que le demande le principe d'analyse, et cette vérification suppose qu'elle en soit la copie. La nécessité où se trouve
la pensée de se fonder dans une expérience qui ne lui appartient pas et à laquelle elle ne peut régresser qu'en s'abolis-
sant, est impensable. Comment comprendre la première
attache de la pensée à l'expérience ?

L'impression ne représente rien, car il n'y a aucune
distance entre elle et l'objet. Le *Traité* multiplie les formules
où cette identité de la perception et de l'être est admise sans
discussion. Bien plus, il la justifie : « Quelque distinction que
fassent les philosophes entre les objets et les perceptions
sensibles qui, admettent-ils, coexistent et se ressemblent, cette
distinction, les hommes en général ne la comprennent pas :
puisqu'ils ne perçoivent qu'une existence, ils ne peuvent
jamais accepter l'opinion d'une double existence et d'une

1. *Traité*, I, 1, 1, 2, 42.

représentation » [1]. Si les philosophes, lorsqu'ils *pensent,* font la distinction des deux existences et s'embarrassent dans les pires contradictions, l'humanité commune, lorsqu'elle perçoit, s'abandonne à la naïveté originelle du *feeling.* Que la pensée ne légitime pas celui-ci, qu'elle considère comme une confusion ce qui en lui ne peut pas être différencié, n'empêche pas, du fait qu'on sent avant de penser, que l'existence soit primitivement simple, qu'elle soit l'unité indissociable de l'esprit et de la chose. La formule de Berkeley : l'être c'est l'être perçu, convient à Hume, pourvu qu'on la complète ainsi : le percevoir est lui-même identique à l'être perçu. Ce n'est pas un pouvoir, qui serait la mesure ou la forme de l'être appréhendé et qui serait la faculté d'un esprit substantiel. La seule existence qui soit est celle de l'impression ; d'elle dérive l'existence de l'esprit et l'existence du monde.

Comme l'impression, l'idée n'est pas par soi représentative. Elle est identique à son objet et en a toutes les qualités. Ainsi l'idée de l'infini est une idée absurde, car cela supposerait que l'esprit ait une capacité infinie et qu'il pût diviser cette idée sans jamais parvenir à un terme dernier. Semblablement l'idée d'étendue est elle-même étendue et fournit un argument en faveur des libres penseurs, qui ne voient rien de contradictoire à ce que la pensée soit unie à une substance matérielle. « Cette table qui apparaît à l'instant même, est seulement une perception et toutes ses qualités sont les

1. *Traité,* I, 4, 2, 202, 286. Cf. I, 4, 5, 241, 332. Sur la non-représentativité de la sensation, voir Malebranche, *De la Recherche de la vérité,* I, 1, 1, p. 42. « Toutes les sensations pourraient subsister, sans qu'il y eût aucun objet hors de nous. Leur être n'enferme pas de rapport nécessaire avec les corps, qui semblent les causer… ».

qualités d'une perception. Or, la plus manifeste de toutes ses qualités est l'étendue. La perception se compose de parties… Et pour couper court à toute discussion, l'idée même d'étendue n'est copiée de rien d'autre que d'une impression, et, par suite, elle doit lui correspondre parfaitement »[1]. Où se trouve l'âme, à droite ou à gauche de la perception? La question peut paraître absurde, mais elle est une conséquence nécessaire de la thèse initiale : « Former l'idée d'un objet et former une idée tout simplement, c'est la même chose; la référence à l'objet est en effet une dénomination extrinsèque dont elle ne porte ni marque ni caractère »[2]. Et si elle ne représente pas, c'est parce qu'elle n'est pas un concept : elle est toujours particulière et déterminée dans le moindre des degrés de qualité ou de quantité. Rien ne peut donc la distinguer de la chose. C'est sûrement dans l'abstraction qu'elle devient représentative; mais comme celle-ci ne la réduit pas à une qualité commune, elle représente alors non les choses, mais d'autres idées également particulières, auxquelles elle est liée par une association de ressemblance, et pour lesquelles elle joue le rôle d'indice conventionnel. Elle est donc toujours prise dans sa réalité simple. Et il en est pour elle comme de l'esprit : s'interroger sur sa nature d'idée est aussi vain et illégitime que rechercher les qualités dernières de celui-ci. Il faut en effet

1. *Traité*, I, 4, 5, 239, 330. Sur la question de la représentativité de l'idée, voir J. Laird, *Hume's Philosophy of Human Nature*, p. 32; N.K. Smith, *The Philosophy of David Hume*, p. 205, note 2; J. Laird, « Impressions and Ideas, a note on Hume », *Mind*, 1943, new Séries LII.

2. *Traité*, I, 17, 20, 65. Cf. *Traité*, 1, 4, 5, 241, 330: notre idée d'une existence extérieure est identique à notre idée de la perception correspondante.

partir de l'expérience. Tout vient de l'expérience, y compris la pensée et l'idée, dans leur qualité propre. L'idée trouve dans l'impression non seulement son contenu mais son être même. C'est pourquoi il importe de ne pas poser la question de l'essence de l'esprit; ce serait immanquablement déborder le cadre d'un empirisme strict, puisqu'on le définirait comme une forme substantielle ou transcendantale distincte et, par conséquent, en quelque mesure, préalable.

Comment comprendre alors que l'idée soit définie comme l'image de l'impression, et que Hume emploie à son sujet le terme de représentation? «Nos idées sont copiées de nos impressions et elles les représentent dans toutes leurs parties»[1]. En vérité cette propriété distinctive doit être comprise à partir de l'autre qualité qui les sépare: l'ordre. L'impression est antérieure à l'idée. «... il y a une dépendance des impressions par rapport aux idées ou des idées par rapport aux impressions. Pour savoir de quel côté se trouve cette dépendance, j'envisage l'ordre de *première apparition;* et je trouve par expérience constante que les impressions précèdent toujours les idées correspondantes et que l'ordre inverse ne se produit jamais»[2]. Si l'impression et l'idée sont en tous points semblables, si toutes deux sont la chose même, parce qu'elles ne sont ni plus riches ni plus pauvres qu'elle, la seule différence entre la sensation et la pensée, ou plutôt, la qualité à partir de laquelle cette différence est susceptible d'être produite, consiste dans l'antériorité de la première sur la seconde. L'impression, que rien ne précède, est la première

1. *Traité*, I, 3, 7, 96, 160.
2. *Traité*, I, 1, 1, 4-5, 45.

apparition, l'apparition originaire et pure de l'être, tout entier concentré dans l'événement. Ni la chose ni la pensée ne sont avant. Au contraire, l'idée est l'être répété[1] dans l'imagination, la seconde apparition de l'être comme pensée. Dans ce redoublement, l'idée a perdu le caractère primitif de la présence : en elle la chose est en quelque sorte suspendue, mais trouve en même temps, dans la rétention élémentaire que produit cet arrachement à la simple immanence, la possibilité de demeurer. L'idée demeure. La différence est donc entre l'existence périssable, toute pénétrée de présence, et l'existence différée dans l'absence. Ce qu'il y a de moins ou de plus dans l'idée, c'est qu'elle échappe à l'exigence de l'instant, à la mort de l'instant. De ce fait elle bascule, non dans le temps, car le temps naît de la série des perceptions, mais dans une atemporalité qui est le négatif de l'atemporalité de l'instant. Et cependant, elle contient bien une sorte de temporalité primitive : elle est ce qui a été, elle est l'impression, le même, par delà la mort de celle-ci ; elle introduit cette différence subtile, la première différence dans la simplicité de l'impression, qui consiste dans l'effacement et qui fait d'elle une image. Elle ne diffère pas en nature de l'impression : elle est l'être, comme celle-ci, dans sa réalité nue et simple, et lui ressemble donc parfaitement. Et cependant elle est copie, parce qu'elle est seconde : elle n'est pas identiquement ce qu'elle est, en vertu de son existence décalée, différée. Pour employer les termes de Hume, il y a en quelque sorte double apparition : l'apparition de l'impression, qui est l'émergence de l'être, et l'apparition de l'idée à la pensée, qui est en même temps

1. *Traité*, I, 1, 3, 8, 50.

l'apparition de la pensée, laquelle est cette distance infime (elle n'est même pas celle de la représentation) de la copie, de l'être préservé aux dépens de sa présence. « Nous trouvons par expérience, que lorsqu'une impression a été présente à l'esprit, elle y fait à nouveau son apparition sous la forme d'une idée »[1].

De l'impression à l'idée, l'être passe de l'actuel au possible, et à ce qui, éventuellement, pourra être de nouveau dans un acte de croyance, pour avoir déjà été. L'essentiel est que le possible soit postérieur à l'actuel. Il en est de l'idée humienne comme de l'essence leibnizienne renversée. Le possible chez Leibniz tend à l'existence; en un certain sens il a déjà commencé d'être dans l'entendement divin; mais il lui manque l'actualité, ce supplément, sans augmentation d'essence, et pourtant capital, qui tient à la volonté divine, et qui ne lui ajoute rien sinon le bonheur d'exister dans le meilleur des mondes. Semblablement et inversement, l'idée humienne retient tout de l'impression, y compris en un certain sens l'existence, puisqu'elle n'a pas d'entendement divin duquel dériver son être, ni de substance pensante, à laquelle participer. Mais elle vient après : elle ne tend pas à l'existence, elle s'en éloigne à reculons. Elle est aussi riche : sa non-existence, ou plus exactement son existence retardée ne lui ôte rien. L'existence n'est pas une qualité qui lui serait enlevée. « L'idée d'existence est exactement la même que l'idée de ce que nous concevons comme existant. Réfléchir à quelque chose simplement et y réfléchir comme à une existence sont

1. *Traité*, I, 1, 3, 8, 50.

deux actes qui ne diffèrent en rien l'un de l'autre »[1]. C'est pourquoi, il n'y a pas d'être nécessaire. Tout à l'origine est dans la contingence, et le passage à l'idée ne supprime pas celle-ci. « Tout ce que nous concevons comme existant, nous pouvons aussi le concevoir comme non existant »[2]. Il n'est pas nécessaire de faire appel au conflit des mondes, qui ne sont pas compossibles, ni aux catégories, qui prescrivent la forme de la phénoménalité, pour dire que l'être aurait pu être autre, qu'il est foncièrement sans raison, que son surgissement dans l'impression est hasardeux ; il suffit de poser que l'essence ou la représentation ne peut d'aucune façon précéder l'existence, mais qu'elle en procède. Elle en est le double, dans son contenu comme dans sa réalité, à la vivacité près. Certes la thèse est insoutenable, si on continue de distinguer l'existence de l'idée, en tant qu'idée, et l'existence, ici la non-existence, du contenu de l'idée. L'existence de la pensée est et n'est que l'absence de l'impression. Elle n'est rien hors de cela ni n'habite quelque autre monde. L'être précède l'idée que nous en formons et la produit comme contenu et comme copie, comme objet et comme pensée. C'est pourquoi l'assurance de l'être ne nous vient pas du *cogito* ou de la réflexion, mais du flux des perceptions qui sont autant d'existences distinctes. « Il n'y a pas d'impression ni d'idée d'aucune sorte, dont nous avons conscience ou mémoire, que nous ne concevions comme existante ; il est évident que c'est de cette conscience qu'est tirée l'idée la plus parfaite et la plus parfaite assurance

---

1. *Traité*, I, 2, 6, 66-67, 123.
2. *Dialogues*, IX, 233, 167.

de l'*être* [*being*] »[1]. Que dans ce flux, il y ait un trou et l'esprit s'abolit. Nos perceptions « n'ont besoin de rien pour soutenir leur existence… Quand mes perceptions sont écartées pour un temps, comme par un sommeil tranquille, aussi longtemps je n'ai plus conscience de *moi* et on peut dire vraiment que je n'existe pas »[2]. Se fondant en sa propre existence, le *cogito* pouvait tenir à distance l'existence du monde, en douter, pour mieux appréhender l'idée en tant qu'elle diffère de son objet. Au contraire l'empirisme connaît une seule origine et une seule existence : l'impression. La pensée en dérive. Simplement, elle est l'existence dans l'absence, l'être séparé de son actualité par ce je ne sais quoi aussi subtil que l'acte créateur du monde existant, cette faille inexplicable de l'idée qui demeure. Le passage de la présence à l'absence est la naissance de la pensée.

Si on revient à la question de départ : comment Hume peut-il affirmer que nous observons généralement une correspondance entre l'impression et l'idée, on répondra que l'esprit connaît la distinction et la ressemblance entre ces deux sortes de perceptions, non par comparaison, mais dans l'expérience même qu'il a de la pensée, laquelle est la fêlure de l'immédiateté de l'être. La postériorité et la similitude font la réalité de l'expérience de l'idée, en tant qu'existence absente. Certes, la pensée a son immédiateté propre, mais elle est toujours saisie comme le défaut de l'immédiateté de l'impression. Ce qui se présente comme idée porte en soi la marque de la conservation, de ce qui s'est présenté à l'origine dans l'im-

1. *Traité*, 1, 2, 6, 66, 137.
2. *Traité*, I, 4, 6, 252, 343.

pression. Et lorsque Hume dit que l'idée représente l'impression, il ne veut rien dire de plus. Ce n'est pas la chose qui est doublée, mais son apparaître. Elle apparaît d'abord comme impression, puis comme pensée. « Toutes les perceptions de l'esprit sont doubles et apparaissent également comme impression et comme idée » [1]. Il s'ensuit que toute pensée est inactuelle : seule l'impression est présence, et c'est seulement en elle que l'idée s'enracine. Celle-ci, quoiqu'elle soit présente dans l'esprit, est toujours la mise en avant d'un possible, ou, quand s'y adjoint la croyance, d'une présence qui a eu lieu ou d'une présence qui aura lieu.

*

L'antériorité de l'impression sur l'idée rend compte de leur ressemblance. Il reste à comprendre leur différence. Elle consiste seulement dans des degrés de force ou de vivacité distincts : « Une idée est une impression plus faible » [2]. Elle a moins de stabilité, de fermeté, de consistance, de présence, elle fait moins d'effet sur l'esprit. Tous ces qualificatifs sont employés sans être réfléchis dans l'édition de 1739. Hume s'appuie sur une large tradition, qu'il semble considérer comme assez claire et qui accordait à la sensation plus de force qu'à l'imagination [3]. Mais il revient sur elle dans l'*appendice*

---

1. *Traité*, I, 1, 1, 2-3, 42.
2. *Traité*, I, 1, 7, 19, 64.
3. La notion de vivacité apparaît déjà chez les Cartésiens. Ainsi Malebranche distingue trois degrés de sensations plus ou moins fortes (*De la Recherche de la vérité*, I, 12, 4, 62-63). Mais c'est chez les néo-platoniciens qu'elle devient le critère de distinction entre la sensation et l'imagination,

avec assez d'insistance, pour qu'il soit évident qu'il la modifie sensiblement[1]. D'une façon générale, il s'efforce de lui ôter tout ce qu'elle pourrait avoir de naïvement physiologique ou psychologique. Son problème n'est pas en effet de savoir comment l'esprit peut distinguer dans le champ de ses idées celles qui lui viennent de la sensation et celles qui lui viennent de l'imagination, en prenant en compte l'intensité avec laquelle elles s'imposent, mais de faire la différence entre l'impression, qui est elle-même une perception, et la pensée. L'impression n'est pas une idée forte : elle est la force, la vivacité elle-même ; et il n'y a à son sujet aucun problème de reconnaissance, puisqu'elle s'offre avec toute la certitude de l'être en personne. C'est donc à partir d'elle qu'il faut comprendre la faiblesse de l'idée, ou la pensée comme faiblesse, et non l'inverse. Toutes les notions employées pour la décrire sont inexactes, mais indiquent une évidence qui se suffit à elle-même. « Quand je veux expliquer cette manière [ici, la vivacité de l'idée vive], je trouve difficilement un mot

thèse que Berkeley reprend à son compte (*Principes*, § 30 et 33). La vivacité est la marque de la réalité des idées, qui sont imprimées sur nos sens par l'auteur de la nature. Cf. O. Brunet, *Philosophie et Esthétique chez D. Hume*, (Paris 1965), p. 326.

1. Il paraît préférable, comme le fait l'édition anglaise de Selby-Bigge, de ne point suivre les injonctions de Hume qui invitent à insérer dans le texte du *Traité* plusieurs des paragraphes de l'*appendice* ; une lecture continue montre clairement l'attention portée par l'auteur aux questions solidaires du *feeling* et de l'identité personnelle, questions qui seront éliminées de l'*Enquête*. On notera que cet *appendice* traite de la vivacité en tant qu'elle opère dans la croyance définie comme idée vive. Mais l'argumentation vaut tout aussi bien pour l'impression. L'idée vive « est sentie plutôt que pensée et elle est proche de l'impression dont elle procède, par sa force et son action. Cette parenté, je l'ai prouvée tout au long » (627, 376).

qui réponde pleinement au fait et je suis obligé de recourir au sentir [*feeling*] de chacun pour donner une conception parfaite de cette opération de l'esprit »[1]. C'est un certain « je ne sais quoi »[2], dont on ne peut donner aucune définition ni aucune description, mais que chacun comprend suffisamment. En vérité, le seul terme qui convienne exactement, quoiqu'il soit inqualifiable, est celui de *feeling*[3]. Nous aurons une

1. *Traité appendice*, 629, 377. Cf. *Abrégé*, 19-20, 63-65. *Enquête* V, 48-49, 116.

2. *Traité*, I, 3, 8,106, 172. Cf. Malebranche, *De la Recherche de la vérité*, V, 12, 156 : à propos de la sympathie (à laquelle Hume comparera l'idée vive) : « C'est le je ne sais quoi qui nous agite, car la raison n'y a point de part ».

3. Voir la correction de l'*appendice* (636, 386) où l'expression : différence de degrés de force et de vivacité, est remplacée par celle-ci : un *feeling* différent.

Le terme de *feeling* rapporté à la vivacité n'apparaît que dans l'*appendice*. Il pose un problème de traduction difficile. On ne peut en effet le rendre par le mot *sensation*, puisqu'il y a des impressions de réflexion. L'équivalent français habituellement utilisé est : *sentiment*. Or, il n'est pas satisfaisant. En effet, on trouve chez Hume des formules du genre : *impression or, sentiment* (*Traité* III, 1, 2, 470, 66 ; *Enquête* V, 48, 115 ; VII 75, 156) ou même : *feeling or, sentiment* (*appendice*, 623, 371-372 ; 624, 372, etc.). L'essai *De la règle du goût* parle de joindre la lumière de l'entendement aux *feelings of sentiment* (*Essais*,1 234, 87). Confrontés à ces difficultés, les traducteurs recourent à des traductions diverses : sensation, impression, sentiment, et le plus souvent : manière de sentir, d'éprouver. Cette dernière expression est la plus commode, quoiqu'elle soit inexacte. Elle suggère en effet une différence entre le sentir et sa manière, qui n'existe pas. Hume parle bien du *feeling* qui est une manière de concevoir, mais c'est alors à propos de l'idée et non de l'impression. En toute rigueur, la manière du sentir est l'espace et le temps (*Traité*, I, 2, 3). D'une façon générale, il est impossible d'avoir une traduction régulière de ce terme.

Quelle que soit la solution retenue, il demeure impossible de confondre *feeling* et *sentiment*. Hume emploie ce dernier terme en trois occasions : à

conception plus parfaite de la vivacité de l'impression (et corrélativement de la faiblesse de l'idée) en nous rapportant à l'expérience que nous en avons dans le *feeling*. Ceci peut sembler paradoxal. Comment pouvons-nous avoir une conception parfaite de quelque chose que nous ne pouvons pas penser, mais seulement éprouver ? A vrai dire la conception est si parfaite et si dense qu'elle s'absorbe régressivement dans le donné même. Le *feeling* est inconcevable parce qu'il est la plénitude primitive de l'être, qui est perdue dans l'idée. Il fournit donc une évidence qui ne peut pas être représentée, dans laquelle la pensée ne peut pas se réfléchir et qui, précisément pour cela, vaut absolument. Etant faible, l'idée doit toujours présenter son titre, à savoir l'impression correspondante. Au contraire, celle-ci se contente d'être et de procurer une évidence originaire qui, quoiqu'elle soit le substrat de toute idée, est aveugle, puisque l'être va de soi et qu'on ne peut rien en dire ni en penser, et qui est simple, puisqu'il n'y a aucune distance entre ce qui sent et ce qui est senti.

Conférer la vivacité à l'impression revient à reconnaître qu'elle est l'absolu de l'expérience, ce en quoi toute idée trouve sa source. Mais puisqu'elle est antérieure à la pensée,

propos du sens moral, du sens esthétique ou de la croyance, pour signifier toujours une même opération de l'esprit. Si le *sentiment* a toujours sa racine dans le *feeling* et de ce fait précède l'entendement, s'il n'est pas une opération de la pensée, néammoins il est d'essence judicatoire : le sens moral nous détermine préréflexivement quant au bien et au mal, le sens esthétique quant au beau et au laid, et la croyance quant au vrai et au faux. Dans ces trois cas, le *sentiment* recouvre plus que le simple *feeling*. Car si l'impression est *feeling*, elle n'est pas *sentiment*, celui-ci ouvrant la distance de l'être et de la valeur. Dans le *feeling*, l'être est, et rien de plus : il n'est ni vrai ni faux, ni beau ni laid, ni bon ni mauvais.

cet absolu s'obtient dans une mise en évidence où la raison
n'intervient pas et à laquelle l'esprit parvient par régression.
L'impression est donc ce en deçà de quoi on ne peut plus
reculer, c'est-à-dire, le fait pur, ou encore, ce qui revient au
même, l'*origine*. « L'esprit y acquiesce, il s'y fixe et s'y
repose » [1]. Elle en est le fond. Elle est l'être donné. Rien de
plus, rien de moins. Et le fait qu'elle soit sentie nous assure de
sa radicalité ; en effet l'esprit ne peut décomposer que des
idées ; le passage à l'impression signifie que le terme ou plutôt
la source est atteinte, et que l'expérience, pure de tout acte de
la pensée, s'offre enfin dans toute la plénitude de l'être.

Toute interrogation causale à propos de l'impression est
donc dépourvue de sens. Ou tout du moins, elle se développe
au sein d'une science de l'esprit qui ne s'y rapporte pas de
façon primitive, mais l'appréhende soit comme modification
du corps, soit comme modification de l'âme. C'est pourquoi
Hume peut affirmer sans contradiction : « Il est certain que
l'esprit, dans ses perceptions, doit commencer quelque part ;
et puisque les impressions précèdent les idées qui leur correspondent, il faut qu'il y ait des impressions qui apparaissent
dans l'âme sans rien qui les introduise. Comme ces impressions dépendent de causes naturelles et physiques, leur examen m'entraînerait trop loin de mon sujet actuel dans les
sciences de l'anatomie et la philosophie naturelle » [2]. Hume
n'exclut donc pas toute théorie physiologique ; il suggère
même à plusieurs reprises la possibilité de s'engager dans

1. *Traité*, *appendice*, 624, 373.
2. *Traité*, II, 1, 1, 276-277, 109-110.

cette voie[1]. Et on fera alors de l'impression une image (la *species impressa*) de l'objet extérieur communiquée à nos sens[2]. Mais une telle science est une science du corps, qui suppose la perception de l'intériorité et de l'extériorité, et la connaissance de l'identité corporelle. Or, si l'on s'en tient à eux seuls, les sens ne livrent que des impressions et ils ne nous informent pas sur la question de savoir si elles sont internes ou externes, si elles sont nôtres ou autres. Ils nous offrent des existences simples et périssables, sans nous enseigner comment elles s'associent pour former l'unité corporelle. « Il est absurde de penser que les sens puissent jamais distinguer entre nous et des objets extérieurs »[3]. Si paradoxal que cela puisse paraître, nous ne sentons pas l'impression comme un fait corporel ; mais c'est par la pensée que nous la connaissons comme telle. Le même raisonnement vaut pour l'explication psychologique. Ainsi, les impressions de réflexion sont produites soit par des impressions de sensation, soit par des idées. On peut décrire les circonstances de leur naissance, étudier celles qui favorisent leur développement, déterminer celles qui les annéantissent. Il n'en reste pas moins que ce sont « des faits originaux, des réalités originales, complètes en elles-mêmes, qui n'impliquent aucune référence à d'autres passions, volitions ou actions »[4]. Considérées en elles-mêmes, elles ne sont pas différentes des impressions de sensation.

« Ajoutez à cela que toutes les impressions, externes et internes, passions, affections, sensations, douleurs et plaisirs,

1. *Traité*, I, 1, 2, 8, 49 ; I, 2, 5, 60, 115.
2. *Traité*, I, 4, 2, 211, 295.
3. *Traité*, I, 4, 2, 190, 273.
4. *Traité*, III, 1, 1, 458, 52.

sont primitivement à égalité; quelques autres différences que nous puissions observer entre elles, elles apparaissent toutes sous leur vrai jour comme des impressions ou des perceptions »[1].

Ainsi la question de l'origine des impressions n'a aucune espèce d'importance par rapport au dessein radical du *Traité*[2]. Viennent-elles des objets de l'esprit ou de Dieu? Le débat entre Locke et Leibniz, la vision en Dieu de Malebranche, l'immatérialisme de Berkeley sont à suspendre sans autre examen. Les impressions sont l'être même. « Elles sont toutes différentes discernables et séparables les unes des autres; on peut les considérer séparément et elles peuvent exister séparément: elles n'ont besoin de rien pour soutenir leur existence »[3]. De même, la question de l'innéisme se trouve réglée: les idées ne sont pas innées, puisqu'elles dérivent des impressions; mais celles-ci le sont: si on entend « par inné ce qui est primitif, ce qui n'est copié d'aucune impression antérieure, alors nous pouvons affirmer que toutes nos impressions sont innées et que nos idées ne le sont pas »[4].

Absolue, l'impression est l'origine de la pensée et du monde, aussi que de leur distinction. Ce qu'il faut comprendre à la lettre: l'origine n'est telle que si elle ne prépare pas subrepticement à ce dont elle est l'origine et que si ce qui advient en est un effet totalement contingent. L'origine devient origine de quelque chose par accident. C'est pourquoi on se gardera d'un empirisme qui ferait de l'expérience le

---

1. *Traité*, I, 4, 2, 190, 273 ; Cf. 193, 276.
2. *Traité*, I, 3, 5, 84, 147.
3. *Traité*, I, 4, 6, 252, 343.
4. *Enquête*, II, 22, 68, note. *Traité*, I, 1, 1, 7, 47 ; *Abrégé*, 9-10, 45.

commencement de toute connaissance et de tout action ou passion, mais n'en supposerait pas moins préalablement l'existence séparée de la pensée et du monde. L'immédiat n'est pas une médiation qui s'ignorerait. Car il y a une façon insidieuse de refuser le caractère originaire de l'impression, en faisant d'elle une *représentation sensible,* c'est-à-dire l'unité phénoménale de la chose et de l'affection, qui s'envelopperaient mutuellement dans l'existence. Or, l'affection, si elle est bien le commencement de la vie empirique, n'est pas encore l'expérience pure. En effet, l'argumentation de la philosophie kantienne montre à l'envi que l'admettre conduit à rejeter la chose dans l'en soi, à accorder à l'intuition une forme sensible, et à inscrire dans le sensible la différence du phénomène et de l'en soi. Que l'empirisme soit dans la nécessité de détruire cet ultime obstacle à sa vérité, Hume en est conscient. Dans l'*appendice*[1], apparentant l'idée vive à l'impression, il est conduit à cette affirmation monstrueuse, que dans la croyance nous *sentons* l'idée. La seule façon d'éviter cette extrémité serait de distinguer la vivacité de l'idée, d'en faire une impression distincte et de la prendre pour la manière dont l'esprit est affecté. Mais l'expérience s'oppose à une telle conclusion, puisqu'il n'y a rien de plus dans l'idée vive que dans l'idée faible. Or, cette impossibilité d'isoler ce que serait l'affection, si elle vaut pour l'idée, vaut à plus forte raison pour l'impression elle-même. On ne doit pas séparer en elle le contenu de l'être de sa présence aux sens. Qu'est-ce dire, sinon que l'impression n'a pas de contenu séparable, mais qu'elle est l'existence absolue, sans cause ni

1. *Traité, appendice,* 625-626, 374.

référence? C'est pourquoi on évitera à son propos le terme d'intuition, dans la mesure où il renferme toujours une matière et une forme. L'intuition est certes immédiate, mais elle l'est dans la présence de l'esprit aux choses (par les choses) et dans la présence des choses à l'esprit (par l'esprit). Elle est plus pour cela l'identité de la chose et de l'esprit, dans l'altérité imperceptible de la perception, que l'unité primitive. Au contraire le *feeling* est l'immédiateté sans médiation patente ou latente. S'il fallait se laisser porter par l'étymologie des mots, on pourrait rappeler que to *feel* signifie d'abord toucher, et qu'à la différence de la vue, qui a besoin de recul pour percevoir, le contact est (si on veut bien suspendre l'image visible que nous en formons) la négation de la frontière entre le corps et l'objet.

La conséquence de cette analyse paraîtra extrême, mais elle est inévitable : on doit dire que, de même que l'impression précède l'idée, de même elle précède l'affection sensible ou la perception sensible. Les sens, comme la pensée, doivent être renvoyés à leur origine, l'expérience pure. Par là Hume nous paraît échapper aux pièges du sensualisme et aux contradictions qu'on n'a pas manqué de lui reprocher sur ce point[1]. L'enjeu est la possibilité de fonder l'empirisme. Comment, dira-t-on, peut-on concilier les deux affirmations suivantes : « Tout ce qui entre dans l'esprit étant en réalité comme la perception, il est impossible qu'une chose puisse paraître différente à notre sentir »[2]; et : « Le seul défaut de nos sens

---

1. Voir par exemple : J. Laird, *Hume's Philosophy of Human Nature*, p. 68-69. N.K. Smith, *The Philosophy of David Hume*, p. 276-279.
2. *Traité*, I, 4, 2, 190, 273.

c'est de nous donner des images disproportionnées des choses et de nous représenter comme petit et sans composition ce qui est réellement grand et composé d'un grand nombre de parties »[1] ? Cette dernière déclaration ruine, semble-t-il, toute la doctrine de l'impression, puisque l'erreur porte sur la simplicité de l'élément sensible et sur la possibilité de l'atteindre, condamnant le principe d'analyse à ne jamais pouvoir être assuré du caractère ultime de sa division. Infaillibles en tant que faits de conscience, les sens faudraient, quand ils doivent nous instruire de la vérité des choses. Il ne serait pas exclu que la matière soit divisible à l'infini. Bref aucune science ne saurait s'établir avec certitude et précision. S'il en était ainsi, on devrait s'étonner de la légèreté de Hume qui dans l'*appendice,* texte pourtant subtil et véritable lecture critique des deux premiers livres du *Traité,* déclare à quelques pages d'intervalle : « L'entendement corrige les apparences des sens » et « Aussi longtemps que nous limitons nos spéculations aux *apparences* sensibles des objets, sans entrer dans des recherches sur leur nature et leurs opérations réelles, nous sommes libres de toute difficulté et ne pouvons jamais être embarrassés par aucune question »[2]. La seule façon de rendre cohérente la pensée de l'auteur du *Traité* est de distinguer entre la perception sensible et l'impression. En effet, il faut rappeler ici que des impressions peuvent être complexes et que, comme c'est le cas pour les idées complexes, leur unité peut faire illusion et être prise pour une unité simple. Si cette

---

1. *Traité*, I, 2, 1, 28, 77 ; cf. I, 2, 4, 41-42, 94. Sur la relativité de la sensibilité, entendue comme qualité primitive de l'esprit humain, voir *Traité*, II, 2, 8, 372 et *sq.*, 221 et *sq.*

2. *Traité*, *appendice,* 623, 380 et 638, 388.

unité ne résulte pas d'une liaison d'idées, analytique ou synthétique, elle n'en forme pas moins une totalité, obtenue par juxtaposition. Les sens appréhendent sensiblement leurs objets dans la coexistence spatiale, ils les perçoivent étendus. Une tache d'encre[1] peut paraître indivise, si on la regarde à quelque distance, alors qu'elle est réellement constituée de parties. Les partisans de l'infini en concluent que la division peut être réitérée pour ces parties, si l'on dispose d'instruments assez puissants, et qu'il n'y a aucune raison de ne pas poursuivre à l'infini, puisque les plus petites parties seront encore étendues[2]. Sur ce dernier point, ils ont raison; mais sur le premier ils ont tort: toute étendue est en effet constituée de parties réelles non étendues. L'erreur est de ne pas voir que le simple n'est pas homogène au complexe, et que si la perception sensible saisit toujours des points étendus, l'expérience pure appréhende l'impression dans sa simplicité absolue. En effet, elle nous commande de réduire toute espèce de liaison, y compris cette relation élémentaire qu'est la contiguïté. La contiguïté est un principe de l'imagination. Il en est chez Hume comme chez Kant : la perception sensible renferme une synthèse de l'imagination, qui exerce une mise en forme spatiale. On conclura donc à la nécessité de ne pas confondre l'expérience des sens, toujours spatialisée, et qui peut être source d'illusion, quand elle prend le complexe pour le simple, et l'expérience pure et libre de tout acte de l'imagination, dans laquelle l'impression se donne infailliblement.

---

1. *Traité*, I, 2, 1, 27, 76; I, 2, 4, 42, 93.
2. *Traité*, I, 2, 1, 28, 77.

Mais en s'interdisant de recourir à l'expérience perceptive, ne prive-t-on pas l'impression de toute évidence? La poser en deçà du pensable et du perceptible, n'est-ce pas l'indéterminer totalement, alors que Hume en fait la source de toute précision? N'en vient-on pas à une sorte d'en soi inconnaissable? Si on recourt au langage de l'espace, on dira que les impressions sont des points mathématiques, non abstraits mais réels; si on recourt au langage physique, on dira que ce sont des points colorés et solides sans étendue. On contredira donc à son sujet et l'essence du géométrique et l'essence du physique. Comment concevoir un point mathématique coloré et solide? Si on recourt au langage de la sensation, on dira qu'elles sont des *minima sensibilia* absolus, indépendants de la relativité de nos sens. « L'idée d'espace est apportée à l'esprit par deux sens, la vue et le toucher; rien ne peut jamais paraître étendu, s'il n'est visible ou tangible. Cette impression se compose de plusieurs impressions moindres qui sont indivisibles au toucher et à la vue et peuvent s'appeler impressions d'atomes ou de corpuscules doués de couleur et de solidité » [1]. Mais on ne fera jamais admettre à un homme de science ou au sens commun que ces atomes ont des qualités sensibles quoique n'étant pas dans l'espace. On doit donc dire qu'en vérité l'impression est indéterminable prédicativement, et qu'elle l'est nécessairement parce qu'une telle détermination introduirait en elle une séparation. Elle n'a ni qualité ni quantité, elle n'est ni corps ni esprit, ni objet ni sujet, ni intérieure ni extérieure, ni théorique ni pratique, ni impression

---

1. *Traité*, I, 2, 3, 38, 90. Cf. I, 2, 2, 32, 83; I, 4, 4, 228, 316; et pour les embarras qui résultent de cette conception : *Enquête*, XII, 156, 274-275, note.

de réflexion ni impression de sensation. Toute différence lui
est conférée. Mais s'il en est ainsi, comment peut-elle
produire toute détermination? Hume ne déclare-t-il pas:
« Aucune impression ne peut devenir présente à l'esprit, sans
être déterminée dans ses degrés de quantité et de qualité » [1] ?

La difficulté réside moins dans une contradiction sous
laquelle l'analyse humienne tomberait, que dans l'effort
extrême auquel l'empirisme soumet la raison philosophique.
Si on raisonne par analogie avec la philosophie kantienne, on
pourra dire ceci. Toute détermination concerne l'idée ou le
concept dans son rapport à l'être; en ce qui concerne l'idée
complexe, on y parviendra par analyse et en ce qui concerne
l'idée simple on y parviendra par l'expérience de l'impression
simple correspondante. Ainsi lorsqu'on parle d'impression
colorée ou solide, c'est moins pour qualifier l'impression
elle-même, que pour rendre compte de l'idée qui en est la
copie : « Il n'est pas seulement requis que ces atomes soient
colorés ou tangibles pour qu'ils se découvrent aux sens; il est
également nécessaire que nous conservions l'idée de leur
couleur ou de leur tangibilité pour les saisir par notre imagination. Seule l'idée de leur couleur ou de leur tangibilité peut
les rendre concevables par l'esprit. Si l'on écarte les idées de
ces qualités sensibles, les atomes sont complètement annihilés
pour la pensée ou l'imagination » [2]. Mais à la différence de ce
qui se passe chez Kant, pour qui la détermination est un acte
rationnellement clair du concept, elle a chez Hume sa racine
dans la matière sensible. Si toute forme est déterminée dans

1. *Traité*, I, 1, 7, 19, 64.
2. *Traité*, I, 2, 3, 38-39, 90.

pensée, cette matière sensible, quoique qualifiée, est indéterminable, puisqu'elle est la source de toute détermination; mais elle n'est pas pour autant un indéterminé (qui aurait pour corrélat obligé une forme déterminante). En effet, l'impression est une unité indépendante, subsistant en elle-même et complète : elle est atome.

*

L'atomisme est peut-être la doctrine humienne qui a été la plus contestée ou qu'on s'est efforcé de corriger avec le plus d'ardeur, comme s'il s'agissait de protéger l'auteur du *Traité* de lui-même et de préserver de cette tache tout ce qui fait le mérite de sa philosophie, la théorie de l'imagination et de la croyance, la théorie de l'entendement et de la causalité[1]. Et cependant elle est ce noyau dans lequel l'intention empiriste de Hume peut être discernée avec le plus de pureté. L'empirisme poussé à ses extrémités (il ne saurait autrement survivre) est nécessairement atomique. Certes, il faut au préalable éviter un contresens qui alimente la plupart des critiques. Pris psychologiquement, l'atomisme impressionnel est absurde. Merleau-Ponty a raison de remarquer que l'impression ne correspond à rien dont nous ayons psychiquement l'expérience, puisque toutes les perceptions portant sur des faits appréhendent des relations et qu'elles sont elles-mêmes des totalités vécues, au sein desquelles chaque élément contient

---

1. Pour une discussion approfondie de l'atomisme de Hume, voir R. W. Church, *Humes Theory of the Understanding*, *appendice* p. 218-233 ; voir la mise au point de C. W. Hendel, *Studies in the Philosophy of David Hume* (nouvelle éd. 1963) supplément, p. 379 et *sq.*

en soi le sens de sa solidarité avec les autres[1]. Hume ne nie pas la réalité du moi, la durée de la conscience, l'unité potentielle du monde, l'activité synthétique de l'entendement et la solidarité affective des passions. Mais il considère toutes ces données de conscience comme un résultat que l'imagination produit, par association du donné primitif et absolu. Et cette vie de l'esprit doit être analysée et résolue dans les impressions originelles. Or, celles-ci, puisqu'elles sont l'expérience purifiée de toute liaison et dégagée de l'imagination, sont nécessairement atomes.

Dire de l'impression qu'elle est atome, c'est s'efforcer principalement de caractériser son unité. Cette unité est indivisible et simple. Elle n'a donc besoin de rien d'autre pour subsister : « L'unité qui peut exister isolément et dont l'existence est nécessaire pour celle de tous les nombres, est d'un autre genre ; elle doit être parfaitement indivisible et elle n'est pas susceptible de se résoudre en une unité inférieure »[2]. L'un numérique peut être qualifié de substance, si on entend par là l'existence en soi : « J'ai déjà prouvé que nous n'avons pas d'idée parfaite de substance ; et que si nous en faisons quelque chose qui peut exister par soi-même, évidemment toute perception est une substance… »[3]. Mais on ne saurait le confondre avec l'identité qui est la forme pour soi. En effet l'identité, qui est la relation la plus universelle, puisqu'elle est commune à tout être dont l'existence dure[4], suppose un travail de la part de l'imagination. « Dans cette proposition, *un objet*

1. *Phénoménologie de la Perception*, (Paris 1945) p. 9-19.
2. *Traité*, I, 2, 2, 31, 81.
3. *Traité*, I, 4, 5, 244, 333.
4. *Traité*, I, 1, 5, 14, 58.

est identique à lui-même, si l'idée exprimée par le mot *objet* ne se distinguait en rien de celle qu'exprime *lui-même,* nous ne voudrions réellement rien dire, et la proposition ne contiendrait pas un prédicat et un sujet qui pourtant sont impliqués dans cette affirmation. Un objet isolé apporte l'idée d'unité, et non celle d'identité »[1]. Pour produire cette dernière idée, il faut que, par fiction, l'imagination engendre la durée et y installe un objet qui demeurerait invariable, dans une variation supposée de temps[2]. C'est pourquoi, on ne dira pas que l'impression est identique à elle-même. Au contraire de la substance hégélienne qui contient déjà cette première médiation et peut être ainsi appelée au développement dialectique, elle possède une unité sans ouverture ni extérieure ni intérieure, une unité immédiate au double sens du mot : sans rapport et sans durée. C'est pourquoi la certitude qui est la sienne et qui est sensible, est simple et parfaite. Hegel peut dire « La certitude sensible en tant que rapport est un pur rapport immédiat »[3] parce qu'il ne vise pas cet absolu originaire, cet atome de détermination. D'autre part, si les impressions sont sans durée, et bien qu'elles soient inaltérables, elles seront dites périssables. Elles ne peuvent pas se répéter ni se pénétrer ou se mêler[4]. L'esprit n'est « rien qu'un faisceau ou

1. *Traité*, I, 4, 2, 200, 284.
2. Voir *Traité*, I, 4, 2, 200, 284 ; I, 4, 6, 253-254, 345.
3. *La phénoménologie de l'Esprit* (trad. Hyppolite Paris 1949), p. 82.
4. Voir les affirmations qui peuvent paraître contraires du *Traité,* II, 2, 6, 366, 214 ; II, 3, 9, 443, 301. En réalité Hume exprime seulement ce fait qu'en ce qui concerne les impressions, et plus particulièrement les passions, les associations sont plus fortes et révèlent moins la distinction des éléments constitutifs.

une collection de perceptions différentes, qui se succèdent les unes aux autres avec une rapidité inconcevable et qui sont dans un flux et un mouvement perpétuel »[1]. Encore l'image de l'écoulement est-elle trop riche, parce qu'elle suppose un lieu et un temps, alors que la naissance et la mort des impressions sont dépourvues de scène et sont instantanées. C'est l'imagination qui instituera entre elles des relations de contiguïté. Bref, dans le chaos primitif, qui précède toute liaison et toute forme, tout esprit et tout corps, l'être est le multiple : multitude d'existences fulgurantes qui naissent du néant et qui s'abolissent dans leur jaillissement même. A l'origine, n'est pas l'identité mais la différence. « Puisque toutes nos perceptions diffèrent les unes des autres et de tout autre chose dans l'univers, elles sont aussi distinctes et séparables et on peut les considérer comme existant séparément ; elles peuvent exister séparément et elles n'ont besoin de rien d'autre pour supporter leur existence »[2].

La différence est impensable, si on la place à l'origine, c'est-à-dire antérieurement à la ressemblance. La dire c'est même l'avoir déjà effacée. L'impression serait-elle donc un seuil toujours déjà franchi, notre perception étant spatio-temporelle et notre pensée synthétique ? C'est pourquoi on pourrait être tenté d'en faire un concept problématique et de considérer l'atomisme de Hume comme une doctrine, peut-être indispensable, puisqu'elle permet de manifester par défaut les relations, mais abstraite, parce qu'elle porte son attention sur des éléments qui ne sont pas réels. Seul est le

1. *Traité*, I, 4, 6, 252, 344.
2. *Traité*, I, 4, 5, 233, 322.

complexe. Seuls sont les vécus de perception et de pensée. L'impression serait une fiction, et l'évidence simple qui est la sienne prendrait sa source dans l'existence de la subjectivité et dans l'expérience constituée[1].

Cette thèse nous paraît inacceptable. L'analyse humienne ne consiste pas seulement à décomposer le complexe en simple (il suffirait de présenter des idées simples), mais encore à gager l'idée simple dans l'impression. Faute de cet enracinement, l'idéal de précision et de certitude ne peut être accompli. En effet, l'impression atomique est l'absolu de l'expérience et partant tout ce qu'il y a de réalité dans l'esprit. Son évidence sensible paraîtra abstraite pour toute philosophie qui, n'étant pas empiriste, y substituera quelque évidence de soi. Il ne faut donc pas inverser les rapports : ce n'est pas l'expérience atomique de l'impression qui est fictive, c'est l'expérience de soi.

En outre, l'atomisme est ce qui fonde la régression analytique, à laquelle Hume nous convie, en vue d'établir la science première. Loin d'être méthodique, il est ce qui soutient la méthode. En effet, analyser c'est percevoir la différence entre les idées, et pouvoir les séparer. « Partout où l'imagination perçoit une différence entre les idées, elle peut aisément produire une séparation »[2]. L'imagination sépare autant qu'elle unit, son pouvoir de fantaisie (*fancy*) est aussi primitif que celui d'association, il en est en quelque sorte la réciproque. Toutefois comment peut-on percevoir la différence,

1. Cf. A. Michaud, *Remarques sur le Phénoménalisme et l'atomisme de Hume*, in *Les Études Philosophiques*, 1973, numéro 1.
2. *Traité*, I, 1, 3, 10, 52.

puisqu'elle est la négation de toute relation? « Je la considère
plutôt comme la négation d'une relation que comme quelque
chose de réel et de positif »[1]. On serait tenté de conclure que la
décomposition est dans ces conditions impossible, que tout est
réellement lié et que le principe d'analyse est folie ou délire.
Ce serait le cas, si la relation elle-même était perceptible. Or,
comme telle elle n'est pas une qualité séparable de ce qu'elle
unit. Le bleu ressemble plus au vert qu'à l'écarlate et pourtant
leur simplicité exclut toute distinction en eux d'une qualité
faisant leur similitude ou leur différence. Les idées ou les
impressions simples « admettent d'innombrables ressemblances, au vu de leur apparence et de leur comparaison d'ensemble, sans avoir en commun aucune circonstance identique »[2]. Par conséquent, percevoir des ressemblances ou des
différences de qualité, c'est ni plus ni moins percevoir les
perceptions simples elles-mêmes. La comparaison de laquelle
procède l'idée complexe, ajoute si peu que la décomposition
est sans reste. Il n'y a rien dans la synthèse, qui ne soit dans les
éléments. Aussi l'imagination peut-elle percevoir des différences, parce que par la fantaisie elle défait son travail
d'association; elle peut séparer les idées parce que leur
distinction a pour source la différence des impressions. « Tout
ce qui est différent est discernable et tout ce qui est discernable
peut être séparé... Si au contraire des objets ne sont pas différents, on ne peut les distinguer; et si on ne peut les
distinguer, on ne peut les séparer »[3]. En un mot, lorsqu'elle

---

1. *Traité*, I, 1, 5, 15, 59.
2. *Traité*, *appendice*, 637, 386.
3. *Traité*, I, 2, 3, 36, 87. Cf. I, 1, 7, 18, 63; I, 3, 3, 79, 140; I, 3, 6, 86-87,
149, etc.

perçoit la différence, l'imagination régresse vers la différence absolue, c'est-à-dire atomique, des impressions, et y abolit son activité de comparaison.

Il s'ensuit, puisque toute la réalité du complexe est contenue dans les éléments simples, que la différence atomique est toujours effective qu'elle est même la présence effective de l'esprit. Il s'ensuit qu'elle menace toutes les liaisons régulières de l'imagination de décomposition et que ces liaisons ne parviennent jamais à la nécessité qui assurerait un lien assez fort pour ne pas être rompu. Toutes les relations sont des fictions, des œuvres de l'imagination, affectées d'une contingence irréductible, capable de les défaire aussitôt que produites. Il est aisé de le prouver. La croyance causale, par exemple, est une idée vive, produite par l'habitude, et plus *sentie* que pensée. Vaut-elle par la constance de l'expérience passée qui milite en faveur? Elle comporterait quelque doute, le général n'étant pas l'universel. Mais elle ne procède pas non plus d'un raisonnement. Elle vaut par sa vivacité même. La croyance causale réduit toute certitude intellectuelle à la seule certitude sensible, accomplissant en direction du futur, c'est-à-dire en projetant l'idée dans l'impression, ce que le principe d'analyse accomplit en direction du passé, c'est-à-dire en rapportant toute idée à son impression originelle. La certitude est présence, elle est l'impression ou l'analogue de l'impression, en laquelle se concentre la position de l'existence. Loin donc d'être une abstraction, l'unité atomique est ce qu'il y a de plus immédiat et de plus proche à l'esprit : son être.

*

Chez Descartes et chez Hume, il est question d'établir des vérités certaines, en les fondant dans une expérience pure. Pour atteindre ce fondement Descartes instaure l'épreuve du doute et dégage par réflexion la condition de toute certitude : l'absolue certitude du *cogito* qui est à lui-même. Au contraire Hume nous convie à nous assurer de nos idées, en nous rapportant aux impressions qui leur correspondent, c'est-à-dire en régressant vers une certitude totalement sensible, où il n'y a plus aucune raison de douter, puisque la distance de la pensée à la chose, qui est la cause de l'erreur, est abolie dans l'immanence de l'impression. Celle-ci occupe donc dans l'empirisme radical la place que le *cogito* détient dans une philosophie réflexive. Certes l'impression est conscience, sinon il n'y aurait pas de présence. Mais cette conscience ne pense pas, puisque l'impression est sentie, et elle ne renferme pas de conscience de soi, puisqu'elle est différence sans identité. Elle ne contient même pas la possibilité de la réflexion, comme la conscience naïve chez Husserl, qui naturellement s'absorbe dans son objet, mais a toujours la possibilité de droit de se reprendre dans sa pureté. La philosophie humienne transforme la réflexion en un problème. Qu'advient-il dans ces conditions du *cogito ergo sum* ? L'union du je pense et du je suis est dénouée. Toute existence est impression, y compris l'existence de l'esprit. Comme l'idée est seconde, le cogito retarde. L'expérience pure donne la pensée comme étant toujours seconde et incapable de constituer une sphère autonome. Le je pense doit se présentifier dans une impression actuelle, par rapport à laquelle il est irrémédiablement décalé. Mais du moins, si, à parler strictement, je ne puis dire : je pense, ne puis-je pas dire : je sens ? La conscience-impression n'est-elle pas sujet ? Il faut répondre négativement : cette conscience est anonyme. On pourrait attendre, qu'à défaut d'une subjectivité transcendantale, l'empirisme établisse une subjectivité empirique. Or, Hume s'accorde avec Kant ou Husserl : la subjectivité n'est pas donnée, il n'y en a pas d'impression correspondante. Et comme l'empirisme réduit l'*a priori*, elle sera le produit hasardeux de l'imagination. « Le moi, ou la personne, n'est pas une impression, c'est ce à quoi nos diverses impressions et idées sont censées se rapporter. Si une impression engendre l'idée du moi, cette impression doit demeurer invariablement la même pendant tout le cours de notre existence : car le moi est censé exister de cette manière. Or, il n'y a pas d'impression constante et invariable… Par conséquent l'idée du moi n'existe pas »[1]. Ainsi sous quelque aspect qu'on prenne la question, on en revient toujours au même point : aucune altérité, aucune transcendance, aucune formalité transcendantale n'ouvre l'impression. La déterminer comme conscience ne lui apporte rien, car la conscience en elle est sans sujet et identique au donné lui-même.

L'impression précède l'idée. L'idée est la copie de l'impression, c'est-à-dire l'être dans l'absence. « Il nous est impossible de penser à quelque chose que nous n'ayons pas auparavant senti par nos sens externes ou internes »[2]. Sans l'impression, la pensée est un néant. Or, nous constatons une

1. *Traité*, I, 4, 6, 251-252, 343.
2. *Enquête*, VII, 62, 145-146.

conjonction constante entre nos impressions et nos idées correspondantes, les premières étant toujours antérieures. Cela suffit pour que nous soyons conduits à conclure que les impressions sont la cause des idées qui leur ressemblent. « Toutes nos idées simples à leur première apparition dérivent des impressions simples qui leur correspondent et qu'elles représentent exactement »[1]. La pensée est donc un résultat. Mais il y a plus. La relation de causalité est une relation de fait, que n'éclaire aucune nécessité rationnelle mais dont l'expérience nous instruit. Le seul lien entre l'impression et l'idée repose sur la conjonction constante de ces deux termes, éprouvée empiriquement. L'impression aurait donc pu ne pas produire l'idée, la pensée aurait pu ne pas naître. Nous savions déjà que l'impression est close sur elle-même et que par conséquent rien ne l'attire vers l'idée. Il n'y a aucune liaison d'idées entre les deux. Nous pouvons maintenant affirmer que la pensée, en son surgissement, est dépourvue de raison et qu'elle ne saurait légitimer sa propre existence. Car la relation de causalité est inintelligible : nous constatons que tel phénomène est toujours accompagné de tel autre phénomène et nous sommes amenés à considérer le premier comme la cause et le second comme l'effet. Comment une existence périssable pourrait-elle produire un être durable ? Comment l'unité atomique, saturée d'existence, de l'impression pourrait-elle ouvrir cet infime décalage, dans lequel l'esprit se recule de l'actualité de l'existence ? La naissance de la pensée, ou ce qui revient au même : sa relation à l'existence, peut être connue

---

1. *Traité*, I, 1, 1, 4, 44.

empiriquement, mais non pensée évidemment. Elle n'a que la nécessité d'un effet. La pensée est aveugle à sa propre origine.

*

Telle est la source du scepticisme humien, qui n'est pas un mouvement d'humeur ou quelque préjugé contre la raison, mais qui procède directement de la volonté de fonder toute connaissance sur l'expérience première. L'empirisme est sceptique par essence. En effet la fondation de la science nous entraîne dans une régression archaïsante, qui parvient à l'absolu de l'expérience, lorsqu'elle s'immerge dans la naïveté sensible de l'impression. L'impression fonde l'idée : elle en est le fond d'être, mais elle ne la justifie pas ni dans sa réalité d'idée ni dans sa vérité. Car l'origine, qui se donne pure quand on a dépouillé l'esprit de toute forme et de toute pensée, est atome et différence. La relation et l'idée même appartiennent à l'imagination : la première est une fiction, puisque rien n'y répond dans l'être, la seconde est bien l'être, mais l'être redoublé et absent. La pensée, dans tous ses moments, depuis le premier qui est l'idée, jusqu'au dernier qui est l'identité personnelle, en passant par l'entendement ou la causalité, est donc renvoyée à une origine qui ne peut pas la légitimer, parce qu'elle en est le surplus, et qui lui interdit de se poser comme conscience absolue de soi ou comme raison première. Elle a toujours à faire l'épreuve de sa vérité dans l'impression, qu'elle n'a aucun moyen d'investir, parce qu'elle ne peut pas la rendre nécessaire.

Le prix à payer pour l'expérience pure est le renoncement au principe de raison. Cela ne veut pas dire que la science nouvelle projetée soit impossible. Au contraire l'impossibilité d'user du principe de raison nous garantit que la réduction a été menée jusqu'à son terme, que la connaissance repose sur l'expérience seule, et que la science première ne basculera pas subrepticement dans une philosophie transcendantale. Cette science sera un empirisme radical. C'est pourquoi elle apprendra de l'expérience les enchaînements de causalité, en vertu desquels l'esprit se forme peu à peu : comme perception temporelle et spatiale d'abord (conscience sensible), puis comme mémoire (conscience du temps), puis comme entendement (conscience du monde) enfin comme moi (conscience de soi). Elle parcourra les différents degrés de l'expérience : de l'expérience absolue (impression) à l'expérience perceptive, de celle-ci à l'expérience passée, puis à l'expérience possible, enfin à l'expérience comme règle. Elle découvrira comment l'esprit se sépare par degrés de l'être : d'abord dans la phénoménalité, puis dans la croyance, enfin dans la distance du moi et du monde. Aussi longtemps que la philosophie humienne sera considérée dans sa seule partie analytique, elle laissera une impression d'inachèvement et appellera la philosophie kantienne ou quelque autre doctrine. Au contraire, elle apparaîtra positive et complète, si on reconnaît que son scepticisme est science, et qu'il propose une *science de la genèse de l'esprit*. On lui a reproché son atomisme et son mécanisme absurde et impuissant : absurde, car l'esprit est représenté d'une façon dérisoire et contradictoire, quand il est expliqué par un jeu incontrôlable d'associations et de confusions produites par l'imagination ; impuissant, car à partir de la matière de l'expérience, il est impossible d'engendrer la forme de l'expérience. Mais proposer de telles critiques, c'est encore exiger que la philosophie de Hume se plie au principe de raison qui veut que les liaisons aient un sens rationnel et qu'il y ait dans la cause assez de raison pour produire l'effet. Mais si nous admettons que tout aurait pu ne pas être, que tout aurait pu être autre, cette philosophie devient alors consistante : nous avons affaire à une véritable genèse, où chaque effet, quoique produit par la cause, n'est pas dans la cause, où le surgissement des formes est une surprise tout aussi grande que la naissance des mondes d'Epicure, à partir de la chute monotone des atomes.

Chapitre III

LA GENÈSE DE L'ENTENDEMENT

L'empirisme n'entretient pas un concept univoque de l'expérience, ce qui prive la règle du retour à l'expérience de toute évidence directe. Comment cela se pourrait-il puisque ce retour se fait par une régression vers l'expérience-impression, qui précède toute mémoire, tout entendement et *a fortiori* toute raison régulatrice ? Le chaos des impressions est incapable de légitimer les constances de l'expérience passée, les lois de l'expérience possible et les règles de l'expérience critique. Mais cette plurivocité délimite le champ de l'empirisme, introduit et définit son problème essentiel : comment passer du premier de ces sens, l'expérience-impression, aux autres ? Par quelle genèse l'expérience, progressivement et empiriquement, se produit-elle en système, jusqu'à engendrer une raison qui la prend pour règle et pour limite ?

Seule l'impression résiste à l'analyse, parce qu'elle est simple et différente. Elle est par conséquent l'unique origine. Et d'elle procèdent non seulement toutes les idées complexes ou connaissances empiriques, mais aussi toutes les formes de la complexité ou relations (que l'analyse avait réduites), selon une genèse qui n'est pas tant l'histoire des connaissances humaines que l'histoire des formes sensibles, intellectuelles et rationnelles de l'esprit. L'analyse les avait abolies, parce qu'elles étaient dépourvues de toute réalité d'être; elle montrait ainsi ce qu'elles sont : des effets qui, s'ils ont quelque valeur, doivent dériver de l'expérience originaire. La radicalité de l'empirisme humien interdit qu'on s'en rapporte à la virtualité empirique des facultés humaines dont se contente Locke, ou à l'*a priori* transcendantal des conditions de possibilité qu'invoque Kant.

Cette genèse de la pensée est impensable. Comment la matière peut-elle produire la forme? Comment le multiple peut-il engendrer la relation? Comment l'identité peut-elle jaillir de la différence? Il y a plus dans les séquences temporelles que dans le divers des impressions, plus dans la nécessité que dans la conjonction constante, plus dans le moi que dans le monde, plus dans la règle que dans le donné. Ce que Hume dit dans l'*Appendice* pour le moi vaut pour toutes les formes inférieures : «Lorsque j'ai ainsi délié toutes nos perceptions particulières et que je passe à l'explication du principe de connexion qui les relie les unes aux autres et nous leur fait attribuer une simplicité et une identité réelles, j'ai le sentiment que mon explication est très déficiente et que rien, sinon l'apparente évidence des précédents raisonnements, n'a pu m'engager à la recevoir. Si les perceptions sont des existences distinctes, elles ne forment un tout que par leur liaison les unes aux autres. Mais des liaisons entre des existences distinctes, l'entendement humain ne peut jamais en découvrir » [1]. L'entendement ne peut découvrir aucune liaison réelle, parce qu'il n'en a pas d'impression et qu'il ne peut pas par conséquent lui conférer cette clarté originelle de l'expérience, il est aveugle à lui-même et est impuissant à se fonder. Hume admet donc comme Kant que l'esprit n'est pas un donné empirique; mais puisque l'évidence de l'impression réduit toute évidence rationnelle, et que la position pure et *a priori* d'un principe d'unité, tel que l'aperception transcendantale, est exclue par l'exigence du retour à l'expérience, il s'ensuit que l'esprit, comme forme, sera suspendu dans une absence d'être, qui n'est pas un pur néant, mais qui a l'existence de la fiction. L'esprit est ce supplément inintelligible, qui surgit dans la production causale du complexe : d'un côté le complexe n'est que la somme des idées ou des impressions simples conjointes qui l'engendrent; d'un autre côté, il est tel par la liaison de ses éléments, liaison qui lui confère une forme : forme sensible de la contiguïté et de la succession, forme intellectuelle de la relation, unité synthétique du moi. Ce que l'impression ne peut contenir, c'est la formalité comme telle. C'est pourquoi, la formalité est le fruit d'une genèse qui l'engendre à partir de l'impression.

Il faut donc comprendre la genèse de l'esprit de plusieurs façons complémentaires. En tant qu'elle est causale et qu'elle produit dans l'effet une formalité absente dans la cause, elle est foncièrement contingente et il est impossible de la représenter dans une notion ou de la réfléchir comme l'auto-développement de l'esprit. Elle conduit de l'en soi au pour soi, mais il n'y a en celui-là rien qui annonce celui-ci et qui prépare

---

1. *Traité*, *appendice*, 635, 384-385.

le recueillement de l'esprit dans sa propre identité. Le pour soi est un accident. D'autre part, la genèse produisant l'intelligible par une causalité obscure du sensible, passant de l'élément à la totalité, on peut l'embrasser comme l'effet de l'imagination, ou mieux, pour ne pas faire de celle-ci une faculté qui présiderait à cette histoire, comme l'imagination elle-même, qui est cette transformation de la matière en forme, de la contingence en nécessité, de la multiplicité en l'unité, de l'atome en l'identité. Il n'y a par conséquent pas de difficulté à déterminer le sens humien de la nature humaine. Celle-ci, étant dans son fond l'imagination, n'est pas une quelconque réalité empirique et anthropologique donnée, un système de facultés adjoint à l'expérience, qui assurerait son accumulation, sa transformation en science et prévision, et serait l'équivalent illusoirement empirique d'un principe transcendantal. Elle est au contraire cet espace progressivement engendré par l'histoire de l'expérience, qui mène de l'impression à la règle.

Une telle compréhension de l'empirisme humien a l'avantage de rendre compte d'abord de l'ordre du premier livre du *Traité*. Après la première partie qui établit l'expérience-impression, en rapport avec le principe d'analyse, et pose l'imagination, en tant qu'association, comme le principe producteur de l'esprit, l'ouvrage envisage les moments essentiels de la genèse : les formes sensibles ou l'espace et le temps (2e partie), les formes intellectuelles ou la causalité, c'est-à-dire l'entendement en tant qu'il est un pouvoir de liaison (3e partie), enfin le monde et le moi ou l'unité extérieure de l'objet et l'identité personnelle, dont l'analyse entraîne un renouvellement de la critique empiriste de la substance (4ᵉ partie). Ce respect de l'ordre du *Traité* conduit à ne pas détacher la doctrine de la causalité de l'ensemble dans lequel elle prend place et, si nouvelle ait-elle été par rapport aux prédécesseurs de Hume, si féconde ait-elle été pour la postérité, à ne pas la surévaluer. En même temps, quoiqu'il faille à juste titre mettre en avant le caractère déterminant de la théorie humienne de la croyance[1], quoique cette théorie témoigne éminemment que le scepticisme de Hume est positif, parce que la croyance est un principe naturel efficient, il importe cependant de ne pas l'isoler, de ne pas la séparer de la doctrine de l'impression qui la supporte.

On s'est plu, d'autre part, à remarquer que Hume ne respecte pas son principe, qu'à toute idée correspond une impression, puisqu'il doit au cours du *Traité* reconnaître d'autres objets de l'esprit, comme l'espace et le temps, les relations, les croyances, ainsi que tous les principes qui produisent ces objets. Faut-il taxer Hume d'inconséquence ou considérer que le principe d'analyse, lié à la nature de l'idée, est un préjugé que l'auteur assume, parce qu'il appartient à son temps, mais qu'il remet en cause dans la partie originale de son œuvre[2]?

---

1. Sur laquelle N.K. Smith insiste, dès son article de 1905, « The Naturalism of Hume » *Mind*, vol. 14, 1905 (article repris dans *The Philosophy of David Hume*) et sur laquelle renchériront de nombreux commentateurs, par exemple R. W. Church, *Hume's Theory of the understanding*, introduction ; A. Flew, *Hume's Philosophy of Belief*.

2. Comparer N.K. Smith, *op. cit.*, p. 218, p. 279 etc. et l'article de J. Laird, « Impressions and Ideas : a note on Hume », *Mind*, 1943, new series 52. G. Deleuze, dans *Empirisme et subjectivité*, chap. VI, demande qu'on ne fasse pas de l'atomisme un piège pour la philosophie de Hume, et qu'on ne cherche pas dans l'expérience un pouvoir constituant. Ce pouvoir qui constitue le sujet dans le donné, il l'impute aux Principes de la nature

On insistera alors sur le mécanisme qui organise les relations et fait du donné un monde, mais en exposant Hume à l'accusation de psychologisme, puisqu'il rend compte de ce mécanisme naturellement et non logiquement. Or, si l'on comprend l'empirisme humien comme l'étude de la genèse de l'esprit, ces difficultés et ces critiques disparaissent. En effet, tout ce qui est dans l'esprit et n'est pas un élément, c'est-à-dire en définitive l'esprit lui-même, est forme. Il faut analyser non pas comment le système des formes fonctionne, ce qui supposerait qu'il fut un donné, mais comment il est produit, et de telle façon que ce produit soit toujours considéré lui-même comme une fiction. Cette modification de perspective ne supprime pas le problème de la forme ou de la relation : comment l'élément peut-il engendrer la totalité ? Comment de la matière la forme peut-elle naître ? Mais ce problème ne doit plus être opposé à Hume comme une objection : il est intérieur à sa philosophie et en prescrit la direction.

*

L'espace et le temps, ou les formes sensibles, sont les premiers moments de l'esprit.

L'impression ou l'existence est présence. Elle est hors du temps, absorbée qu'elle est dans le surgissement et la mort. L'idée, ou l'être absent, peut demeurer, mais considérée en elle-même elle ne dure pas, car la durée est une fiction de

humaine et récuse les problèmes de genèse. Mais il ne peut ainsi écarter la perspective génétique qu'en rendant la nature humaine constitutive. Que peut signifier une constitution naturelle ?

l'imagination, qui soumet ce qui permane à une variation supposée de temps[1]. Ces deux sortes de perceptions ne sont pas non plus dans l'espace, car la simultanéité suppose que la perception passée demeure à côté de la perception présente, de façon à en former un tableau. L'espace et le temps doivent donc jaillir du donné atomique et multiple, de la différence absolue des perceptions.

Il est important d'observer que dans le *Traité*, Hume aborde l'espace et le temps à travers la question de savoir s'ils sont divisibles à l'infini. Certes l'actualité au XVIIIe siècle des discussions sur l'infini, sur le vide, sur les qualités élémentaires de la matière, la nécessité de combattre les apories de Bayle à ce sujets[2], peuvent justifier que Hume en vienne à poser, dans la 3e section seulement, la question qui lui est propre : Quelle impression correspond aux idées d'espace et de temps? Mais il y a surtout une solidarité intime entre les deux questions. La possibilité d'une division à l'infini de l'espace et du temps signifierait l'échec du principe d'analyse, qui se montrerait incapable d'atteindre l'élément simple qui est l'impression. Aussi l'argument selon lequel, l'esprit étant fini, les idées de l'espace et du temps, et partant l'espace et le temps, sont composés d'un nombre fini de parties réelles, non spatiales, et non temporelles[3], ne fait qu'exprimer l'exigence du principe d'analyse et la thèse empiriste fondamentale que tout être est nécessairement actuel. Prouver le caractère fini de la décomposition de ces deux idées, c'est signifier leur origine

1. *Traité*, I, 2, 3, 37, 88-89; I, 2, 5, 65, 120; I, 4, 2, 200-201, 284.

2. Sur l'influence de Bayle, en ce qui concerne l'espace et le temps, voir N.K. Smith, *The Philosophy of David Hume*, chap. 14 et *appendices*.

3. *Traité*, I, 2, 1, 26-27, 75-76. Cf. Berkeley, *Principes*, § 123 et *sq.*

empirique et ordonner la totalité synoptique ou successive qui les caractérise à l'impression élémentaire. Le sensible est multiple, mais la multiplicité elle-même du sensible n'est pas un donné primitif, la juxtaposition des points ou des instants étant plus que le chaos brut. Il est donc légitime de chercher l'impression correspondant aux idées d'espace et de temps, quoique cette recherche contienne déjà l'affirmation qu'il n'y a pas une impression distincte de l'espace et du temps. Autrement dit, Hume pose complémentairement et l'apostériorité de l'espace et du temps et leur formalité. Ce sont des formes sensibles empiriques.

La difficulté qu'il y a à penser un tel concept (ce qui ne signifie pas qu'il soit chimérique), apparaît dans la façon dont Hume détermine les idées d'espace et de temps. On admettra aisément que ces idées soient complexes. Mais comment l'auteur du *Traité* peut-il dire qu'elles sont abstraites[1], puisque l'idée abstraite n'est jamais qu'une idée particulière, qui représente grâce au mot d'autres idées semblables, et à laquelle correspond une impression correspondante, alors que l'espace et le temps ne peuvent être ramenés à une impression séparée et différente ? En vérité, l'abstraction est seulement ici l'indice qu'on a affaire à des idées complexes qui unissent, selon la contiguïté, une diversité de perceptions, et qui ne sont pas séparables des idées concrètes associées[2]. Quoiqu'ils ne soient pas des qualités des impressions elles-mêmes, puisque celles-ci sont simples, l'espace et le temps ne sont cependant

1. *Traité*, I, 2, 3, 34-35, 86.
2. Il manque ici l'équivalent empirique de la distinction que Kant fait au début de la *Dissertation* entre totalité de coordination et totalité de subordination.

pas des réalités données indépendantes de ce qui les remplit. Tout espace est un ensemble plein de points colorés et impénétrables, tout temps est une suite variée et sans uniformité de perceptions. Mais ils se distinguent de ces objets en tant qu'ils en sont l'ordre de contiguïté. « De même que nous recevons l'idée d'espace de la disposition des objets visibles et tangibles, de même nous formons l'idée de temps de la succession des idées et des impressions ; et il est impossible que le temps puisse jamais se présenter ou que l'esprit puisse le percevoir isolément » [1]. Cette affirmation ne résorbe pas la difficulté. En effet, nous aurons ainsi une idée distincte de l'espace et du temps, quoiqu'ils ne soient pas séparables des objets. Hume n'hésite pas à dire qu'ils sont perceptibles [2] : Or, peut-on percevoir un ordre de coexistence ou un ordre de succession ? La contiguïté n'est-elle pas plutôt l'un des trois principes en vertu desquels l'imagination associe les perceptions simples [3] ?

Comme l'idée de l'espace, « l'idée de temps n'est pas dérivée d'une idée particulière mêlée aux autres et qui en soit clairement discernable ; mais elle naît toute entière de la manière dont les impressions apparaissent à l'esprit, sans correspondre

1. *Traité*, I, 2, 3, 35, 86.
2. *Traité*, I, 2, 3, 35, 87, Hume parle ailleurs de la réalité du temps et de l'espace. *Traité*, I, 3, 14, 168-169, 245.
3. C'est toute la difficulté de la contiguïté. Est-elle une relation d'impressions ou d'idées ? Appartient-elle au *feeling* ou à l'imagination ? Il faut remarquer qu'elle lie une idée (l'impression passée) et une impression présente ; que d'autre part l'imagination, lorsqu'elle associe par contiguïté, est liée et fidèle. La contiguïté est donc l'imagination encore sensible ou le sensible déjà imaginaire.

à l'une d'entre elle en particulier » [1]. L'espace est l'idée de la coexistence, le temps celle de la succession. Coexistence et succession appartiennent aux impressions, quoiqu'elles n'en soient pas un caractère, puisque, considérées en elles-mêmes, les perceptions sont indifférentes absolument et qu'on ne peut dériver d'elles un ordre, quel qu'il soit. Elles sont donc les *manières* dont les perceptions *apparaissent*. Ce terme de *manière* est irrémédiablement indéterminé, mais, qu'il s'agisse des formes sensibles ou de la croyance qui est une manière de concevoir, il concerne toujours le *feeling*. Or, ce qui est remarquable, c'est que le sentir ait une manière, qu'il ne soit plus purement et simplement l'impression, mais qu'il y ait pour lui désormais un apparaître de l'être donné. Par exemple on ne sent pas de la même manière une impression qui dure, qui est par conséquent, en tant qu'elle est, hors du temps, et pour laquelle le sentir est identique au senti, et par ailleurs une suite d'impressions. Dans ce dernier cas, l'esprit n'est plus l'impression : s'est creusée la distance de la phénoménalité, distance infime, puisque (comme l'affirmera Kant par la suite) l'espace et le temps qui sont la forme de cette phénoménalité, n'étant pas impressions, sont cependant sentis eux-mêmes, dans la coexistence ou la succession des perceptions. Dans l'espace et le temps, les impressions deviennent phénomènes pour un esprit qui est par là-même déterminé comme réceptivité. Ou mieux : l'esprit est l'ordre d'apparition des impressions.

---

1. *Traité*, I, 2, 3, 36, 88 ; cf. Berkeley, *Principes*, § 98 « le temps n'est rien, abstrait de la succession des idées dans nos intelligences ».

Comment comprendre cette phénoménalité ? De Hume à Kant, il n'y a qu'un pas qu'il ne faut pas franchir. En effet la réceptivité de l'esprit n'est pas *a priori*. Ceci veut dire que les impressions, par l'effet d'une opération aussi originaire que le *clinamen* d'Epicure, sont sorties accidentellement du chaos positif, se sont phénoménalisées en suscitant un ordre de coexistence ou de succession dans la diversité, et ont ainsi donné naissance à l'esprit, comme forme sensible de l'espace et de temps. Cet avènement est obscur (mais l'idée d'un *a priori* sensible n'est-elle pas chez Kant tout aussi obscure ?). Mais Hume nous propose quelques lumières. S'interrogeant sur la question de savoir pourquoi les objets qui nous sont les plus contigus dans l'espace et dans le temps font plus d'effet sur nos conceptions et nos passions, il déclare : « l'imagination ne peut oublier totalement les points de l'espace et du temps où nous existons effectivement... Quand donc nous réfléchissons à un objet distant de nous, nous sommes obligés non seulement de l'atteindre tout d'abord en traversant l'espace intermédiaire qui est entre nous et l'objet, mais aussi de renouveler à tout moment notre progrès, puisque, à tout moment, nous sommes rappelés à la considération de nous-mêmes et de notre situation présente »[1]. L'esprit est toujours ramené au présent de l'impression, qui est la seule existence. Mais en tant qu'imagination, il passe par tous les instants de la succession ou, pour le dire plus nettement, il est cette succession elle-même dont il ne peut abolir un moment et au sein de laquelle se déplace sans fin sa présence. Aussi un rapport complexe s'établit-il entre l'impression et l'esprit.

1. *Traité*, II, 3, 7, 427-428, 285.

D'une part l'impression situe incessamment et originairement l'esprit dans le maintenant renouvelé (et éventuellement dans l'ici conservé). Mais d'autre part l'esprit, se déployant comme phénomène, échappe à la mort de l'impression, l'inscrit dans l'ordre de la succession qu'il remplit d'une présence toujours ranimée.

On comprend mieux alors comment l'espace et le temps se complètent et se renforcent[1]. Le temps est plus primitif que l'espace, car il sourd de la différence périssable des impressions. C'est par lui qu'on peut s'assurer de la divisibilité finie de l'étendue, puisqu'il faudrait à un espace divisible à l'infini, un temps infini, ce qui signifierait l'impossibilité d'atteindre l'existence ou la présence simple[2]. La succession est l'exclusion mutuelle par laquelle les perceptions s'éliminent les unes après les autres, de façon contingente. Ce flux primitif est ce qui fait de la durée une idée fictive, puisqu'elle implique qu'une même impression ou objet demeure, alors que d'autres se succèdent dans le même temps. Or, toute nouvelle perception chasse la précédente. Mais la succession se perdrait si ses divers moments n'apparaissaient pas solidaires et ne surmontaient pas le simple écoulement. Cette fonction d'assemblement, de globalisation, c'est l'espace qui l'exerce : il tient ensemble, il met en image ou en apparence la dispersion ; il fait la synopsis des existences. En ce sens toute saisie de l'ordre est spatiale. Mais tout ordre est par là-même imaginaire. Le mot *appearance* utilisé par Hume a la double signification d'apparition et d'apparence : l'ordre est vu, mais il est parfaitement

1. *Traité*, I, 2, 2, 31, 81 ; II, 3 ; 7, 429-430, 286-287.
2. *Enquête*, XII, 157, 276.

inconnu parce qu'on ne comprend pas comment la succession s'y soumet [1]. Celle-ci est encore au plus près de l'être atomique des impressions : pour que la multiplicité prenne une forme dans le phénomène, il faut que s'exerce un principe, qui est imaginant parce qu'il produit une image là où il y n'y avait qu'un chaos. De là vient la distinction entre les intuitions spatiales et les intuitions temporelles : les premières contiennent toujours quelque confusion parce qu'elles saisissent comme un être unique, cimenté par la coexistence, ce qui est en vérité une impression complexe, composée d'impressions simples successives ; les secondes nous renvoient toujours à la différence originaire, quoiqu'elles se composent à leur tour par le moyen de l'espace. Toute intuition est un équilibre entre le pouvoir composant de l'espace et le pouvoir analytique du temps ; le second l'enracine dans l'être, le premier l'ouvre à l'entendement.

Ainsi dans le phénomène spatial et temporel, l'ordre jaillit du multiple. Il ne s'agit encore, il est vrai, que de l'ordre sensible de la diversité [2], mais ayant quitté l'existence de la simple impression, la genèse est entrée dans la sphère de l'imagination.

*

Les diverses parties de l'espace peuvent être appréhendées simultanément et leur ordre être embrassé en un seul acte de l'esprit. Il n'en va pas de même pour le temps, l'acte de

1. *Traité*, I, 2, 4, 49, 101.
2. *Traité*, I, 1, 14, 168-169, 245.

l'esprit n'étant lui-même qu'un moment de la succession. Toute conscience du temps est nécessairement prise dans la perception de l'instant présent. Mais aussi longtemps que l'esprit est fixé dans celui-ci, le temps lui échappe, et avec le temps, sa propre durée. Il faut donc qu'il appréhende la temporalité qui le traverse, et qu'il embrasse le passé et l'avenir.

Les problèmes posés par le passé et l'avenir ne sont pas identiques. En effet l'expérience passée rassemble des impressions qui ont été présentes, découvre des constances dans ces présences évanouies, mais conservées dans l'idée. Au contraire, par un acte extraordinaire pour l'empirisme qui est soucieux d'abord de l'immédiat et de l'actuel, l'expérience possible anticipe sur l'être et pose une existence qui n'est pas donnée. C'est pourquoi l'attention du philosophe sera plus retenue par l'entendement que par la mémoire, s'attachera plus à la croyance causale qu'à la croyance du souvenir. Et cependant la mémoire est peut-être plus mystérieuse, parce qu'elle est plus proche de l'impression. Elle est en tout cas indispensable à l'entendement lui-même, puisque l'inférence causale repose sur la répétition d'un même ordre temporel, alors que dans l'impression rien ne revient identique et que tout ordre est menacé par la nouveauté. Il faut donc le travail de la mémoire, pour arracher au flux destructeur les objets de la connaissance, pour produire des habitudes et des attentes. Parce que tout vient de l'expérience, il est indispensable que l'expérience puisse être acquise et conservée. L'importance de la mémoire ne se mesurera donc pas au peu de pages que Hume lui consacre [1].

Les perceptions de la mémoire, étant le rappel d'une existence passée, sont des idées, quoique Hume n'hésite pas à les nommer impressions, parce qu'elles sont vives, alors que les idées de l'imagination sont faibles [2]. A parler strictement, ce sont des objets de croyance. Prises dans leur simplicité, les idées sont identiques aux impressions correspondantes et sont d'une fidélité absolue. Leur conservation dans l'imagination repose sur une sorte de mémoire élémentaire et infaillible, qu'on peut appeler rétention et qui n'est pas distincte de l'imagination elle-même, prise comme simple faculté de penser. En outre, on peut bien dire que toutes les idées simples ont été, puisqu'elles ont une origine impressionnelle. La distinction de la mémoire et de l'imagination porte donc sur des idées complexes, c'est-à-dire sur l'ordre temporel d'association. Alors que l'imagination ou plus exactement la fantaisie (*fancy*) peut composer comme il lui plaît les idées simples, la mémoire conserve leur ordre. « Le rôle principal de la mémoire est de conserver non pas les idées simples, mais leur ordre et leur position » [3]. Or, ce pouvoir est énigmatique. En

1. *Traité*, I, 1, 3 et 1, 3, 5. Les deux textes ne coïncident pas exactement : dans l'analyse du fondement de la mémoire, le premier insiste sur la conservation de l'ordre, le second sur la vivacité de l'idée. La différence tient à ce que les deux passages n'occupent pas la même place dans le *Traité*, l'un étant solidaire des évidences primitives, l'autre posant une question critique : comment distinguer la mémoire de l'imagination ? Voir aussi *Traité*, I, 3, 13, 153-154, 228-229.

2. Le titre de la section 5 du *Traité*, I, 3, est : « Les impressions des sens et de la mémoire ».

3. *Traité*, I, 1, 3, 9, 51.

effet, à parler exactement, le donné est chaos et tout ordre résulte des principes d'association de l'imagination, de sorte que le souvenir dépend de cette faculté. D'autre part, la fantaisie (pouvoir de séparation) est plus originaire que l'association, car elle n'est rien que la marque de la différence des impressions, qu'aucun ordre, si fort soit-il, ne surmontera définitivement. «Puisque l'imagination peut séparer toutes les idées simples et qu'elle peut les unir de nouveau sous quelque forme qui lui plaît, rien ne serait plus inexplicable que les opérations de cette faculté, si quelques principes universels ne la guidaient, qui la rendent uniforme, dans une certaine mesure, en tout temps et en tout lieu»[1]. Originairement, le désordre précède l'ordre, et secondairement le menace toujours. C'est la tâche de la mémoire d'endiguer le flux des impressions, de leur reconnaître une contiguïté, qui ne peut exister qu'en elle. Mais l'ordre n'existe que dans ce qui le conserve et ne peut être vérifié par répétition du passé, car il répète le désordre des impressions. La distinction de l'imagination et de la mémoire se ramène donc à la distinction d'une imagination folle et d'une imagination régulière, de la fantaisie et du souvenir.

Ne pouvant établir par elle-même cette distinction, l'imagination est conduite à s'en rapporter à une autre de ses qualités, qui la lie à l'impression : la vivacité. Les idées de la mémoire sont plus vives que les idées de la fantaisie, et n'en diffèrent que par le *feeling*. «Ces facultés se distinguent seulement par la manière différente dont elles sentent (*a*

1. *Traité*, I, 1, 4, 10, 53.

different feeling) les idées qu'elles présentent… »[1]. Et comme ce *feeling* n'est pas l'effet du passé sur l'esprit, puisque le passé est mort, il doit être compris comme un acte de croyance qui rend présente chacune des idées qui entrent dans la succession. Le passé est le retour de l'idée à l'existence dans la vivacité de la croyance. C'est pourquoi la conscience du temps comprend l'extension du souvenir, qui réunit l'idée au présent qu'il occupe.

Il reste à comprendre comment la mémoire est capable de rendre vives des idées et de s'assurer de l'authenticité d'une chaîne de perceptions ou d'événements passés. Toute croyance dépend de l'existence d'une impression vive et résulte du transfert de la vivacité de l'impression à l'idée faible. Il importe donc qu'impressions et idées soient associées par un principe de l'imagination qui assure la transitivité de l'existence[2]. Dans le souvenir, la contiguïté assure un tel passage : l'imagination remonte avec plus ou moins de facilité la série des perceptions passées, sans sauter aucun maillon, instaurant un flux lié et en quelque sorte contraire à l'écoulement des impressions périssables, et transfère la puissance du présent au passé. L'esprit n'a pas d'autre garantie de la véracité de la mémoire que la croyance en elle-même, c'est-à-dire que l'exercice régulier d'un principe de l'imagination. La mémoire ne dispose pas de la facilité qu'a la croyance causale, celle de la vérification. Le passé étant définitivement aboli, il est connu à partir du présent, selon un ordre qu'il est impossible d'arracher à l'imaginaire.

---

1. *Traité, appendice*, 628, 377.
2. *Traité*, I, 3, 5, 86, 148. Cf. II, 3, 7, 427-428, 285.

Cette analyse décrit le souvenir mais ne le justifie pas. Elle suppose qu'on peut distinguer le souvenir et la fantaisie, en se rapportant à la vivacité de la croyance mémorielle. Mais il faut accepter celle-ci, sans autre preuve, se laisser porter par l'assentiment qu'elle renferme. « Croire, c'est dans ce cas sentir une impression immédiate des sens ou la répétition de cette impression dans la mémoire »[1]. La mémoire est l'effet d'une croyance *naturelle*.

*

« La croyance qui accompagne notre mémoire est de même nature que celle qui se tire de nos jugements »[2]. Dans les deux cas elle est une idée vive produite à partir d'une impression présente. Cependant, il n'en va pas de l'avenir comme du passé ; d'un côté la seule contiguïté temporelle suffit à causer la croyance, de l'autre côté, il faut des constances qui engendrent des attentes ou des habitudes. Là l'idée vive n'a d'autre force qu'elle-même, ici elle est soutenue par une impression de réflexion qui la rend nécessaire. C'est pourquoi le temps n'est pas un continu homogène : il est tantôt l'objet de la mémoire, tantôt l'objet de l'entendement. Le passé forme une suite qui s'accroît au fur et à mesure que l'impression se renouvelle ; le futur au contraire rompt avec le donné, pour être posé par anticipation, sans expérience actuelle. Pour le prévoir, il faut des liaisons nécessaires qui rendent l'ordre passé contraignant et en fasse une loi. Cette

---

1. *Traité*, I, 3, 5, 86, 148.
2. *Traité*, I, 3, 13, 154, 228.

nécessité ne peut appartenir à l'expérience passée, il faut qu'elle soit produite par celle-ci et qu'elle prenne une forme indépendante, celle de l'entendement. Alors que le passé temporalise l'impression présente, le futur intellectualise le passé et l'organise en système.

L'entendement est un système de relations philosophiques. Ces relations sont elles-mêmes l'effet des relations naturelles, c'est-à-dire des principes d'association de l'imagination. La différence consiste en ceci : ou le terme de relation désigne la *circonstance* (qualité, quantité, causalité, etc.) par rapport à laquelle l'entendement entreprend de comparer deux idées, ou elle est la transition (contiguïté, ressemblance, causalité) par laquelle l'imagination passe d'une idée à une autre[1]. L'association, étant naturelle, est impensable, puisqu'elle précède le concept et le produit sous forme d'idée complexe. Seule la relation philosophique peut-être pensée, car elle résulte d'un acte de comparaison de la part de l'entendement. Mais comment peut-elle être pensée, alors qu'elle n'est pas la condition, mais l'effet de l'association ? N'est-il pas nécessaire d'en faire une catégorie ? A cette question Hume répond en faisant de la relation philosophique une idée complexe, qui n'est pas séparable des termes qui la constituent, et qui, quoique complexe, est concrète. On ne saurait se représenter généralement l'idée de ressemblance, d'identité, de contiguïté, etc. Ce sont à chaque fois deux idées particulières liées. Une idée est pensable quand ses éléments

1. *Traité* I, 1, 5, 13-14, 57. Cf. Locke, *Essai*, II, 25. Sur cette difficile distinction qui s'estompe dans l'*Enquête*, voir J. Laird, *Hume's Philosophy of Human Nature*, p. 47 et *sq.* ; N.K. Smith, *The Philosophy of David Hume*, p. 248-250.

sont tous déterminés, c'est-à-dire lorsqu'elle est analysable.
Si on insiste, mettant en avant qu'il y a dans le complexe un
surplus qui n'est pas contenu dans les termes et qui est précisément la relation, Hume dira que ce surcroît est seulement
l'association naturelle de l'imagination, qui fait l'unité de
l'idée complexe et lui confère un sens un[1]. Sur cette unique
position l'empirisme humien est obligé de camper, offrant
une analyse sceptique en alternative à une philosophie *a
priori*.

Les trois principes d'association produisent sept relations
philosophiques, qui se répartissent en deux classes : celles qui
dépendent de la seule comparaison entre les idées et qui,
reposant sur la ressemblance ou la conformité de ces idées,
sont invariables et nécessaires : la ressemblance, la contrariété, les degrés de qualité, les rapports de quantité ou de nombre ; celles qui peuvent être modifiées sans changement dans
les idées et qui par conséquent nous sont connues seulement
par expérience : les relations de temps ou de lieu (la contiguïté), l'identité et la causalité[2]. On remarquera le partage qui
s'établit ainsi entre la ressemblance d'un côté et de l'autre la
contiguïté, la causalité, auxquelles il faut adjoindre le cas
particulier de l'identité : ces trois dernières relations ont
affaire à un acte de croyance. La première conduit à une
connaissance absolument certaine ; les secondes qui sont
dérivées de l'expérience et concernent des existences de fait,

---

1. Cf. R. W. Church, « Hume's Theory of Relations », *Philosophical
Review*, 1941, tome 50, p. 353-367.

2. Sur cette division entre la connaissance et la probabilité voir *Traité*, I,
3, 7, 95, 159 ; I, 3, 11, 124, 194 ; II, 3, 3, 413-414, 268-269 ; *Enquête* IV, 25,
7082 Cf. Berkeley, *Principes* § 31.

permettent une connaissance seulement probable. Ces deux classes sont à leur tour divisées par une même distinction entre les relations qui font l'objet d'une intuition et celles qui font l'objet d'une démonstration. Dans ces dernières on trouve respectivement les relations mathématiques de quantité et de nombre, qui sont des complications de l'intuition, et la causalité, qui n'est perceptible d'aucune façon, à la différence de la contiguïté et de l'identité. Ce qui caractérise donc en propre la causalité, c'est qu'elle n'est ni perçue intellectuellement, ni perçue sensiblement, mais qu'elle est toujours engagée dans une inférence que ne garantissent ni la raison ni l'expérience actuelle. La causalité n'est pas une qualité des choses. Bref, « des trois relations qui ne dépendent pas uniquement des idées, la seule qui peut être suivie au delà de nos sens et qui nous informe de l'existence d'objets que nous ne voyons ni ne touchons, c'est la causalité »[1]. Dans l'inférence causale seulement, l'esprit est proprement actif et mérite le nom d'entendement, puisqu'il se porte au delà du donné pour découvrir, dans un jugement, une existence réelle ou des relations entre les objets, ce qu'il peut accomplir parce qu'il rassemble l'expérience passée, l'organise et en tire des lois.

On voit donc l'importance de la causalité pour l'empirisme : elle dépasse l'expérience. Comment l'entendement peut-il transgresser l'expérience donnée dans l'expérience possible ? Cette question exige une analyse de la fonction de liaison de l'entendement[2], analyse qui conduit à la critique de

---

1. *Traité*, I, 3, 1, 74, 133-134 ; Cf. I, 3, 6, 89, 152.
2. On ne vise pas par ce terme la distinction kantienne entre jugements analytiques et jugements synthétiques, car les relations d'idées sont en ce sens déjà synthétiques, c'est-à-dire complexes. On entendra pas synthèse ce

toute connaissance empirique des lois, et par conséquent de la science newtonienne elle-même. La doctrine de la causalité est la doctrine de la philosophie naturelle.

L'acte de l'entendement est une opération complexe qu'on peut comprendre de la façon suivante. Dans une inférence causale, à partir d'une expérience actuelle, qui nous donne dans l'impression l'existence de la cause ou de l'effet, nous inférons immédiatement l'existence de l'effet ou de la cause, dont nous n'avons que l'idée, de telle façon que la vivacité de l'impression est transférée à cette idée, qui devient croyance. Mais à la différence de ce qui se passe pour la mémoire, dans laquelle la relation de contiguïté entraîne directement la croyance, l'inférence causale n'a lieu qu'à la lumière de l'expérience passée, après que l'esprit a observé une conjonction constante entre la cause et l'effet, liées par contiguïté et par antériorité. L'inférence est perçue comme nécessaire (comment pourrions-nous sans cela déborder le donné ?). L'observation répétée de la liaison des deux existences, dans l'expérience passée, n'opère pas comme une condition de possibilité, puisque du général on ne peut tirer le nécessaire, de ce qui a eu lieu ce qui doit avoir lieu, mais comme une cause qui produit une habitude, laquelle détermine l'esprit à l'inférence. Cette détermination est une impression de réflexion, qui a pour correspondant l'idée de nécessité. Tel est le principe de l'inférence causale. Il est clair qu'il faut en respecter tous les éléments, pour ne pas glisser

fait que l'entendement, pour pratiquer l'inférence causale, récapitule l'expérience passée.

subrepticement soit dans le psychologisme soit dans une analytique transcendantale.

On se garantira d'un tel risque en prêtant attention à ce que l'*Enquête* affirme avec tant d'insistance dans les sections 4 et 5, à savoir, que l'analyse proposée de la causalité est une analyse *sceptique* jusque dans la solution qu'elle apporte. Il ne s'agit pas d'affirmer qu'il puisse exister des existences sans cause, des phénomènes sans liaison[1], mais d'examiner les fondements de nos inférences. Or, la connaissance de la cause et de l'effet ne s'obtient pas par des raisonnements *a priori*, qui tirerait de la cause la réalité de l'effet. Car tout peut être cause ou effet de tout. « Tout effet est un événement distinct de sa cause. On ne peut donc le découvrir dans la cause, et la première invention ou conception qu'on en fait *a priori* doit être entièrement arbitraire »[2]. L'inspection des idées, la connaissance de leur essence n'apporte rien à cet égard, car l'objet de nos inférences est, non une qualité des choses, mais bien leur existence. Et puisque celle-ci n'est pas une qualité, « il n'y a pas d'objet qui implique l'existence d'un autre objet, si nous considérons ces objets en eux-mêmes, si nous ne

1. Hume se défend vigoureusement d'entretenir une telle opinion, qui ruinerait toute science ; voir en ce sens *Enquête*, IV, toute la 2ᵉ partie. Voir aussi la lettre à J. Stewart, (février 1754), *Lettres* I, 187. C'est au nom d'un déterminisme strict que Hume refuse d'entendre par *chance* ce qui n'aurait pas de cause. (*Traité*, I, 3, 12).

2. *Enquête*, IV, 30, 89. Cf. *Traité*, I, 3, 3. Sur les arguments successivement réfutés par Hume dans ce dernier texte, voir Hobbes, *Of Liberty and Necessity* ; *my Opinion about Liberty and Necessity* ; *my Reasons*, éd. Molesworth, IV, p. 276. Clarke, *A demonstration of the Being and Attributes of God* (Londres 1705) p. 125. Locke, *Essai* IV, 10, 3 et 8. Cf. J. Laird, *Hume's Philosophy of Human Nature*, p. 96-101.

regardons pas au-delà des idées que nous nous en faisons »[1].
C'est donc de l'expérience qu'il faut procéder. Mais l'argument se révèle tout aussi critique sur ce point, parce que la
liaison causale n'est pas plus une qualité réelle, tirée d'une
impression, qu'une qualité conclue, puisque l'expérience
saisit seulement des impressions et que toute impression est
différente et séparable. *A priori* comme *a posteriori*, le
fondement de la causalité nous échappe, même si l'expérience
quotidienne et la science montrent que nous ne cessons de
nous livrer à des inférences causales[2]. On répondra qu'il est
assurément vain de prétendre découvrir ce fondement, à partir
d'une liaison causale particulière, mais qu'il faut prendre en
compte la constante conjonction de la cause et de l'effet, la
répétition de leur contiguïté et de l'antériorité de la première
sur la seconde. Or, l'expérience passée, si elle nous instruit
véritablement de ce qui a eu lieu, si elle nous enseigne la contiguïté régulière entre deux objets, pour autant que nous avons
pu la constater, ne nous autorise pas à étendre cette information à ce qui doit avoir lieu et à transformer la généralité en

---

1. *Traité*, I, 3, 6, 86-87, 149.
2. Cette critique de la causalité réelle rappelle la doctrine des causes
occasionnelles de Malebranche (cf. *De la Recherche de la vérité*, VI, 2, 3).
Hume fut un lecteur attentif de Malebranche, dont l'influence est sensible en
ce qui concerne la causalité, l'identité personnelle et la connaissance que
nous aurions de la substance spirituelle. Cf. R. W. Church, « Malebranche
and Hume », *Revue Internationale de Philosophie*, vol. 1, 1938. Berkeley
disait de son côté, dans les *Principes* § 65 : « la connexion des idées implique
non pas la relation de cause à effet, mais seulement celle d'un indice et d'un
signe à la chose signifiée ».

nécessité[1]. Toute inférence causale est donc une présomption de la part de l'entendement, présomption qu'aucun argument n'est capable de légitimer : d'où suppose-t-on que le futur sera conforme au passé ? Comment prouver empiriquement que le cours de la nature est uniforme, puisque cette uniformité est déjà nécessaire à cette preuve empirique ? Les événements à venir renferment la possibilité que tout l'ordre de la nature change, car le surgissement d'une impression nouvelle est marqué du sceau de la contingence radicale, qui est celle de l'être donné. « Pourquoi cette connaissance [procurée par l'expérience passée] s'étendrait-elle au futur et à d'autres objets qui, pour autant que nous le sachions, peuvent être semblables seulement en apparence ? telle est la question principale sur laquelle je voudrais insister »[2]. C'est cette question, à laquelle la raison ne peut répondre, mais qu'une analyse naturaliste résoudra, analyse qui commande la construction complexe de la 3ᵉ partie du 1ᵉʳ livre du *Traité* et le détour qui est imposé par la 2ᵉ section : il faut substituer à la recherche du fondement de la connexion nécessaire, la détermination des causes qui la produisent dans l'esprit, et commencer par l'examen de l'inférence causale. « Peut-être apparaîtra-t-il à la fin que la connexion nécessaire dépend de l'inférence, au lieu que ce soit l'inférence qui dépende de la

1. Le mathématicien et physicien hollandais S. Gravesande affirmait que l'inférence causale ne pouvait être tirée ni de la raison ni des sens, mais du principe que « nous devons considérer comme vrai tout ce dont la négation détruirait la société civile et nous priverait de nos moyens de subsistance ». Cité par J. Laird, *Hume's Philosophy of Human Nature*, p. 108-109, note 1.

2. *Enquête*, IV, 33-34, 94. Cf. *Traité*, I, 3, 6.

connexion nécessaire »[1]. Dans le *Traité*, comme dans l'*Enquête* cette inversion est capitale : l'analyse de l'idée de nécessité suit l'analyse de l'inférence, bien qu'elle en soit la règle ; et c'est pourquoi le problème est de comprendre comment le raisonnement de causalité engendre naturellement la nécessité de la liaison, comment l'acte engendre la loi. La démarche humienne va donc à l'inverse de la démarche critique kantienne.

*

C'est à partir de l'expérience passée que nous pouvons inférer l'existence d'un objet de celle d'un autre. Or, la considération de l'expérience antérieure est un acte complexe. Le passé se répète : c'est le point de départ, il se répète et se prolonge dans le présent. Mais ce ne sont pas tant les objets-impressions qui se répètent que leurs relations de contiguïté et de succession. Il a donc fallu que sur le chaos du divers, des ordres soient apparus, qu'ils aient été saisis et rappelés par la mémoire, que l'esprit les ait rapprochés et comparés, au point de saisir entre eux des ressemblances persistantes, et qu'il les ait assemblés dans des conjonctions constantes. Il y a là tout un travail de récollection qui, entre la simple contiguïté spatio-temporelle et l'organisation systématique propre aux liaisons nécessaires, établit l'étape intermédiaire d'une totalité liée par ressemblance. Certes, cette saisie comparative

---

1. *Traité*, I, 3, 6, 88, 151. Cela dit, la question de la nécessité reste la clé de tout le problème de la causalité. Voir J. Laird, *Hume's Philosophy of Human Nature*, p. 103-104.

reste passive, puisque la constance récapitule le passé sans anticiper l'avenir. Mais la comparaison est en vérité le premier acte de l'entendement, celui dans lequel il naît, parce que le divers y est soumis non plus à la forme du multiple, la contiguïté, mais à une forme unifiante (sans unité pure), à une généralité (sans nécessité). L'entendement ne précède pas la comparaison comme principe *a priori* de la synthèse : la comparaison, association de l'imagination, suscite l'acte de l'entendement et l'oriente vers l'unité résultante du concept ou de la loi. Mais pour pouvoir comparer et rassembler, il faut que l'esprit se soit affranchi du temps, qu'il puisse y faire des coupes, en abstraire des séquences pour les juxtaposer ; il faut qu'il se soit placé hors du temps réel, qui est la succession phénoménale des impressions, et qu'il s'établisse dans un nouveau type de présence, qui n'est ni le présent impressionnel, ni le présent phénoménal, mais le présent a-temporel des relations philosophiques ou de la connaissance. La comparaison libère l'entendement de la pesanteur d'être de l'impression et de la servitude des formes phénoménales. Cette libération hors du donné s'accomplit par un rapport singulier de la mémoire qui conserve et de la fantaisie qui établit l'ordre indépendant de la comparaison, introduisant ainsi l'arbitraire dans la fidélité.

Cette expérience passée ainsi rassemblée et liée par des conjonctions constantes, l'entendement l'embrasse, l'observe et déjà passivement la déborde. On n'a pas assez insisté sur cet acte d'observation, bien que le mot ait des résonances baconiennes et newtoniennes trop fortes pour qu'on le neutralise, et bien que Hume l'emploie avec insistance[1]. L'inférence causale n'est pas produite mécaniquement, car la condition pour que la répétition soit déterminante, est que les ressemblances soient remarquées, qu'elles se réfléchissent en quelque sorte et s'organisent dans une attention qui les fixe, au sein de la différence des cas. « Ces cas sont en eux-mêmes entièrement distincts les uns des autres, ils n'ont d'union que dans l'esprit qui les observe et réunit leurs idées »[2]. Ils ne tiennent ensemble que par l'acte de l'entendement qui les enveloppe et les conserve, dans une représentation, pour autant qu'il y porte attention. Certes, la pratique de l'entendement nous dispense le plus souvent de cette attention, surtout dans la vie quotidienne. Une fois qu'elle est fermement établie, l'expérience passée opère le plus souvent insensiblement[3]. Mais l'observation a été indispensable dans la formation de la conjonction constante. Hume dit même : « La nécessité est donc l'effet de cette observation… »[4].

Il serait toutefois erroné d'en conclure que l'entendement dérive de la conjonction constante l'idée de nécessité. Le rôle de l'observation n'est pas de dégager dans l'expérience passée une qualité des choses masquée jusque-là, ni d'être prise en tant qu'acte de l'entendement, comme la condition de possibilité de toute légalité, mais de recueillir l'expérience passée. La répétition, de laquelle l'entendement tire les conjonctions constantes, même lorsqu'elle est pensée, est

1. *Traité*, I, 3, 14, 165, 241. Cf. par exemple I, 3, 6, 93, 157 ; I, 3, 8, 102, 167, etc.
2. *Traité*, I, 3, 14, 165, 241.
3. *Traité*, I, 3, 8, 103, 169 ; 104, 170.
4. *Traité*, I, 3, 14, 165, 241.

inféconde, considérée comme telle. « La simple répétition d'une impression passée (ou d'un groupe d'impressions) même à l'infini, n'engendrera jamais une idée nouvelle et originale, comme celle de connexion nécessaire »[1]. Elle ne saurait fonder l'inférence, car il n'y a rien de plus dans une liaison cent fois répétée que dans cette même liaison à sa première apparition. Sinon, il faudrait que soit démontré le principe selon lequel « les cas dont nous n'avons pas eu d'expérience, doivent ressembler à ceux que nous avons expérimentés, et que le cours de la nature demeure toujours uniformément identique »[2]. Par conséquent, à défaut d'être la raison de l'inférence, il faut que l'expérience passée soit sa cause, qu'elle la produise, de telle façon que toutes les fois que l'esprit observe une conjonction stable entre deux objets, il soit déterminé à croire en l'existence de la cause ou de l'effet absent, à partir de l'existence de l'effet ou de la cause présente. La détermination est donc naturelle et non pas rationnelle.

Cette efficience naturelle, Hume la nomme coutume ou habitude. « Puisque nous appelons coutume tout ce qui provient d'une répétition passée, nous pouvons établir comme une vérité certaine que toute la croyance qui résulte d'une impression présente, est uniquement tirée de cette origine. Quand nous avons coutume de voir deux impressions unies l'une à l'autre, l'apparition de l'une d'elles, ou de son idée, nous conduit immédiatement à l'idée de l'autre »[3]. La notion

1. *Traité*, I, 3, 6, 88, 151.
2. *Traité*, I, 3, 6, 89, 151.
3. *Traité*, I, 3, 8, 102, 168. Cf. *Enquête* V, 43, 107. Alors que le *Traité* introduit l'habitude indirectement, l'*Enquête* en fait le centre de l'analyse :

est difficile, et elle est peut-être celle qui favorise le plus une interprétation psychologiste de la philosophie humienne. Or, Hume est attentif aux caractères suivants : l'habitude assume le poids de l'expérience passée et confère à la répétition une efficacité non sur les choses mais sur l'esprit[1] ; en elle, l'esprit est affecté, de telle façon que le fondement de la connexion nécessaire est non pas une raison ou une expérience, mais le fait intellectuel de l'inférence elle-même. D'autre part, quoiqu'elle récapitule une multitude de cas observés, assemblés, comparés, quoiqu'en elle toutes les existences passées se concentrent, elle opère, cependant, immédiatement et sans préparation[2]. En ce sens, toute inférence est simple et directe, comme si tout le passé de l'esprit s'abolissait dans cette détermination présente qui conduit à croire en une existence future. « La coutume est donc le grand guide de la vie humaine. C'est ce seul principe qui fait que notre expérience nous sert, c'est lui seul qui nous fait attendre, dans le futur, une suite d'événements semblables à ceux qui ont paru dans le passé »[3]. Elle est la transition qui est source de continuité, qui engendre une immédiateté liante opposée à l'immédiateté dispersante des impressions originaires. Enfin, étant immédiate, elle est aveugle : elle n'instruit pas en ce qui concerne les rapports entre les objets, mais elle est la nature de l'entendement quand il lie des perceptions ou des existences. C'est

elle la propose comme la solution aux doutes sceptiques qui s'élèvent à propos des raisonnements de causalité. Il n'y a pas de différence doctrinale entre les deux textes.

1. *Traité*, I, 3, 14, 163, 239. *Enquête*, VII, 75, 156.
2. *Traité*, *appendice*, 626, 374 ; *Enquête*, V, 54, 124.
3. *Enquête*, V, 44, 110.

pourquoi l'*Enquête* insiste sur les conséquences sceptiques, qu'introduit l'habitude : l'entendement établit des liaisons, mais sans connaître l'essence des objets, et c'est par sa nature qu'il détermine, et non pas par quelque vérité, saisie démonstrativement ou par expérience. La transformation du général en habituel ne rend pas compte du nécessaire. L'habitude est le mode selon lequel le général produit le nécessaire.

C'est donc fausser l'analyse humienne que faire de l'habitude un principe d'intelligibilité. Elle cause l'inférence, mais le lien de causalité reste totalement obscur. « En employant ce mot, nous ne prétendons pas que nous avons donné la raison dernière d'une telle tendance. Nous désignons seulement un principe de la nature humaine, universellement reconnu et bien connu par ses effets. Peut-être pouvons-nous ne pas pousser plus loin nos recherches, ni prétendre donner la cause de cette cause ; mais il faut que nous nous en contentions comme du principe dernier que nous pensions assigner pour nos conclusions tirées de l'expérience »[1]. Le *Traité* est moins restrictif et ne tient pas l'habitude pour un principe dernier de la nature humaine. N'étant pas raisonnement et agissant pré-réflexivement, l'habitude opère par association et est par conséquent un effet de l'imagination. Elle n'est cependant pas un quatrième principe, indépendant, de la liaison des perceptions : « si je reconnais qu'il y a là un principe réel d'association entre les idées, j'affirme que ce principe est identique à celui qui joint les idées de cause et d'effet… »[2]. La coutume produit l'inférence, parce qu'en elle s'exerce la

1. *Enquête*, V, 43, 107.
2. *Traité*, I, 3, 6, 93, 156.

relation naturelle de causalité (considérée comme principe d'association). Celle-ci agit immédiatement et directement : « C'est l'impression présente qu'il faut considérer comme la cause véritable et réelle de l'idée et de la croyance qui l'accompagne »[1]. C'est ce qui fait le caractère déconcertant de l'analyse de Hume : sans conjonction constante, sans expérience passée formant habitude, il n'y a pas d'inférence causale. Mais comme l'inférence est hors de proportion en comparaison de cette condition, il faut s'en rapporter à une opération simple et naturelle de l'imagination, à une association primitive qui, dans la transition elle-même, abolit l'enseignement du passé, donne une efficace à l'habitude et en même temps se dispense de tout ce qu'il y a en elle de répétition[2]. L'habitude est le rapport obscur entre la relation philosophique de causalité, qui considère l'expérience passée, et la relation naturelle de causalité, qui est la transition de l'imagination. Cette dernière relation agit aussi immédiatement et spontanément que les deux autres relations, mais sous l'effet de l'expérience passée ; car à la différence de la contiguïté et de la ressemblance, elle rend la liaison nécessaire et déterminée. Si la relation naturelle s'exerçait sans l'expérience passée, ce serait n'importe quelle cause qui pourrait être suivie de n'importe quel effet. C'est la conjonction constante qui détermine la causalité et lui donne cette exactitude régulière qui fait défaut aux autres associations : telle cause produit toujours tel effet. Et liant *une* impression à *une* idée, qui est par là rendue vive, la causalité établit en

1. *Traité*, I, 3, 8, 102, 167.
2. Cf. N.K. Smith, *The Philosophy of David Hume*, p. 370-376.

même temps une connexion nécessaire entre le passé et le futur, dans l'assurance que le cours de la nature est uniforme et que les existences forment système. C'est ce qui justifie la distinction entre relation philosophique et relation naturelle : « Ainsi, bien que la causalité soit une relation *philosophique* en tant qu'elle implique contiguïté, succession et conjonction constantes, c'est seulement dans la mesure où elle est une relation *naturelle* et où elle engendre l'union de nos idées que nous sommes capables de raisonner par elle ou d'en tirer quelque inférence »[1]. L'entendement compare et observe ; s'affectant lui-même, il devient attente. Mais la croyance reste le fait de l'imagination, qui seule est principe. L'inférence n'est intelligible ni rationnellement, ni empiriquement, quoique nous soyons constamment déterminés à des raisonnements de causalité.

*

Le principe naturel de causalité se différencie des deux autres, en ce qu'il est plus ferme et plus stable, et qu'il conduit à la croyance. Il lie toujours une impression présente et une idée, qui est ainsi rendue forte et vive. La cause ou l'effet absent, quoiqu'il ne soit pas donné dans une expérience actuelle, est posé dans l'existence. Aussi peut-on définir la *croyance* comme « une idée vive produite par une relation à une impression présente »[2]. L'inférence, par la transition

---

1. *Traité*, I, 3, 6, 94, 157. Cf. le texte très clair du *Traité*, I, 3, 14, 169-170, 246-247. On trouve la trace de la distinction dans l'*Enquête*, VII, 76-77, 158.
2. *Traité*, I, 3, 7, 97, 162 ; 96, 161 ; I, 3, 6, 93, 157.

facile de l'imagination, conduit à l'idée vive. Cette définition de la croyance ne laisse pas d'être imprécise et singulière, ainsi que Hume le remarque lui-même : « cette opération de l'esprit qui produit la croyance à un fait, a été jusqu'ici, semble-t-il, l'un des plus grands mystères de la philosophie ; personne toutefois n'a été jusqu'à soupçonner qu'il y avait quelque difficulté à l'expliquer. Pour ma part, je dois l'avouer, j'y trouve une difficulté considérable » [1]. Les notions de viva-cité, fermeté, force, stabilité sont imprécises, parce qu'elles sont seulement les indices d'une évidence sensible, qui par définition, ne relevant pas de la pensée, échappe à tout langage. Mais la croyance en elle-même est saisissable dans l'expérience universelle et première du *feeling* et est en ce sens parfaitement claire. La difficulté vient d'ailleurs. En effet, quoiqu'elle s'apparente ainsi à l'impression, par sa vivacité, la croyance reste une *idée,* puisqu'elle n'est pas une expérience originaire, mais une expérience qui pose l'existence, dans l'absence du phénomène. Hume dit : « une idée à laquelle on acquiesce se *sent* autrement qu'une idée fictive que nous présente la seule fantaisie » [2]. Mais comment une idée peut-elle être sentie ? Comment comprendre que « tout raisonnement probable n'est rien qu'une espèce de sensation » [3] ? Comment l'entendement peut-il se donner ce qui n'est pas donné ? Pour qualifier la croyance, Hume use habituellement de l'expression : manière de concevoir. On

---

1. *Traité*, *appendice*, 628, 377. Cf. I, 3, 8, 105-106, 171-172 ; *Enquête* V, 48-50, 116-117.

2. *Traité*, *appendice*, 629, 377. L'anglais dit exactement «*An idea assented to feels different...* ».

3. *Traité*, I, 3, 8, 103, 168.

résorberait le problème si cette manière était séparable de la conception, ce que l'*appendice,* fidèle à la doctrine de l'impression, exclut formellement[1]. En effet, d'une part la croyance n'est pas une existence dont nous pourrions adjoindre l'impression ou l'idée à l'idée de l'objet, car l'existence n'est pas une qualité et il n'y a rien de plus dans l'idée vive que dans l'idée conçue ; en outre, l'esprit, qui a le commandement de ses idées, ne dispose pas à son gré de la croyance. D'autre part, la croyance n'est pas non plus un sentiment qui s'appliquerait à l'idée, comme le désir s'applique à l'objet désiré. De ce sentiment nous pourrions en effet avoir une impression distincte, qui médiatiserait notre perception de l'idée vive. Il faut donc conclure que dans la croyance c'est l'idée elle-même qui est vive et que la manière est indissociable de la conception et réciproquement. La pensée devient *feeling*, l'idée impression[2].

1. *Traité, appendice*, 624-627, 372-375.
2. Dans sa critique de Hume, Reid pose la question de la croyance négative. « Supposez que l'idée soit celle d'un état futur après la mort ; une personne y croit fermement – cela ne signifie rien d'autre qu'il en a une idée vive et forte ; une autre personne suspend sa croyance – c'est-à-dire, elle a une idée faible et pâle. Supposez maintenant une troisième personne qui croit fermement qu'il n'y a rien de tel, je suis bien en peine de savoir si son idée est faible ou vive ; si elle est faible, il peut alors y avoir une croyance forte quand l'idée est faible ; si l'idée est vive, la croyance en l'existence d'un état futur et la croyance en l'inexistence d'un état futur, doivent alors être identiques ». *An Inquiry into the Human Mind*, p. 107. Hume de son côté, dit : « quand nous exprimons notre incrédulité à l'égard d'un fait, nous signifions que les preuves de ce fait ne produisent pas cette manière de sentir » *Traité, appendice*, 624, 372. La difficulté reste entière, à moins que la négation ne soit pas considérée comme un acte de croyance, mais seulement comme la réduction d'une croyance positive erronée (ainsi l'*Enquête* XI montrera que

Pour éviter une telle conclusion[1], on peut être tenté de se représenter la formation de la croyance par l'image et la transmission mécanique d'une force : l'impression présente serait lestée d'une certaine quantité de vivacité que l'imagination transporterait en partie à l'idée associée. Certaines formules de Hume vont en ce sens : « lorsqu'une impression nous devient présente, non seulement elle conduit l'esprit aux idées qui leur sont liées, mais encore elle communique à celles-ci une partie de sa force et de sa vivacité »[2]. L'analyse de la probabilité des chances et de la probabilité des causes semble aussi encourager l'idée d'une répartition quantitative de la croyance, en fonction du rapport des possibilités engagées, de la qualité des analogies, du degré de constitution de l'expérience passée[3]. Mais en vérité, cette représentation n'est éclairante que superficiellement : prise exactement, elle ruine la doctrine de l'impression, en tendant à la dissocier de la vivacité, elle contredit les remarques de l'*appendice* qui exclut que l'esprit ait une perception distincte de ce qui serait ainsi transmis, elle fausse l'analyse de la croyance, en limitant

la croyance en un état futur est illégitime, étant sans proportion avec l'expérience actuelle ; elle ne fera pas pour autant de la non-existence de cet état une croyance).

1. *Traité*, *appendice*, 624, 372. « Nous pouvons donc conclure que la croyance consiste uniquement en un certain *feeling or, sentiment* ».

2. *Traité*, I, 3, 8, 98, 163.

3. Par exemple *Traité*, I, 3, 13, 143, 216 : « la diminution de l'union et de la ressemblance, comme ci-dessus expliquée, diminue la facilité de transition, et par ce moyen, elle affaiblit l'évidence ; nous pouvons observer en outre que la même diminution d'évidence suivra d'une diminution de l'impression et de l'atténuation des couleurs sous lesquelles elle apparaît à la mémoire et aux sens ».

l'imagination à sa seule fonction associative. Celle-ci, considérée en elle-même, lie des idées simples entre elles et forme des idées complexes, sans qu'il faille s'interroger si les idées sont faibles ou vives. Or, la causalité unit une impression et une idée vive ou, plus exactement, en s'appliquant à une impression actuelle, en vertu d'une association constante conservée dans la mémoire, elle produit l'idée vive. Elle fait plus que lier, elle détermine à croire. Pour pouvoir inférer, l'entendement doit s'être affranchi du donné, grâce à la fantaisie de l'imagination, qui dans l'idée établit ses ordres propres; pour pouvoir anticiper causalement le futur, il doit s'être arraché à la consécution des impressions. Mais il infère le futur non seulement comme un possible, mais comme un donné absent. L'imagination sera comprise alors comme la vivacité de l'idée elle-même[1]. Par cette nouvelle fonction, elle est conduite à remplacer l'impression absente et à se faire *feeling*. C'est le plus grand artifice de l'imagination que de rendre l'idée vive, par l'association de causalité, et de s'effacer dans la transition facile, comme si l'idée vive était vraiment l'objet d'une expérience actuelle. S'il est vrai qu'elle ne peut créer aucune perception nouvelle, elle peut du moins, quand elle s'applique causalement à une impression

---

1. *Traité*, I, 4, 7, 265, 358 : « la mémoire, les sens et l'entendement sont donc tous fondés sur l'imagination, c'est-à-dire sur la vivacité des idées ». Sur la mise en évidence de ce pouvoir de croyance de l'imagination, voir N.K. Smith, *The Philosophy of David Hume*, chap. 21, *appendice*, qui insiste sur le fait que le rôle de l'imagination dans la croyance n'est pas exprimé aussi nettement dans l'*Enquête*, et qui, en conséquence, tente de le réduire. Sur la discussion de ce problème fondamental, voir J. Wilbanks, *Hume's theory of imagination*, (La Haye, 1968).

présente, susciter l'existence dans la croyance. Par conséquent, sans, il est vrai, être capable de se dispenser d'une
impression actuelle, qui rappelle avec insistance sa limitation
originaire, l'imagination fait plus que communiquer la vivacité, elle avive elle-même les idées : « la transition à partir
d'un objet présent donne effectivement, dans tous les cas, de
la force et de la solidité à l'idée reliée »[1]. Par opposition à
l'existence donnée, qui est originaire, la croyance pose des
existences absentes, qui relèvent d'un pouvoir fondamental
d'illusion. L'imagination domine donc totalement la pensée :
dans la relation de celle-ci à l'impression, elle est sur un bord
conservation du donné dans l'idée, sur l'autre bord injection
de l'idée dans le donné, et entre les deux association et
transition facile.

Cette opération de l'entendement, cette action de rendre
vive l'idée en déterminant l'esprit, c'est la nécessité. « Cette
liaison que nous *sentons* en notre esprit, cette transition
coutumière de l'imagination d'un objet à celui qui l'accompagne habituellement est donc le sentiment ou l'impression d'où
nous formons l'idée de pouvoir ou de liaison nécessaire »[2]. La
transition causale fortifie l'idée, à partir de l'impression
présente, en inférant de l'existence donnée l'existence nécessaire d'un objet privé d'expérience. « Après une fréquente
répétition, je trouve qu'à l'apparition de l'un des objets,
l'esprit est déterminé par la coutume à considérer l'autre objet
qui l'accompagne habituellement et à le considérer sous un
jour plus vif en raison de son rapport au premier objet. C'est

1. *Enquête* V, 54, 124.
2. *Enquête*, VII, 75, 156.

donc cette impression, cette détermination qui m'apporte l'idée de nécessité »[1]. L'argument peut être résumé de la façon suivante[2] : l'idée de nécessité doit naître d'une impression correspondante ; or, ce ne peut être une impression de sensation, laquelle ne nous instruit que des existences elles-mêmes ou tout au plus de la relation impressionnelle de contiguïté, puisqu'il y va ici non de ce qui est lié, mais de la connexion nécessaire elle-même. Et comme la différence des impressions fait qu'on peut considérer tout objet comme cause et effet de tout, il s'ensuit que la nécessité n'est pas une qualité des choses. Elle doit donc naître d'une *impression de réflexion*. Or, la seule impression interne à laquelle on puisse en appeler est la tendance à l'inférence, produite par la coutume. L'idée de nécessité a donc son origine dans la détermination de l'entendement.

Cette thèse est remarquable à plusieurs égards. D'une part, Hume pense la détermination à l'inférence comme une impression de réflexion[3]. Le principe d'analyse l'y conduit. Mais c'est une impression singulière : comme les passions, elle est tendance ; toutefois, à la différence de celles-ci, elle

---

1. *Traité*, I, 3, 14, 156, 231 ; 163, 239.
2. *Traité*, I, 3, 14, 155, 231 ; 165, 240-241.
3. Voir la discussion de J. Laird, *Hume's Philosophy of Human Nature*, p. 127-130, qui cite *Traité*, II, 1, 9, 305, 142, l'association des idées, y compris causale, « ne produit pas d'émotion et n'engendre aucune nouvelle impression d'aucun genre ; elle modifie seulement les idées que l'esprit possédait auparavant et qu'il pourrait rappeler à l'occasion ». Cette formule se comprend par le contexte : l'association d'idées ne suffit pas pour produire une passion. Il reste que la détermination à l'inférence est une impression de réflexion dont on peut se demander comment elle rentre dans le même genre que les passions.

n'est pas une existence séparée, mais une impression qui n'a pas de place dans la classification des perceptions simples ; elle est l'impression d'une *relation,* de la plus forte et de la plus constante des relations, la connexion causale. En elle l'identité primitive de l'impression et du donné diverge, puisqu'une impression est possible de ce qui n'est pas donné ; il est vrai que cette impression n'est plus indifférenciée, car elle est devenue sujet [1]. On comprend mieux ce phénomène, si on voit que dans la détermination l'entendement s'affecte, ou plutôt, pour écarter toute position transcendantale, que la détermination, étant affection, engendre le « soi » de l'entendement, comme principe de la nécessité. Tout le donné, qui s'était accumulé dans la mémoire, qui s'était soudé dans la comparaison en un système de l'expérience passée, lié par la contiguïté et la ressemblance, se réfléchit (au sens mécanique du mot) dans l'inférence causale, et prenant forme comme entendement, se fait principe indépendant de l'être immédiat et capable d'anticiper l'expérience possible. L'esprit parvient ainsi au moment capital de la genèse où dans l'acte de connaissance il se prend et devient entendement, dans la distinction de ce qui connaît et de ce qui est connu. Après s'être arraché au chaos comme temps, il transcende le donné pour prévoir l'avenir. Cette transition en direction de l'existence nécessaire se fait dans l'ouverture d'une subjectivité naissante qui n'est pas encore conscience de soi, mais qui est déjà la forme active (quoique produite) organisant le système

1. Sur l'idée du sujet comme impression de réflexion, voir G. Deleuze, *Empirisme et subjectivité* chap. 1 et 5, qui nous paraît ne pas prendre assez en compte les difficultés attachées à l'identité personnelle.

de toute l'expérience, parce qu'elle seule peut survivre à l'écoulement des impressions ou à la limite de l'être présent. La nécessité est le « soi » de l'entendement, sans être encore pour autant l'identité du sujet qui, comme on le verra plus bas, déborde l'expérience passée.

Mais elle n'est que l'idée correspondant à une impression de réflexion. Ce qui signifie et qu'elle est produite et qu'elle est sentie. Elle est produite dans la pensée par une impression, qui n'est pas elle-même sans cause, même si elle est un principe primitif. A défaut de la fonder, c'est bien l'expérience passée qui se concentrant en une transition, par l'intervention d'une association naturelle de l'imagination, engendre l'expérience possible. L'idée de nécessité est d'autre part sentie avant d'être pensée. Le soi de l'entendement est une *tendance* qui se fait règle et qui se représente comme un principe systématique : tendance à unir la cause à l'effet, tendance à projeter dans les choses cette liaison qui a toujours déjà opéré, quand elle se pense. La nécessité n'est pas une catégorie qui peut se fonder en elle-même à titre de condition : il faut toujours la rapporter *au fait* que l'esprit dans l'inférence *sent* immédiatement une détermination à prévoir l'existence de l'objet absent. C'est pourquoi cette idée est un effet de la causalité, comme principe d'association de l'imagination. Toute règle formelle doit être renvoyée à une détermination naturelle. L'entendement agit naturellement. « La liaison nécessaire entre les causes et les effets est le fondement de notre inférence des unes et des autres. Le fondement de notre inférence est la transition qui naît de l'union coutumière. Il y a donc identité » [1]. Il y a identité de l'idée et de l'impression, c'est-à-dire du fondement rationnel de notre inférence (la nécessité justifie l'inférence en rendant la nature uniforme) et du fondement naturel de cette même inférence (l'imagination comme nature humaine). La raison, lorsqu'elle se cherche elle-même, est toujours confrontée à son origine qui est hors d'elle.

Les conséquences sceptiques d'une telle analyse s'imposent immédiatement. Le sens commun, la science même, qui est réglée, est de façon ultime un fruit des associations régulières de l'imagination. Tout principe formel est produit à partir d'un *feeling*. Et tout pouvoir régulateur résulte d'une détermination naturelle de l'esprit. Reprocher à Hume de confondre le droit et le fait, c'est manquer l'intention sceptique de sa philosophie : d'où la science tient-elle l'évidence de ses principes ? Toute règle est fondatrice, mais d'où procède l'intelligibilité elle-même ? Peut-on s'en contenter sans autre analyse ? S'il n'y a d'autre être que l'être donné, les formes de l'entendement sont nécessairement les produits empiriques d'une nature. La force de Hume réside en ce qu'il ne tombe jamais dans la déviation psychologiste de ce qui serait un dessein transcendantal ou logique [2], déviation qui transformerait la constitution de la connaissance objective en une constitution empirique. Hume ne raisonne pas en termes de

---

1. *Traité*, I, 3, 14, 165, 241-242.

2. N.K. Smith, *The Philosophy of David Hume*, p. 392 « The belief is psychologically not logically, grounded » cf. aussi p. 427-430. Voir également J. Passmore, *Hume's Intentions* qui affirme « Hume's positivism substitutes psychology for the traditional metaphysics » (p. 74) et qui reproche à l'auteur du *Traité* et de ne pas fonder la logique et de faire une mauvaise psychologie (p. 74-83).

constitution, mais de genèse, et la genèse est l'envers de la constitution, étant la production de l'entendement dans l'espace de la nature humaine, c'est-à-dire de l'imagination[1]. En effet, d'une part l'analyse humienne accorde que l'évidence psychologique du sujet doit être soumise à la critique, que le sujet est en définitive une forme et qu'à ce titre il a partie liée avec l'idée de nécessité. D'autre part, comme elle contient par son naturalisme une critique de toute raison, elle n'a pas pour fin de rendre raison de la science, mais d'expliquer par l'enchaînement des causes et des effets (étant entendu que les effets n'ont aucune liaison intelligible aux causes) comment du chaos naît le temps, comment du temps naît la mémoire, comme de l'accumulation de l'expérience passée naît le système de la connaissance.

La philosophie de Hume n'est donc pas moins critique dans son naturalisme que celle de Kant, et comme celle-ci elle sollicite les évidences empiriques communes : celle de la subjectivité et celle que la liaison est dans les choses. Ces deux évidences sont solidaires : si la première intéresse plus étroitement une philosophie transcendantale, qui a à fonder le je pense, la seconde importe plus à un empirisme radical, qui doit mener sur son versant une critique de l'expérience. Le résultat de cette critique est le suivant : l'idée de nécessité, correspondant à une impression de réflexion, est dans l'esprit et non dans les choses ; résultat singulier et violent pour l'empirisme commun. C'est pourquoi c'est au terme d'une longue

---

1. Pour un jugement contraire, voir G. Deleuze, *Empirisme et subjectivité*, p. 15 : « L'empirisme essentiellement ne pose pas le problème d'une origine de l'esprit, mais le problème d'une constitution du sujet ». D'où l'intérêt porté par cet auteur aux impressions de réflexion.

analyse, soigneusement conduite aussi bien dans l'*Enquête* que dans le *Traité*[1], et se livrant à une critique exhaustive des arguments adverses, que Hume en vient à conclure: « La nécessité du pouvoir qui unit les causes et les effets, se trouve dans la détermination de l'esprit à passer des unes aux autres. L'efficacité ou l'énergie des causes n'est placée ni dans les causes elles-mêmes, ni en Dieu, ni dans le concours de ces deux principes; elle appartient entièrement à l'âme qui considère l'union de deux ou plusieurs objets dans tous les cas passés »[2]. Pour appuyer une telle conclusion, à propos de laquelle Hume prévient les reproches de paradoxe sceptique qui ne pouvaient manquer de lui être opposés[3], il faut tout le poids des réfutations faites de Locke, selon lequel nous dérivons une efficace inscrite dans la matière, à partir de la nature de ses mouvements, changements et productions[4]; de ceux qui soutiennent avec Berkeley[5], que nous avons une expérience du pouvoir de la cause, dans l'exercice de notre volonté sur notre corps et sur nos idées; de Malebranche[6], qui soutenant que la matière est inactive et que l'action de notre volonté est mystérieuse, conclut qu'il faut placer l'efficace des liaisons naturelles en Dieu et que les causes empiriquement connues ne sont qu'occasionnelles. Cet échec, ainsi récapitulé de la métaphysique, quand il lui faut rendre compte

1. *Traité*, I, 3, 14; *Enquête*, VII.
2. *Traité*, I, 3, 14, 166, 242.
3. *Traité*, I, 3, 14, 166-167, 242-244.
4. *Essai*, II, 21.
5. *Principes*, § 28.
6. *Recherche de la vérité*, VI, 2, 3, et Éclaircissement XV. Voir aussi Berkeley, *Principes*, § 30-32.

de la causalité, démontre, contre les préjugés invétérés de l'humanité, que, quoique nous pensions et agissions comme si l'idée de nécessité était dans les choses, il n'y pas d'autre moyen d'échapper à un scepticisme total que d'affirmer que cette idée est dans l'esprit, et que de présenter une critique naturaliste de l'expérience. Certes, faire de la causalité une relation naturelle de l'imagination ne nous instruit pas plus sur son essence, mais elle permet d'expliquer nos raisonnements expérimentaux. La connaissance des effets ne demande pas que les causes soient connues en elles-mêmes. « Le principe d'union qui lie nos perceptions internes est aussi inintelligible que celui qui lie les objets extérieurs et il ne nous est pas connu autrement que par expérience » [1]. Mais précisément il nous est connu par expérience, et c'est tout ce qu'on peut espérer.

Dès qu'on quitte ce raisonnement critique, on revient naturellement à l'affirmation naïve que la nécessité est dans les choses. Car « l'esprit a beaucoup de penchant à se répandre sur les objets extérieurs et à unir à ces objets les impressions intérieures qu'ils provoquent et qui apparaissent toujours au moment où ces objets se découvrent aux sens » [2]. L'imagination, par une tendance spontanée, qui renaît toujours, après que la réflexion l'a détruite, règle les choses sur ses propres déterminations, selon une sorte de révolution naturelle qui explique le dogmatisme rationaliste vulgaire. Celui-ci rapporte le principe d'association causale aux choses, en fait une qualité des choses et propose un empirisme intelligible [3], alors

1. *Traité*, I, 3, 14, 169, 246.
2. *Traité*, I, 3, 14, 167, 243. Cf. I, 4, 3, 224, 311.
3. *Traité*, I, 3, 14, 168, 245.

que cette intelligibilité ne peut pas être tirée de l'expérience, comme le montre l'analyse, qui rend la causalité à l'imagination, sans la rendre pour autant à un entendement pur. La connexion nécessaire n'est ni un donné à connaître ni une forme à fonder. Elle n'appartient ni aux choses ni à la raison. Notre connaissance ne se règle pas plus sur les objets que les objets sur notre connaissance. La décision est secondaire, par rapport à ce fait que toute règle est un produit naturel de l'imagination, et qu'il n'y a en cette affaire rien de plus qu'une transition facile qui, partant d'une impression présente, détermine à la croyance. Elle est aussi secondaire, par rapport à cet autre fait que toute impression en tant qu'impression, est indifférente originairement à la transcendance de l'objet et à l'immanence du sujet[1]. Dans les raisonnements expérimentaux l'entendement déborde l'impression; il fait le partage entre ce qui est de sensation et ce qui est de réflexion, ce qui appartient au donné et ce qui appartient à l'esprit, ce qui est la vivacité de l'impression présente de la cause ou de l'effet et ce qui est la transition facile. Mais l'imagination, si distincte qu'elle soit de l'impression originaire, n'assimile jamais celle-ci définitivement, elle est toujours poussée à confondre, c'est-à-dire à résorber toute distinction dans l'unité atomique de l'expérience primitive.

*

L'entendement n'est ni une forme pure, parce qu'il est empirique, ni une réalité donnée, dont nous pourrions avoir

---

1. *Traité*, I, 4, 2, 190, 272.

une impression, car il est liaison et composition. On peut dire seulement de lui qu'il est une forme non originaire et non fondatrice, produite par une genèse causale : l'impression est la cause de l'idée ; les perceptions simples engendrent les formes impressionnelles de l'espace et du temps ; les suites et les contiguïtés s'associent dans la mémoire pour former l'expérience passée ; celle-ci, s'écrasant dans l'inférence causale, produit enfin la croyance et l'idée de nécessité, en laquelle l'entendement s'achève, parce qu'elle est la forme de l'expérience possible, élevée à l'état de règle. L'ordre de cette genèse va de l'élément au système, de la matière à la forme, du donné à la condition. Mais comment se peut-il que la diversité du temps et de l'espace, s'ouvre à partir de la présence atomique ? Comment se peut-il que la contiguïté et l'antériorité se redoublent en conjonction constante ? Comment se peut-il que le général engendre le nécessaire ? Entre la cause et l'effet, il n'y a manifestement aucun rapport, aucune raison. Il faut au contraire dire que la raison est le résultat dernier de cette histoire hasardeuse. Ce faisant, Hume ne fait que mettre en œuvre une science causale et empirique de l'esprit, conforme à la théorie de la causalité qu'elle établit : il est impossible de connaître rationnellement ou par observation le pouvoir par lequel la cause produit l'effet ; il suffit, pour être déterminé à inférer, d'observer les conjonctions constantes. La science de l'esprit est donc une science sceptique, qui ne se fonde pas sur elle-même dans l'évidence réflexive de son objet, mais à laquelle le philosophe est porté *naturellement,* par les transitions faciles de l'imagination.

Le principe de la genèse n'est ni dans la raison ni dans les choses. Par là s'explique le sentiment particulier qu'éprouve le lecteur à parcourir l'œuvre de Hume : le discours est rationnellement aberrant ; il n'est pas pour autant empirique au sens banal du terme, car le scepticisme s'exerce aussi bien contre une expérience qui donnerait la nature humaine comme raison réalisée ou comme cause suffisante. La nature humaine n'est pas impression mais imagination. Et l'essence de l'imagination reste obscure, aussi longtemps qu'on veut en faire ou une condition de possibilité ou une faculté anthropologique. Mais qu'on considère l'histoire de l'esprit : l'imagination est d'abord ce saut du divers atomique aux phénomènes spatiaux et temporels qui s'ordonnent par la contiguïté ; elle est ensuite ce pas à la faveur duquel les suites phénoménales s'assemblent dans l'expérience passée et s'offrent à la ressemblance ; elle est enfin cette détermination qui a pour nom causalité et qui soumet l'esprit à la nécessité. A chacun de ces moments, par chacun de ces principes, elle est un supplément inattendu, qui n'appartient pas à l'origine et qui n'est pas lui-même une origine, mais qui gratuitement et par accident ordonne, synthétise et détermine. Elle ne saurait avoir de lieu ni *a priori* ni *a posteriori*, puisqu'elle consiste en la disproportion dans laquelle l'esprit est engendré, et puisqu'elle nomme le manque de raison d'où naît la raison : l'association.

Hume n'hésite pas à conclure l'*Abrégé* sur ce qu'il considère comme le plus grand des mérites de sa philosophie. « Il y a d'un bout à l'autre de ce livre, de grandes prétentions à apporter des découvertes nouvelles en philosophie ; mais si quelque chose peut donner droit à l'auteur à un nom aussi glorieux que celui d'*inventeur* c'est l'usage qu'il fait du principe de l'association des idées, lequel entre dans la plus

grande partie de sa philosophie »[1]. Et de vanter les mérites de
ce principe, qui est l'unique ciment de l'univers. Dans le
Traité, il compare l'association à l'invention prestigieuse de
Newton, l'attraction[2]. Tant d'importance peut d'abord surprendre : sans remonter au *De Memoria et Reminiscentia*
d'Aristote que Hume connaissait par le commentaire qu'en fit
St Thomas d'Aquin[3], et auquel il fait allusion dans
l'*Enquête*[4], il suffit d'en appeler à Hobbes[5], à Locke[6], et de
rappeler que pour les cartésiens, comme Malebranche[7],
l'association est ce pouvoir obscur qui agit insensiblement et
détourne la pensée, pour s'assurer que non seulement l'association n'était pas ignorée, mais qu'elle était aussi représentée dans toute sa puissance. Mais elle prend sa valeur et sa
nouveauté, si on considère qu'elle est chez Hume le principe
ultime, dans lequel se résume toute la science sceptique de la
nature humaine, parce qu'elle exprime l'irrationalité
principielle de l'esprit.

Locke rejette l'association des idées, parce qu'elle établit
des liaisons hasardeuses et parasitaires, qui suscitent folie et
préjugé, et auxquelles il convient d'opposer l'activité
réfléchie de la raison, qui travaille à découvrir les connexions

---

1. *Abrégé*, 31-32, 85-87.

2. *Traité*, I, 1, 4, 12-13, 56 ; II, 1, 4, 283, 119 ; II, 1, 5, 289, 125.

3. *De Memoria et Reminiscentia* 451 b. Cf. J.K. Ryan, « Aquinas and
Hume on the laws of Association », (*the New Scholasticism*, Washington,
1938, 12).

4. *Enquête*, III, 24, 72, note . Aristote proposait, avec la ressemblance et
la contiguïté, le contraste.

5. *Léviathan*, 1ʳᵉ partie, chap. 2 et 3.

6. *Essai*, II, 33.

7. *La Recherche de la Vérité*, II, 3, 1.

naturelles et objectives entre les idées. La fantaisie est un désordre, d'autant plus redoutable qu'elle sécrète par l'habitude certaines régularités. Or, c'est seulement ceci que Hume a en vue. Toutes les liaisons procèdent de l'imagination et c'est en vain qu'on prétend les tirer de l'expérience (prise en son sens radical, seul fondateur). L'opposition entre les liaisons délirantes et les liaisons régulières est intérieure à l'imagination, qui à la fois sépare et unit. La constance n'appartient donc pas à la réalité des choses ou à la raison, car elle est sans fondement et sans nécessité. « Ce principe d'union entre les idées, on ne doit pas le considérer comme une liaison inséparable; car une telle liaison a déjà été exclue de l'imagination; et pourtant nous ne devons pas conclure que sans elle l'esprit est incapable de joindre deux idées; car rien n'est plus libre que cette faculté. Mais nous devons seulement regarder ce principe d'union comme une force calme, qui l'emporte couramment »[1]. Cela signifie : il y a des liaisons qui sont singulières et qui sont inconnaissables, car elles ne se sont pas redoublées; il y a des liaisons plus stables, parce qu'elles se répètent, dont les effets peuvent être observés dans les pensées et les passions humaines. Dans le premier cas, unir et séparer sont une seule et unique chose : l'imagination mime le chaos des impressions dans le désordre des idées. Dans le second cas, l'ordre ne s'élève jamais à une règle, mais s'en tient seulement à une certaine régularité toujours menacée : dépourvu de nécessité, il n'est que l'ordre d'un désordre, comme si le désordre en venait à prendre certains plis, et, sans pour autant être vraiment surmonté, à tempérer la fantaisie par

1. *Traité*, I, 1, 4, 10, 53. Cf. I, 3, 6, 92, 156.

des associations courantes. Dans son fond, l'ordre n'est qu'un effet de surface du désordre. Effet qui a ses degrés : la phéno-ménalité spatio-temporelle du chaos impressionnel ; la simi-litude jetée sur la différence du donné ; la nécessité réfléchie dans une impression de réflexion. Effet qui s'accroît progres-sivement en force et contrainte, puisque la causalité est la relation la plus étendue et la plus puissante[1]. Effet enfin qui prend assez de poids pour se fixer dans une détermination de l'esprit à l'inférence, qui est une nouvelle impression.

Cette dépendance de l'ordre, son attache indestructible à l'origine, explique l'étrange dialectique de la liberté et de la fidélité dans l'exercice de l'imagination, dans sa production de toute forme et de toute unité. L'entendement, qui est cette forme ou cette unité, établit dans la connaissance des liaisons conformes à l'expérience. Il est en cela fidèle au réel. Mais ces liaisons sont dans l'esprit et non dans les choses, puisque l'esprit prend assez de liberté pour anticiper, selon une règle, l'expérience possible à partir de l'expérience passée. Cette dernière, quoiqu'elle représente ce qui a eu lieu, a elle-même fait preuve d'infidélité lorsqu'elle a assemblé par ressem-blance et identité des suites originairement différentes et lorsqu'elle a extrait du flux des impressions telle et telle séquences, pour les comparer. La mémoire, il est vrai, est plus proche du donné que la comparaison, puisqu'elle conserve l'ordre réel des impressions, mais elle a déjà lié dans le temps des impressions qui naissent et périssent chaotiquement. A chaque progrès de l'esprit, il y a une fantaisie qui s'affranchit du donné préalablement constitué, en vue d'une nouvelle

---

1. *Traité*, II, 4, 12, 55.

forme – plus formelle – du réel, et qui conduit ultimement à
une sorte d'expérience, à propos de laquelle on peut bien dire :
« Voilà donc une sorte d'harmonie préétablie entre le cours de
la nature et la succession de nos idées ; bien que les pouvoirs et
les forces, qui gouvernent le premier, nous soient totalement
inconnus, pourtant nos pensées et nos conceptions ont
toujours continué, trouvons-nous, du même train que les
autres œuvres de la nature » [1]. Harmonie invérifiable, puisque
l'ordre est dans l'imagination et non dans les choses, mais
harmonie véritable, puisque l'expérience causale est l'appréhension du réel. Car à l'encontre de cette fantaisie, le
donné ne cesse d'imposer son fait : le phénomène, la constance, les liens de causalité ; il invertit en quelque sorte les
associations, leste l'imagination qui le déborde, lui interdisant
de s'instituer en un lieu propre. A chaque fois c'est le donné
qui produit (au double sens du mot) la contiguïté, la ressemblance et la causalité. On peut le vérifier quant au pouvoir
même de l'imagination ; celle-ci peut associer parce qu'elle
est fantaisie envers le moment qui précède : la causalité par
rapport à la ressemblance, la ressemblance par rapport à la
contiguïté et celle-ci par rapport à l'impression. Mais cette
fantaisie associante ne peut s'exercer que sur le fond de la
différence absolue des impressions qui interdit que jamais une
liaison par association fasse plus que l'emporter couramment
et ne puisse être immédiatement contrariée par l'impression.
Les liaisons de l'imagination s'établissent entre des idées
distinctes. Or, les idées distinctes sont séparables, parce que
leurs impressions correspondantes sont différentes et qu'il n'y

1. *Enquête*, V, 54-55, 124.

a pas deux impressions qui soient toujours conjointes. « Cette liberté de la fantaisie ne paraîtra pas étrange, si nous considérons que nos idées sont copiées de nos impressions, et qu'il n'y a pas deux impressions qui soient parfaitement inséparables »[1]. Mais la différence qui est chaos dans l'impression, prête, comme fantaisie dans l'idée, au rapport ou à l'association, plus ou moins régulière, plus ou moins forte. L'ordre n'est en ses différents moments, que le revers pensé du désordre sensible primitif.

Si l'imagination associante est toujours défaillante, même quand elle est stable, elle ne saurait être constituante, comme l'a bien vu Kant, mais seulement productrice. Par conséquent, son pouvoir doit être saisi ailleurs que dans la détermination d'un principe *a priori*, sans pour autant être rejeté dans l'efficience non critiquée d'une faculté. L'imagination a un pouvoir *naturel*. Qu'on entende bien cette nature : il serait erroné de faire d'elle un donné distinct du donné impressionnel et s'appliquant à lui[2], parce que ce serait fatalement la réaliser psychologiquement et ôter au donné son sens originaire. L'imagination n'est pas une machine à associer, intervenant miraculeusement pour surmonter l'atomisme. Nous n'avons pas d'elle d'impression séparée, même dans l'inférence causale, parce que l'impression de réflexion qui est à l'origine de l'idée de nécessité, est un *effet* de la relation naturelle de la causalité. Nous en connaissons seulement les effets. Faute d'une impression, nous ne pouvons la représenter dans une

---

1. *Traité*, I, 1, 3, 10, 51. Cf. I, 1, 7.
2. Thèse soutenue par G. Deleuze, *Empirisme et subjectivité*, qui prend l'empirisme dans le dualisme du donné de la Nature et du donné de la nature humaine (p. 122 *sq.*).

idée. Elle agit donc insensiblement et d'une façon impensable, et nos perceptions composées selon la contiguïté, la ressemblance ou la causalité, sont toujours déjà ses résultats : l'esprit a une perception de la suite phénoménale des impressions simples, une idée complexe des idées liées par ressemblance, une idée de la nécessité qui unit la cause et l'effet. Mais le pouvoir producteur de ces trois principes reste inconnu[1].

Il est aisé de s'en assurer sur le cas exemplaire de la ressemblance telle qu'elle opère dans la formation des idées abstraites[2]. Reprenant la théorie de Berkeley[3], Hume définit l'idée abstraite comme une idée particulière jointe à un mot qui lui permet de représenter d'autres idées particulières semblables. Il est impossible de se représenter une idée générale qui ferait abstraction des degrés particuliers des qualités : l'idée simple, concrètement déterminée, est invariable, comme l'est l'impression correspondante. La ressemblance qu'elle peut entretenir avec une autre idée est donc indissociable de sa différence. « Il est évident que même les diverses idées simples peuvent avoir de la similitude et de la ressemblance les unes aux autres ; et il n'est pas nécessaire que ce point de ressemblance ou cette circonstance soit distincte ou séparable du point par lequel elles diffèrent »[4]. Cette observation montre à elle seule qu'on ne saurait reprocher à Hume le cercle selon lequel la généralité du mot, qui consacre la

1. On trouvera cependant dans *Traité*, I, 2, 5, 60-61, 116, un argument s'appuyant sur une explication physiologique de l'association.

2. *Traité*, I, 1, 7. *Enquête*, XII, 2ᵉ partie.

3. Voir l'introduction des *Principes*.

4. *Traité*, *appendice*, 637, 356-357.

ressemblance des idées, et qui permet à telle idée particulière de représenter telle autre idée, suppose la représentation de la qualité commune. C'est ce cercle au contraire qui interdit que l'empirisme puisse admettre la solution lockienne, qui pense l'abstraction comme un processus progressif de séparation[1]. Qu'est-ce qui commande la comparaison des idées? Comment comparer sans avoir l'idée de l'identité? A moins d'admettre des essences ou des idées innées, il reste à l'empirisme humien à dire seulement ceci : la ressemblance surgit de la différence par un exercice aveugle de l'imagination, qui n'est représentable que dans son effet, c'est-à-dire lorsque la comparaison est déjà instituée. La liaison ne se fait pas à la lumière de l'idée abstraite : c'est la liaison qui produit l'unité de similitude; et elle est établie par accident, par la force obscure du principe de ressemblance. La comparaison est un acte de l'entendement, qui juge bon de rapprocher deux idées, selon une circonstance particulière. Mais elle est précédée par l'action naturelle de l'imagination, qui lie les idées par simple transition et sans préparation. La distinction entre relation naturelle et relation philosophique (pensée) est donc capitale : l'entendement ne pourrait s'employer sur les dernières, si elles n'étaient pas au préalable produites par les premières. A sa spontanéité, il faut substituer le jaillissement impensable et sans lieu de l'imagination.

Ainsi impensée, l'imagination mérite le titre de principe ou de nature. Et il est juste de comparer l'association à l'attraction newtonienne : comme elle, elle explique tous les phénomènes, tout le donné lié comme chose, univers ou moi,

1. *Essai*, II, 11, 19.

étant au principe de toute union. Comme elle, elle est obscure, en tant que cause première, en tant qu'elle est ce qui n'est pas donné et ne peut pas être donné, sans qu'on puisse la séparer du temps rempli, des idées abstraites ou de l'expérience constante, parce que seuls ses effets la font connaître. « Il y a là une espèce d'attraction qui, trouvera-t-on, a dans le monde de l'esprit d'aussi extraordinaires effets que dans le monde de la nature et qui se révèle sous autant de formes et aussi variées. Ses effets sont partout manifestes ; mais ses causes sont pour la plupart inconnues et il faut les résoudre en qualités *originelles* de la nature humaine, que je ne prétends pas expliquer »[1] ; Qualité occulte ! objectera-t-on. L'imagination est bien occulte, mais elle n'est pas une qualité : elle est un principe qui par définition précède toute clarté, qui, parce qu'il est sans évidence, ne peut être converti en fondement de l'ordre. On devra donc dire que l'imagination est ce par quoi, dans le progrès sans raison de la genèse, tout ordre est produit, sans qu'on puisse jamais en faire un principe d'ordre, pensable comme tel. Parce qu'il a régressé vers l'origine, grâce à une analyse réductrice des formes, l'empirisme humien produit l'ordre, dans l'imagination, comme la manifestation miroitante du désordre primitif.

---

1. *Traité*, I, 1, 4, 12-13, 56. Cf. Newton, *Optics* in *Opera* IV, 260-261 : « Ces *Principes* [tels que la gravité] je ne les considère pas comme des qualités occultes, supposées résulter des formes spécifiques des choses, mais comme les lois générales de la nature par lesquelles les choses elles-mêmes sont formées ; leur vérité nous apparaissant par les phénomènes, bien que leurs causes soient encore inconnues ».

CHAPITRE IV

LE MONDE ET LE MOI

L'analyse de l'entendement n'a fait apparaître aucun principe d'ordre sinon la régularité sur fond de fantaisie, propre à l'imagination. L'affinité du divers, tissant des liaisons contingentes, n'en appelle à aucune unité intellectuelle qui en serait le concept et qui se fonderait sur un principe transcendantal. Certes, l'imagination associe et recueille le divers des impressions en un monde constant et cohérent, où les phénomènes s'enchaînent causalement et où les qualités sensibles s'unissent en objets substantiels. Mais la forme de ce monde est toujours prise dans la diversité sensible. L'origine est indépassable et condamne l'espérance d'une fin, qui reprendrait la genèse et la soumettrait à sa règle. Dans une philosophie radicalement empiriste, tout fondement d'identité, initial ou final, formel ou ontologique, étant rapporté à l'expérience, est ouvert irrémédiablement à la différence. C'est pourquoi la synthèse est une fiction instable, une contradiction véritable, qui consiste à prendre le multiple pour l'un, la différence pour l'identité. Et si ne s'y exerçait la puissance de la nature, la raison ruinerait l'esprit.

Pour s'assurer de la signification sceptique de cette doctrine, il suffit de considérer ce vaste commentaire de l'histoire de la philosophie qu'est la quatrième partie du 1ᵉʳ livre du *Traité*. La raison dégénérerait en probabilité et celle-ci en suspension de jugement, si la nature ne bousculait les règles et ne confiait la science à la transition facile de l'imagination. Toute évidence signifie que la tendance l'emporte toujours. C'est pourquoi, il faut expliquer les principes par lesquels l'imagination se repose ainsi dans ses fictions (section 1). La première évidence à perdre son droit est celle de la perception sensible, où il y va de la transcendance et de l'identité de l'objet. On la considérera comme un fait produit dans la croyance, au prix de compromis imaginaires (section 2). Or, réagissant à la contradiction rationnelle de l'identité objective, les philosophes anciens imaginèrent des formes substantielles qui survivraient à la diversité et seraient à la source du multiple. Il en résulta l'évidence des qualités occultes! (section 3). Pour sortir la philosophie de ce mauvais pas, les modernes inventèrent la distinction des qualités premières et des qualités secondes [1] : à celles-ci la multiplicité, la variation, l'apparence sensible, à celles-là la permanence, la réalité des corps et l'avenir de la science (section 4). Or, la science s'embarrasse tout autant dans cette hypothèse qu'autrefois dans les essences. Ne peut-on du moins échapper à la difficulté en abandonnant la matière au multiple, en s'en tenant

---

1. Il s'agit de la version lockienne, et par conséquent empiriste, de la distinction.

au *esse est percipi,* et en prenant pied dans la simplicité de la substance spirituelle ? Mais il apparaît vite que la différence est logée dans l'esprit comme dans la matière et que l'immatérialité n'est pas une garantie : nous n'avons aucune idée de l'âme (section 5). Point de chose pensante, mais point aussi de *cogito,* qu'il soit analytique ou synthétique. Et c'est ici que l'empirisme humien triomphe avec le plus d'éclat : les impressions sont des existences séparées, des unités sans identité. En regard, le moi étant ce à quoi toutes les perceptions sont censées se rapporter, ne saurait être donné. Son identité est une fiction, la plus délicate de l'imagination, cette inventeuse de formes qui n'ont pas de ciel intelligible où se fixer (section 6).

La genèse doit donc être poussée jusqu'à la production de l'identité. Cette production sera en même temps celle de la totalité : la totalité composée du monde et la totalité simple du moi. Le chapitre précédent nous a conduit à des idées complexes toujours déterminées (de contiguïté, de ressemblance, de causalité), alors que l'idée de monde et l'idée du moi représentent le tout en tant que tel, ce dans quoi est toute impression ou toute existence, et ce dont par définition il n'y a pas d'impression correspondante. Le moment est décisif pour l'empirisme, dont l'atomisme est ainsi confronté à l'exigence de la synthèse, le matérialisme épistémique à la nécessité des formes. Il y aura aussi à produire la distinction du moi et du monde : l'impression, en tant que simple donné, n'est ni sujet ni objet, étant prise dans l'indifférence de l'existence. Berkeley avait déjà réduit la matière à la perception, mais il conservait une sphère d'immanence, au sein de laquelle l'esprit a pour objet l'idée. Le radicalisme humien fait le

dernier pas et met en cause avec la transcendance de la chose
l'immanence de l'esprit.

*

Ces problèmes ne sont pas vraiment nouveaux chez
Hume, puisqu'ils apparaissent déjà chez Locke[1]. La critique
de l'innéisme et celle de la substance introduisent directement
à l'analyse de l'identité et de l'objectivité, dont le substantia-
lisme scolastique et cartésien dispensait. Mais Locke en
restait à l'évidence perceptive de l'extériorité des corps,
évidence qui le menait à des formules aussi singulières que
celle-ci : « il est nécessaire de les [les idées, c'est-à-dire le
donné] distinguer en tant qu'elles sont des perceptions et des
idées dans notre esprit, et en tant qu'elles sont dans le corps
des modifications de matière, qui produisent ces perceptions
dans l'esprit »[2]. Corrélativement, Locke fournit une définition de la substance qui se tient au point de déséquilibre où
l'on passe d'un principe proprement substantiel, de type cartésien, à un principe d'identité formelle, tel qu'on le trouvera
plus tard chez Kant. Nous n'avons aucune connaissance de
l'essence réelle ou de l'organisation interne des choses, à
partir de laquelle nous pourrions déduire tous les prédicats.
L'expérience nous instruit des seules idées ou qualités sensibles, et de la connexion régulière de certaines d'entre elles,
non d'un principe substantiel d'unité. Mais « ne pouvant ima-

---

1. Il est certain que Hume avait lu attentivement *l'Essai*. Qu'on compare
par exemple sur l'identité personnelle *l'Essai* II, 27, et le *Traité*, I, 4, 6.
2. *Essai*, II, 8, § 7, (traduction Coste, édition de 1755, Amsterdam), p. 89.

giner comment ces idées simples peuvent subsister par elles-mêmes, nous nous accoutumons à supposer quelque chose qui les soutienne, où elles subsistent, et d'où elles résultent, à qui pour cet effet on a donné le nom de substance »[1]. Cela dit, la question de l'identité étant ainsi libérée, Locke se contente de considérer le problème empirique de l'identification, et assimile l'unité de l'idée simple et l'identité des corps et des esprits, faisant porter à l'unité élémentaire le principe de l'identité permanente. L'un se donnerait immédiatement comme étant le même, ou comme étant un moment du même.

Hume reprend la définition lockienne de la substance : « l'idée d'une substance, aussi bien que celle d'un mode, n'est rien qu'une collection d'idées simples unies par l'imagination, auxquelles on a donné un nom particulier, qui nous permet de rappeler cette collection soit à nous-mêmes, soit aux autres »[2]. Mais d'emblée il vise l'essentiel : « le principe d'union est considéré comme la pièce capitale de l'idée complexe »[3], assumant par ailleurs la nécessaire distinction entre l'unité et l'identité. Mais comment se peut-il que le composé soit considéré comme une seule chose demeurant identique ? Comment la synthèse est-elle possible, quand l'expérience fournit un donné toujours différent ? Le sens commun est substantialiste : Il s'abandonne à la transition facile et confond le divers dans l'imagination[4]. Mais cette tendance de l'imagination est contraire à l'expérience de la diffé-

---

1. *Essai*, II, 23, § 1, p. 230.
2. *Traité*, I, 1, 6, 16, 60. Cf. I, 4, 3, 219, 306.
3. *Traité*, I, 1, 6, 16, 61.
4. *Traité*, I, 4, 3, 219, 306.

rence réelle des qualités. Ce qui conduit les philosophes à
tomber dans la fiction d'un principe d'identité distinct et formel, qui constituerait l'unité objective ou subjective à laquelle
toutes les qualités doivent être rapportées. Cette fiction
concerne aussi bien l'esprit que la matière ; car nous sommes
dans l'incapacité d'avoir une idée de la substance spirituelle,
puisqu'il nous faudrait en avoir une impression, ce que
Berkeley avait déjà compris, en affirmant que l'esprit ne se
saisit pas dans une idée, mais que par la réflexion il accède à
une notion de lui-même [1], quoiqu'il se soit montré incapable
d'élucider ce mode de connaissance. On en revient toujours au
même point : toute forme d'identité est la solution imaginaire
au conflit de la tendance liante de la nature et de la multiplicité
primitive ; le pouvoir de l'imagination n'est pas tel qu'il
puisse, dans la fiction d'une essence ou d'une forme, surmonter la différence et l'absolu originaire des impressions, et, de
tendance qu'il est, se transformer en un principe de réalité :
« ... nous ne pouvons réussir à concevoir un quelque chose de
spécifiquement différent des idées et des impressions ou à
nous en former une idée. Fixons notre attention hors de nous
autant que nous le pouvons, lançons notre imagination
jusqu'au ciel ou aux limites extrêmes de l'univers ; en fait
nous ne progressons jamais d'un pas au-delà de nous-mêmes,
et ne pouvons concevoir aucune sorte d'existence que les
perceptions qui ont apparu dans cet étroit canton » [2].

Ainsi les idées de substances matérielles et spirituelles
sont-elles des chimères métaphysiques qui introduisent une

1. *Principes*, § 89.
2. *Traité*, I, 2, 6, 67-68, 124.

rationalité illusoire et ne soulagent l'imagination que provisoirement. Derrière leur fausse évidence, il faut retrouver et examiner l'aptitude *naturelle* de l'imagination à confondre la succession et la continuité, la différence et l'identité, et à distinguer corrélativement le moi et le monde. Cette aptitude n'est pas nouvelle, elle n'a cessé de travailler la genèse de l'esprit, depuis son origine. L'espace et le temps, étant l'ordre d'apparition des impressions, impliquent cette distinction minimale, contenue dans la phénoménalité, entre ce qui apparaît et ce à quoi il y a apparition. La succession est un flux, qui n'est plus le chaos primitif. Mais la séparation n'est pas telle qu'on ne puisse affirmer que le temps ou l'espace, sans être impression, appartiennent à l'impression. Plus remarquables sont les effets de la ressemblance qui, dans l'établissement des conjonctions constantes, répète les successions et oriente l'imagination dans une double direction : elle la pousse d'une part à confondre une série finie d'impressions avec une impression continuée, d'autre part à attendre, lorsqu'une impression se présente, l'existence qui lui est habituellement liée, et à la poser causalement. Cependant il n'en résulte encore que la séparation de l'impression et de l'habitude. Et non celle du sujet et de l'objet. Cette dernière s'accomplit par la ressemblance qui affecte l'imagination et la pousse à une confusion continuée, et par la causalité qui affecte l'entendement et produit une impression de réflexion, réalité embryonnaire de la subjectivité dans laquelle réside la nécessité. C'est l'impression de réflexion qui sépare l'interne et l'externe, par une introjection qui produit le sujet. Toutefois si cette impression est manifestement intérieure, elle n'est pas pour autant l'identité du moi, comme substrat de toutes les perceptions, pas plus que les impressions de sensation, en regard, n'engendrent l'identité de l'objet. Le sujet reste encore la transition facile d'un terme à un autre, d'une impression externe à une autre, d'un phénomène à un autre. Et cette transition facile, l'imagination se souvenant en quelque sorte de la neutralité de l'impression, la projette immédiatement dans le monde comme qualité des choses elles-mêmes, comme nécessité ou comme simplicité. Ainsi le partage du moi et du monde reste à faire, ainsi que la fondation de l'identité personnelle et de l'identité objective. Il faut expliquer comment l'esprit forme de telles idées.

Mais avant d'entrer dans cette explication, il importe de caractériser clairement ce à quoi elle répond. C'est un fait que nous croyons en l'existence des corps extérieurs et que nous avons un certain sentiment du moi. Et ce fait est à ce point indubitable qu'il serait absurde de s'y opposer; en effet, son évidence est vitale et si indispensable que la raison n'a pas le droit ni le pouvoir de le transformer en un jugement susceptible de vérité ou de fausseté. Le sceptique n'y peut rien. « La nature ne lui a pas laissé sur ce point la liberté de choisir : elle a sans doute estimé que c'était une affaire de trop grande importance pour la confier à nos raisonnements incertains et à nos spéculations »[1]. Cependant ce fait est seulement dispositionnel, et la raison peut montrer les contradictions qu'il renferme. D'autre part, il ne peut pas être considéré comme étant de même nature et ayant même valeur que les faits impres-

---

1. *Traité*, I, 4, 2, 187, 270; Cf. *Enquête*, XII, 118, 266. A propos de l'identité personnelle, Hume parle d'une « forte tendance à attribuer l'identité », *Traité*, I, 4, 6, 253, 344.

sionnels. Ceux-ci sont donnés. Or, l'existence extérieure des corps est l'objet d'une croyance, et l'existence intérieure du moi l'objet d'un sentiment. La croyance sensible et le sentiment du moi l'emportent sur la raison. Mais celle-ci peut, à défaut de les suspendre, s'interroger sur leur origine, puisque l'impression les précède. Il faut rendre cause de la nature humaine.

*

Le dessein est critique quoique naturaliste : analyser les causes d'un vécu indubitable, mais non primitif. Ce naturalisme commande l'orientation de la première analyse, consacrée à l'existence extérieure des corps. La croyance sensible ne peut être tirée ni des sens ni de la raison. En effet, d'une part, l'impression sensible est l'existence même, donnée dans la certitude sensible qui ne s'en distingue pas. N'étant pas représentative, elle n'annonce aucune extériorité, dont la saisie supposerait au demeurant une perception de nous-mêmes, la compréhension de notre corps comme corps propre, la distinction des qualités internes et externes, l'expérience de l'espace ; opération trop complexe pour les sens, qui ne nous instruisent que de l'existence des perceptions. La simplicité et l'infaillibilité de celles-ci excluent que l'opinion d'une existence distincte et continue vienne des sens qui devraient soit dédoubler leurs objets soit nous tromper sur leur situation[1]. La question est donc : comment l'esprit dépasse-t-il l'immédiateté et l'indifférenciation des impressions ? Ce ne

1. *Traité*, I, 4, 2, 188-193, 271-276.

sera pas, d'autre part, grâce à la raison. Outre l'argument avancé par Hume[1], que les raisonnements philosophiques sont trop abstrus pour déterminer une croyance universelle, il est clair que la raison devrait tirer de l'expérience même l'extériorité des corps et ne le pourrait qu'à partir de quelque principe caché dans le sensible, ce qui vient d'être exclu. Si la croyance sensible procédait de la raison ou des sens, elle devrait appréhender une qualité réelle, et elle serait alors une impression.

On sait assez maintenant que toute production est l'effet de l'imagination. Comment l'imagination peut-elle engendrer la croyance en l'existence des corps ? L'élément déterminant de l'analyse humienne tient à la substitution de la question de la temporalité à celle de l'extériorité. Elle rapporte en effet l'extériorité des corps à leur indépendance, puis cette indépendance à la continuité de leur existence, en l'absence de toute perception actuelle, quoique en droit ces attributs soient réciproques et qu'on puisse les conclure l'un de l'autre. La conscience naïve privilégie la relation spatiale : les corps sont hors de l'esprit, on peut s'en éloigner ou s'en rapprocher, et cela suffit à prouver leur existence. Mais si précisément l'extériorité est la forme de la croyance sensible, elle ne peut pas en être l'origine. Elle est en outre contradictoire, puisqu'elle fait jouer aux mêmes impressions le rôle d'une existence interne et celui d'une existence externe, puisque la croyance ne dispose que d'un seul matériau : le donné sensible[2]. Or, une telle contradiction, si elle est naturelle, doit avoir une cause

1. *Traité*, I, 4, 2, 193, 276.
2. *Traité*, I, 4, 2, 210, 295.

nécessaire. Enfin l'espace est la forme sensible du monde, et nous sommes dans le monde, parce que nous entretenons des relations spatiales avec les autres objets. Mais, à strictement parler, c'est le corps propre qui est dans l'espace, non l'esprit qui lui est étranger[1]. Or, l'esprit est dans le temps dès le premier moment de sa genèse : quoique l'impression ne livre aucune transcendance, elle est par ailleurs périssable et appartient à un flux dans lequel elle cède la place à une autre impression ; elle est en succession et se soumet à la forme impressionnelle du temps. La première ouverture du sensible originaire est l'esprit comme temps.

Ce déplacement met à jour le problème fondamental : Celui de l'identité. Dans l'espace, chaque objet est lui-même, il n'est pas un autre, par la place qu'il occupe et qui est unique. Son identité est numérique et se pose par exclusion. Au contraire le temps impose à l'identité de surmonter la différence et la séparation, et de se conserver comme unité synthétique. L'identité, condition de l'indépendance et de la distinction, est le moyen terme entre la continuité et l'extériorité.

Il est remarquable que la formation de la croyance sensible se fasse sur un fond identique à celui de la formation de la croyance causale[2]. La mémoire et l'entendement, à propos des objets auxquels l'existence extérieure sera attribuée, discernent des conjonctions constantes et appréhendent la répétition d'ordres semblables, selon la continuité et l'antériorité. « Ces montagnes, ces maisons et ces arbres qui sont à

1. *Traité*, I, 4, 5, 236, 323-324.
2. *Traité*, I, 4, 2, 197, 280.

présent sous mes yeux, m'ont toujours apparu dans le même ordre et quand je les perds de vue en fermant les yeux ou en tournant la tête, je trouve peu après qu'ils me reviennent sans le moindre changement »[1]. A cette constance, on peut opposer plusieurs difficultés : l'ordre spatial est réversible ; rien n'empêche de voir de droite à gauche ce qui a été vu de gauche à droite ; et ce qui est seulement inverse dans l'espace est réellement différent dans le temps. Comment l'entendement peut-il identifier des séquences temporelles qui ne se ressemblent pas ? D'autre part, la constance des objets extérieurs est toute relative : les corps changent de position et de qualités. L'ordre lui-même est soumis à des modifications, qui s'opposent aux effets de la répétition. C'est pourquoi, il faut invoquer un second caractère qui renforce la permanence contingente des constances, par la nécessité causale du devenir : il faut en appeler à la cohérence, c'est-à-dire à la similitude dans le changement. « Quand je reviens dans ma chambre, après une heure d'absence, je ne trouve pas mon feu dans l'état où je l'ai laissé ; mais je me suis accoutumé, en d'autres cas, à voir se produire un changement semblable dans un temps semblable, que je sois présent ou absent, proche ou éloigné »[2].

De ces deux caractères des impressions, ou plus exactement, des ordres impressionnels, il faut tirer l'existence continue, qui est au principe de l'extériorité des corps. Or, les impressions dites internes, passions, affections, qualités secondes, etc., ne sont guère plus inconstantes que les impressions dites externes, et elles se modifient avec autant de régularité

---

1. *Traité*, I, 4, 2, 194, 278.
2. *Traité*, I, 4, 2, 195, 279.

que les phénomènes du monde. Pour répondre à cette
objection, Hume use d'un argument paradoxal, mais capital.
L'exemple célèbre du commissionnaire et de la lettre[1] montre
en effet que ce qui caractérise le monde extérieur, tel qu'il est
perçu, c'est qu'il est lacunaire : je perçois successivement ma
table, le commissionnaire, la lettre… Ce flux de perceptions
est ininterrompu. Mais rapportée au système du monde, causalement uniforme, la succession est à chaque moment en
défaut : il a fallu que le commissionnaire monte l'escalier,
ouvre la porte, il a fallu que mon correspondant écrive la lettre,
qu'il habite loin de chez moi, etc. La suite de mes impressions
présentes, considérée dans son progrès simple, contredit toute
mon expérience passée et mes anticipations, si je ne suppose
pas que le monde continue d'exister, alors même que je ne le
perçois pas. Ce qui rend donc nécessaire la fiction de l'existence continue, c'est l'opposition entre la succession temporelle et le système causal. Ce dernier, pourtant produit à partir
de la première, la rompt en retour, morcelle la contiguïté et
intègre l'événement dans le tout, au prix d'un triomphe sur le
temps, par une opération de l'imagination qui engendre la
fiction de cohérence et affermit une uniformité défaillante.
Rien dans la causalité n'autorise l'idée de l'existence continue, qui invente plus de régularité qu'il ne s'en trouve. « Une
fois que l'esprit est en train d'observer de l'uniformité entre
des objets, il continue naturellement jusqu'à rendre l'uniformité aussi complète que possible »[2].

---

1. *Traité*, I, 4, 2, 195-197, 279-280.
2. *Traité*, I, 4, 2, 198, 282.

Mais l'analyse reste insuffisante, si elle se borne à l'étude de la cohérence. La fiction de cohérence cherche le même dans la différence du donné et suppose la constance. Or, comment la constance peut-elle être une qualité impressionnelle ? Comment peut-on dire que le même ordre se répète ? La question intéresse la causalité elle-même, puisqu'elle porte sur la formation des conjonctions constantes. Elle touche la mémoire, l'habitude et l'entendement lui-même.

Toutes les impressions sont différentes. Tel est l'enseignement de l'atomisme. Or, nous disons : le même revient et partant il demeure dans le temps et le changement. Mais comment peut-il revenir ? En effet, le même n'est pas une catégorie pouvant se rapporter à l'impression, celle-ci étant différente absolument et périssant sans retour. « Un objet isolé apporte l'idée d'unité, et non celle d'identité » [1]. Divers objets d'autre part donnent l'idée de multiplicité. L'identité n'est donc pas une qualité primitive, puisqu'elle est l'unité rapportée au divers. Et il faut expliquer ce qui la produit en tant que relation ; et comme l'empirisme ne saurait en disposer comme d'un principe transcendantal, il ne peut éviter d'entrer dans la genèse de cette condition fondamentale de tout exercice de l'entendement et de toute activité de la vie.

La production de l'identité de l'objet demande une triple opération de la part de l'imagination, un triple travail de synthèse [2]. L'imagination a le pouvoir de rassembler par ressemblance, et de la ressemblance il faut tirer l'identité sans la

1. *Traité*, I, 4, 2, 200, 284.
2. Loin que l'identité de l'objet soit le corrélat de l'identité du sujet, c'est cette dernière qui s'obtient à partir de la première et qui en est une complication.

présupposer. La première fiction est celle de la durée d'une impression dans le temps[1]. Mon attention peut demeurer fixée sur une unique impression ; aussi longtemps qu'une nouvelle impression ne survient pas, je ne puis former l'idée de temps, puisque celle-ci est la forme de la diversité. Toute perception qui demeure abolit le temps. Inversement, les impressions qui naissent et meurent me donnent l'idée de temps, mais ne sont pas *dans* le temps, puisqu'elles en sont les instants. Ceux-ci ne sont liés que pour autant que le temps dure, c'est-à-dire qu'une impression parvient à les chevaucher. Il faut donc que la succession soit transformée en continuité, que la synthèse du temps soit accomplie, puisque la succession ne devient ordre que par la continuité. «L'idée de durée est toujours dérivée d'une succession d'objets changeants, et elle ne peut jamais être amenée à l'esprit par un objet stable et immuable »[2]. Elle est dérivée fictivement par l'imagination qui, grâce à une récollection des impressions dans le temps, saisit la perception qui demeure sur le fond d'une variation supposée d'instants. La même perception dure dans le divers de la succession. La durée est ainsi la forme la plus élémentaire de l'identité.

En ce qui concerne la durée, la fiction porte sur la variation temporelle, mais l'ininterruption de l'impression garantit son invariabilité. Le cas est plus difficile, lorsqu'on dit que deux perceptions sont le même objet, que le même objet a une existence constante, en dépit de l'interruption de la perception : il faut bien alors tirer l'ininterruption, malgré la succes-

---

1. *Traité*, I, 2, 3, 37, 89 ; 1, 2, 5, 65, 121 ; 1, 4, 2, 200-201, 285.
2. *Traité*, I, 2, 3, 37, 88-89.

sion réelle, d'une invariabilité supposée. Il faut triompher de
la différence de l'impression dans une synthèse qu'on pourrait
dire d'identification. Pour parvenir à un résultat aussi considérable et aussi décisif, Hume use d'une argumentation au
prime abord déconcertante. Il en appelle à une *association des
dispositions*, sorte de moyen terme entre l'association des
idées et l'association des impressions, en vertu duquel nous
sommes portés à confondre « toutes les idées qui placent
l'esprit dans la même disposition ou dans des dispositions
semblables »[1]. La ressemblance entre deux groupes de
perceptions nous fait passer aisément de l'un à l'autre, sans
nous mener pour autant directement à les identifier. Mais
comme dans les deux cas notre esprit est disposé semblablement, nous tombons dans la confusion. Ainsi confondons-
nous le cas de la durée, c'est-à-dire de la conservation d'une
impression, dans une variation supposée de temps, et le cas de
la constance, c'est-à-dire de la ressemblance de deux impressions différentes dans une variation réelle de temps. « La
pensée glisse le long de la succession d'idées avec autant de
facilité que si elle considérait seulement un objet unique ;
aussi confond-elle la succession et l'identité »[2]. Pour parvenir
à ce résultat, la ressemblance joue de façon délirante : il y a la
ressemblance dans la distinction, des perceptions ; il y a la
ressemblance dans la confusion, des actes de l'esprit ; et la
seconde, par un effet de retour, conduit à transformer la
première en l'identité de l'objet[3]. On pourrait objecter que

1. *Traité*, I, 4, 2, 203, 287.
2. *Traité*, I, 4, 2, 204, 288.
3. *Traité*, I, 4, 2, 204-205, 289, note.

rien ne légitime une telle hypothèse, si à travers tout ceci, l'imagination ne faisait autre chose que suivre sa nature, c'est-à-dire la transition facile. L'association, et surtout la ressemblance qui est source d'erreur et d'illusion[1], s'impose à la différence, parce qu'elle est facile. L'identité l'emporte sur la similitude parce qu'elle est plus facile. Demeurer dans la différence serait naître et mourir. La ressemblance serait épuisante, si elle ne prêtait pas à confusion. L'identité est repos pour la vie et pour l'esprit.

Elle est cependant contraire à l'impression, qui se donne différente et dont l'unité matérielle exclut une telle unité formelle. L'imagination applique ses fictions sur les perceptions, sans modifier la nature de celles-ci et sans transformer la conscience élémentaire qui les pénètre. Comment accorder un esprit morcelé par la différence, et un esprit aisé, animé par la transition facile? Entre l'être et la tendance, il y a contradiction. Mais comme l'imagination n'est pas en peine d'expédient[2], elle invente une troisième fiction, qui fait passer de l'identité à l'existence continue: les impressions ou les objets (c'est la même chose) jouissent d'une existence continue, indépendante de leurs apparitions successives à l'esprit. Elles sont désormais pourvues d'un être et d'un apparaître: l'être appartient à l'impression en tant qu'externe, l'apparaître à la même impression, en tant qu'interne. « La même existence continue et ininterrompue peut donc parfois être présente à l'esprit, parfois lui être absente, sans changement

1. *Traité*, I, 4, 2, 202-203, 287.
2. Même raisonnement à propos de la formation de l'idée de substance. *Traité*, I, 4, 3, 200, 306-307.

réel ou essentiel dans son être même »[1]. Cette illusion n'est pas la moindre : elle intègre le multiple dans l'un, par la séparation du sujet et de l'objet, par le rejet de la succession dans celui-là et de la continuité dans celui-ci.

On a prêté beaucoup moins d'attention à cette analyse de la perception sensible qu'à celle de la causalité[2]. Pour des raisons objectives : le texte présente un échafaudage d'arguments qui semblent relever plus de la fantaisie que de l'entendement ; ce texte est sans ancêtres ni postérité. L'*Enquête* le reprend sous l'aspect d'un motif sceptique. Pour une raison subjective aussi : il est beaucoup plus difficile d'admettre qu'on sollicite l'évidence sensible elle-même, dans ce qu'elle a de plus immédiat. Et cependant l'analyse est capitale pour l'empirisme humien. En effet, tout empirisme radical se doit de produire cette genèse de l'extériorité, sous peine d'être incapable de s'établir définitivement. Les philosophies du sens commun, qui refusent qu'on scrute ces évidences élémentaires, sont la proie facile de la critique kantienne : admettre qu'on perçoit des objets extérieurs qui demeurent les mêmes en dehors d'une impression actuelle, c'est préparer la révolution copernicienne, parce qu'il y a manifestement plus dans la perception que dans la matière de la perception. On mesurera aussi de cette façon les faiblesses de l'empirisme de Locke, assez fort pour mener la critique de l'identité substantielle, mais trop faible pour s'interroger sur l'identité

1. *Traité*, I, 4, 2, 207, 292.
2. Voir cependant H. H. Price, *Hume's Theory of the External World*, (Oxford 1940) (étude orientée par l'empirisme logique). A. Leroy, « Statut de l'Objet Extérieur dans la Philosophie de Hume », *Revue internationale de philosophie*, 1952, numéro 20, p. 199-212.

formelle [1], et les silences de l'immatérialisme de Berkeley, qui transforme le problème de la matière en problème de l'esprit.

L'analyse est aussi importante par son résultat : la perception de l'existence extérieure des objets est une croyance. « Nous avons une tendance à feindre l'existence continue de tous les objets sensibles ; et comme cette tendance naît de certaines impressions vives de la mémoire, elle confère de la vivacité à la fiction ; ou, en d'autres termes, elle nous fait croire à l'existence continue des corps » [2]. La continuité et l'extériorité appartiennent aussi peu aux objets, que la nécessité à la cause ou à l'effet. Ce sont des déterminations de l'esprit : tendance à la confusion dans le premier cas, tendance causale dans le second. L'esprit croit parce qu'il est poussé par les principes d'association. Berkeley avait ignoré ce fait de la croyance : s'il y avait prêté attention, il n'aurait pas eu à en appeler à la transcendance divine pour garantir l'altérité de l'idée par rapport à l'esprit [3].

Il fallait enfin, grâce à cette doctrine, dégager ce à quoi s'ordonne le scepticisme humien. L'*Enquête* [4] rappelle que le sceptique n'a pas de peine sur ce thème à manifester la contrariété entre cette tendance qui nous fait croire en l'existence extérieure des corps, c'est-à-dire des perceptions elles-mêmes, et la raison qui dénonce l'absurdité qu'il y a à prendre la même impression pour une existence interne et pour une

---

1. *Essai*, II, 27.

2. *Traité*, I, 4, 2, 209, 293.

3. A. Leroy, dans l'article cité ci-dessus, comprend la croyance sensible chez Hume d'une façon berkeleyenne : dans le *feeling* s'indiquerait une altérité plus fondamentale que l'extériorité.

4. *Enquête*, XII, 151-154, 267-271. Cf. *Traité*, I, 4, 2, 210 *sq.*, 295 *sq.*

existence externe. On en a conclu que la raison devait suspendre son examen et s'incliner devant l'instinct naturel. C'est ce qu'elle fait toujours, puisqu'en dépit d'elle nous croyons en l'existence des corps. Mais elle est assez vigoureuse pour montrer que l'évidence sensible est un effet de l'imagination, comme l'est de même l'évidence de l'entendement, dans les raisonnements d'expérience. Et son conflit avec la croyance est essentiel pour faire apparaître ce qui anime l'imagination. Celle-ci tend à la durée et à l'identité; mais comme ces effets sont contraires au donné, elle invente l'existence continue et extérieure, dans l'identité de l'objet. Celle-ci étant à son tour contraire à l'expérience, les philosophes ont pris le parti de distinguer entre les perceptions et les objets : palliatif qui «contient toutes les difficultés du système courant, plus quelques autres qui lui sont propres»[1]. L'imagination ne craint donc pas la contradiction, même si la contradiction finit par l'emporter. L'essentiel n'est pas en effet de satisfaire la raison, mais d'expliquer la tendance de l'imagination, comme transition facile. De la durée à l'identité, de l'identité à la continuité, de la continuité à l'extériorité, il y a là un progrès de la fiction, rendu impératif par des contradictions vitales. Aussi longtemps que le repos de la croyance sensible ne sera pas atteint, l'imagination inventera des raisons, non pour la gloire de la raison, mais pour la satisfaction de la vie. On trouve ainsi «une opposition entre la notion de l'identité des perceptions semblables et la discontinuité de leurs apparitions; l'esprit doit donc se sentir mal à l'aise dans cette situa-

---

1. *Traité*, I, 4, 2, 211, 296.

tion et cherchera naturellement à alléger le malaise »[1]. Lorsque cette inquiétude a disparu, les philosophes peuvent bien tenter de satisfaire la raison, qui n'y trouve pas son compte, en proposant la théorie de la double existence ; mais la contradiction suffit alors à ruiner leur fiction théorique, car elle n'est plus que rationnelle, à la différence des fictions de la croyance, qui résistent aux assauts de la raison. La croyance n'attend donc aucune légitimité rationnelle ; elle tire sa force de la tendance de la vie : elle est populaire[2]. Etant entendu que le facile à vivre n'est pas le simple à penser.

*

Contraires en de nombreuses occasions, la croyance causale et la croyance sensible s'unissent pour ouvrir le champ du monde. En elles deux s'exerce la même tendance de l'imagination à l'uniformité, sous les espèces de la nécessité et de la cohérence. La croyance causale déborde l'expérience passée, dans le système nécessaire d'un monde ordonné causalement. La croyance sensible résorbe toute contrariété au sein de ce système, en supposant l'existence continue des corps et en rejetant le désordre impressionnel dans l'esprit. Sans cette tendance de l'imagination, le domaine de l'expérience resterait étroit, soumis aux défauts de la mémoire, aux lacunes de la perception, et nous interdirait toute prévision. Il ne formerait pas un monde. Mais l'idée de monde est difficile[3] :

1. *Traité*, I, 4, 2, 206, 290. Hume emploie le terme lockien d'*uneasiness*.
2. Tout au long de son analyse, Hume insiste sur le fait qu'il étudie la croyance populaire, c'est-à-dire naturelle.
3. Difficulté qui agite toute la cosmologie. Cf. les *Dialogues* II.

nous n'en avons pas d'impression correspondante, puisqu'elle est l'idée d'une totalité potentielle qui précède toute expérience donnée et qui ne peut être tirée d'aucune perception particulière. Elle est donc l'idée de l'excès de l'imagination, idée qui est une fiction pure, puisqu'elle est dépourvue de réalité et qu'elle correspond non au donné mais à la tendance ; fiction comme telle, prête à se renverser en une Idée, mais impensable, ce qui préserve la genèse empirique de la transformation en une constitution transcendantale[1]. En elle, l'imagination est au plus près de ce qui lui est interdit : créer une idée nouvelle, devenir source d'*a priori*, engendrer la potentialité. La virtualité est la chose la plus difficile pour les philosophies empiristes qui sont attentives au privilège de l'actuel. Elle ne peut être introduite que comme le dépassement du donné par les principes de la nature : le futur doit ressembler au passé ; l'ailleurs doit être identique au ici ; le non perçu doit être conforme au perçu. Mais la nécessité de ces règles reste naturelle. On serait tenté de dire que l'idée de monde est une idée régulatrice, si elle était réfléchissable. Elle ne l'est pas, car l'analyse la dissout dès qu'on la lui soumet, en une illusion de l'imagination. Certes, Hume se défend de douter de la nécessité causale ou de l'identité dans l'extériorité[2]. Mais son argument est sceptique : l'idée de monde, comme l'idée de moi, se dérobe ultimement à la pensée.

---

1. Cf. G. Deleuze, *Empirisme et subjectivité*, qui n'hésite pas à franchir le pas : « Avec le monde, l'imagination est vraiment devenue constituante et créatrice ». (p. 82).

2. Ainsi Hume nie qu'il ait affirmé qu'une chose puisse commencer d'exister sans cause. Voir *Lettres*, I, 187 (à J. Stewart février 1754) ; *Traité*, I, 3, 3 ; *Enquête* IV.

L'imagination se préserve en son obscurité. Il lui faut demeurer aveugle à l'évidence de ses effets.

*

Si l'idée de monde est une idée extrême pour l'empirisme humien, l'idée de moi demande un effort encore plus considérable. Le monde est une totalité composée et uniforme, le moi est une totalité identique, un système qui est même que soi. De plus c'est au prix du désordre du moi, dans lequel est rejeté le chaos impressionnel, que le monde est ordonné sensiblement et causalement. La succession sans lien appartient à l'esprit, la constance et la cohérence aux corps. L'extériorité entraîne donc l'intériorisation de la différence des impressions. Or, c'est cette différence qui doit être liée et fondue, tout en étant conservée, dans l'identité personnelle[1]. L'empirisme de Hume est confronté à cette dernière tâche : imposer la forme de l'identité à la multiplicité atomique, ou plutôt, la faire naître de cette matière. La genèse du moi sera la plus grande des œuvres de l'imagination. « Quelle est donc la cause qui produit en nous une aussi forte tendance à attribuer l'identité à ces perceptions successives et à admettre que nous possédons l'existence invariable et ininterrompue pendant tout le cours de notre existence ? »[2]

La seule donnée immédiate est l'impression-conscience, qui est une donnée atomique sans pensée et sans conscience de

---

1. Le concept d'identité personnelle est un concept lockien il doit être distingué de l'identité substantielle et de l'identité du vivant. Cf. *Essai* II, 27.

2. *Traité*, I, 4, 6, 253, 344.

soi. L'esprit est un théâtre où défilent des impressions en proie à une succession indéfinie, à une diversité irrémédiable. Encore faut-il ajouter que l'esprit n'est même pas l'unité de lieu peuplée par ce flux : hors de telle perception, il n'est rien. Il n'est rien « qu'un faisceau ou une collection de perceptions différentes qui se succèdent les unes aux autres avec une rapidité inconcevable et qui sont dans un flux et un mouvement perpétuel »[1]. La doctrine de l'impression le prouve directement : une conscience de soi serait une impression particulière, qui accompagnerait toutes les autres et qui existerait continûment. Or, toutes les impressions sont séparables et périssables, parce qu'elles sont différentes. Cet argument suffit donc à ruiner l'évidence d'un soi empirique ou l'évidence pure d'une substance pensante. Mais il faut faire plus. Locke en effet avait déjà mené la critique de l'identité substantielle et limité le sentiment de l'existence à une perception analytique (sans s'interroger sur son extension synthétique) : il est impossible « à quelque être que ce soit d'apercevoir sans apercevoir qu'il aperçoit »[2]. Berkeley insiste sur le fait que l'esprit n'a pas d'idée du moi, ne pouvant être donné à lui-même : « nous avons, peut-on dire, quelque connaissance ou notion de nos propres intelligences, des esprits et des êtres actifs ; au sens strict, nous n'en avons pas d'idée »[3]. Les philosophies transcendantales pourront louer sans peine une telle clairvoyance, si contraire à l'empirisme. Hume est plus conséquent : tout nous vient de l'expérience donnée. Ou il y a une

1. *Traité*, I, 4, 6, 252, 344.
2. *Essai*, II, 27, § 9, 264.
3. *Principes*, § 89 (addition de la 2ᵉ édition).

conscience de soi substantielle ou la conscience de soi devient une énigme. En effet, synthétique ou analytique, le soi serait un sujet auquel toutes les impressions se rapportent, comme à la condition de leur existence et de leur liaison. Or, les impressions sont en elles-mêmes et n'ont besoin de rien pour soutenir leur existence [1]. « Pour ma part, quand je pénètre le plus intimement dans ce que j'appelle moi, je bute toujours sur une perception particulière ou sur une autre, de chaud ou de froid, de lumière ou d'ombre, d'amour ou de haine, de douleur ou de plaisir » [2]. Toute conscience est conscience non réflexive d'une impression particulière. Le moi n'est donc pas plus sujet que chose pensante : il faut renoncer à tous les *cogito*.

Mais nous avons une perception du moi, nous attribuons l'identité aux impressions qui se succèdent, ce qui exige qu'on explique comment un tel résultat peut être obtenu. Or, le mode d'explication auquel Hume a pu recourir jusqu'à présent est défectueux, quand il s'agit de produire l'identité personnelle, car elle ne peut pas être un objet de croyance. Toute explication part de la différence des impressions ou de la distinction des idées, et obéit à deux principes complémentaires : « Toutes nos perceptions distinctes sont des existences distinctes et l'esprit ne perçoit jamais de connexion réelle entre des existences distinctes » [3]. L'application simultanée de ces deux principes est possible quand il s'agit de la croyance : toute liaison est un effet naturel de l'imagination associante, qui conduit l'esprit à poser l'existence d'un souvenir à l'intérieur

1. *Traité*, I, 4, 5, 233, 322; I, 4, 6, 252, 343.
2. *Traité*, I, 4, 6, 252, 343. Cf. *appendice*, 634, 384.
3. *Traité*, *appendice*, 636, 385.

de la succession temporelle, l'existence continue et extérieure
d'un objet absent, dans le monde, l'existence d'*une* cause ou
d'*un* effet inféré, au sein de l'expérience possible. Toute
croyance est une idée vive. Or, dans le cas de l'identité
personnelle, les deux principes s'exercent contrairement, car
c'est la liaison ou la connexion comme telle qu'il faut poser
dans l'existence. Le moi est l'écoulement synthétisant et
identifiant du divers des perceptions, c'est-à-dire l'association réfléchie comme unité subsistante et simple. «Des
connexions entre des existences distinctes, l'entendement
humain ne peut jamais en découvrir. Nous *sentons* seulement
une connexion ou une détermination de la pensée à passer
d'un objet à un autre»[1]. Nous sommes déterminés à... Ce
feeling est donc la seule origine de la conscience de soi. Or, si
dans la causalité le *feeling* est une impression de réflexion,
ayant pour correspondant l'idée de nécessité, il n'est
cependant pas réflexion, car il est toujours engagé dans telle
ou telle association, et on ne peut s'y reposer, comme s'il
embrassait la totalité des liaisons passées et à venir, dans une
unité principielle. «Il résulte donc que seule la pensée sent
l'identité personnelle, quand elle réfléchit sur la suite des
perceptions passées qui composent un esprit, elle sent la
connexion qui relie les unes aux autres les idées de ces
perceptions et les fait s'introduire naturellement les unes les
autres... Mais tous mes espoirs s'évanouissent quand j'en
viens à expliquer les principes qui unissent nos perceptions

1. *Traité*, *appendice*, 635, 760.

successives dans notre pensée ou notre conscience » [1]. En effet ce sont les fondements mêmes de l'analyse humienne qui seraient ébranlés : il est demandé que la pensée sente, que, sentant la transition comme telle, elle la réfléchisse comme principe d'une identité synthétique. Il est demandé, en d'autres termes, que la pensée, sentant la transition facile, pense l'imagination elle-même. L'identité personnelle serait alors la conscience de soi de l'imagination, et il deviendrait inévitable que l'imagination se réduise à la conscience de soi. L'empirisme lockien ou berkeleyen écarte l'idée d'une connaissance essentielle des premiers principes, mais il tolère à son insu l'évidence d'un *cogito,* qui, se posant comme unité synthétique et originaire, ne peut s'établir que dans un acte pur. « Tout le divers de l'intuition a un rapport nécessaire au *je pense* dans le même sujet où se rencontre ce divers. Mais cette représentation est un acte de la *spontanéité,* c'est-à-dire qu'on ne saurait la considérer comme appartenant à la sensibilité » [2]. Pour éviter cet argument kantien, la philosophie humienne se doit donc de laisser l'imagination à son activité énigmatique, activité qui est bien de synthèse mais qui ne peut se réfléchir en une unité régulatrice. Il y a bien un *feeling* de la transition, mais on ne peut le penser comme un *cogito.* L'imagination est

---

1. *Traité, appendice,* 635-636, 385. Cf. Le sentiment intérieur chez Malebranche, l'aperception empirique chez Locke, et la réflexion par notion chez Berkeley. Hume se réfère à des débats prenant source d'une part chez Malebranche, d'autre part chez Locke, et alimentés par des querelles de nature religieuse, concernant l'immortalité de l'âme et la permanence de l'identité. Sur le détail de ces controverses, voir J. Laird, *Hume's Philosophy of Human Nature,* p. 164-168.

2. Kant, *Critique de la Raison Pure,* déduction transcendantale, (2ᵉ édition), § 16, trad. Tremesaygues et Pacaud (2ᵉ édition 1963), p. 110.

nature (tendance) et de la nature il n'y a pas de pensée. C'est un grand bonheur que la question de l'identité personnelle s'enferme dans un labyrinthe[1].

Les analyses de la section 6 pour expliquer l'identité personnelle n'en sont que plus intéressantes. On pourrait estimer que la question de l'identité appelle la même solution, qu'il s'agisse de l'objet ou du sujet, et qu'il suffit d'expliquer les mêmes opérations de l'imagination. Et certainement, quant à la formation de l'idée même d'identité, l'esprit suit toujours la même tendance. Nous sommes enclins à considérer comme identiques des objets reliés, différents et variables. « Pour justifier à nos yeux cette absurdité, nous imaginons souvent l'existence d'un principe nouveau et inintelligible qui relie les objets les uns aux autres et s'oppose à leur interruption ou à leur variation. C'est ainsi que nous imaginons l'existence continue de nos perceptions sensibles, pour supprimer leur interruption ; c'est ainsi que nous donnons dans la notion d'âme, de moi et de substance pour masquer la variation »[2]. Mais alors que la liaison des impressions est de similitude, de contiguïté et de causalité, dans le cas de l'objet dont l'identité est toujours remplie, il n'en va pas de même du moi, dont l'identité doit être posée dans la différence des perceptions, et dont la fiction est nécessairement celle d'une unité vide, étrangère à son remplissement, qui se fait par

1. « A revoir de manière plus serrée la section sur l'identité personnelle, je me trouve engagé dans un tel labyrinthe que, je dois l'avouer, je ne sais comment corriger mes premières opinions, ni comment les rendre cohérentes ». *Traité, appendice,* 633, 382. On a beaucoup épilogué sur cette « autocritique ».

2. *Traité,* I, 4, 6, 254, 346.

simple succession. Le moi est le théâtre multiple de la contingence et de la diversité des impressions. «Evidemment l'identité, que nous attribuons à l'esprit humain, aussi parfaite que nous puissions l'imaginer, est incapable de fondre en une seule les diverses perceptions différentes et de leur enlever leurs caractères distinctifs et différentiels, qui leur sont essentiels » [1]. Il importe donc, si on veut conserver le parallèle entre l'identité objective et l'identité subjective, de montrer que l'imagination peut manifester une tendance extrême à la variation et continuer d'engendrer ses fictions, là même où les conditions sont renversées du pour au contre. C'est pourquoi Hume reprend une argumentation élaborée par Locke [2], et envisage successivement l'identité d'un être matériel, qui demeure dans la conservation de la contiguïté des parties, dans le maintien des masses et des volumes, et dont la tolérance au changement est limitée; puis l'identité de la machine subordonnée à la permanence de l'organisation et des fins; puis l'identité du vivant qui peut varier en volume, renouveler toutes ses parties, changer de formes, pourvu que la sympathie des organes et l'unité finale soient préservées; enfin l'identité de la personne où tout change, où il n'y a plus de liaison que la succession elle-même, où l'identité est la différence perpétuée.

Ce raisonnement par variation fait plus apparaître la difficulté qu'il ne la résout. Il en ressort en effet que le moi ne dure pas, qu'il est non seulement en proie au temps, mais encore qu'il est le soi du temps, puisque son identité réside

1. *Traité*, I, 4, 6, 259, 351.
2. *Traité*, I, 4, 6, 255-259, 347-351. Cf. Locke, *Essai*, II, 27, § 3 à 11.

dans la seule continuité de la succession. Le moi *est* le flux des perceptions : écoulement qui à proprement parler n'est pas un principe de connexion réelle, mais une association de l'imagination quasi impressionnelle et répondant à la multiplicité du divers. Mais la succession, prise en elle-même, est manifestement un fondement insuffisant : elle sépare ; elle est une relation plutôt négative que positive, alors que l'identité personnelle appelle un progrès du temps, une continuité qui ne se contente pas de passer d'un présent à un autre, mais qui embrasse le passé et projette l'avenir. Il faut donc la mémoire et l'entendement. En étant mémoire, l'imagination établit des ressemblances entre les perceptions, elle renforce la transition facile et favorise le procès d'identité des objets et de la pensée, parce qu'elle libère de la succession. « Par cette particularité [de faciliter l'imagination], la mémoire ne découvre donc pas seulement l'identité, elle contribue aussi à la produire en produisant une relation de ressemblance entre les perceptions »[1]. Cette production est encore limitée, puisque la ressemblance prend en compte la particularité des perceptions et suggère des identités trop étroitement attachées au donné. C'est pourquoi, la fonction principale de la mémoire est de reconnaître le champ de l'identité personnelle, de fixer les limites de l'appropriation. Mais quant au principe d'une identité dominant le temps par enveloppement de toutes les perceptions données, prescrivant son unité au passé comme au futur, il faut se rapporter à la causalité. « Nous pouvons observer que la véritable idée de l'esprit humain, c'est de le considérer comme un système de différentes perceptions ou

1. *Traité*, I, 4, 6, 261, 353.

de différentes existences enchaînées les unes aux autres, par la relation de cause à effet, et qui se produisent, se détruisent, s'influencent et se modifient les unes les autres »[1]. L'avantage de la causalité est qu'elle est une relation de second degré : ni quasi impressionnelle comme la contiguïté, ni qualitative comme la ressemblance, mais indifférente à la nature particulière et à l'ordre particulier des perceptions. La relation causale est à la fois affranchie du donné, puisqu'elle est l'effet de la conjonction constante, et nécessaire puisqu'elle forme système. Or, ces deux attributs sont ceux qui entrent dans l'idée d'identité personnelle, qui est la collection des impressions et en même temps la domine, car elle est prise dans la contingence de l'existence présente et cependant s'offre comme la règle de la mémoire et du projet. Le moi, s'embrassant lui-même, se rend indifférent au donné et à son écoulement. « Tout comme la même république peut, sans perdre son individualité, changer non seulement ses membres, mais aussi ses lois et ses constitutions, de manière analogue la même personne peut varier son caractère et ses dispositions, aussi bien que ses impressions et ses idées, sans perdre son identité. Quelques changements qu'elle souffre, ses diverses parties sont toujours reliées par la relation de causalité »[2]. Ce serait donc dans la causalité que le moi serait susceptible d'accéder à son identité formelle.

Mais cette analyse n'échappe pas à la difficulté : nous n'avons aucune idée d'une connexion réelle entre des existences distinctes. Le *feeling* de la transition facile, même

1. *Traité*, I, 4, 6, 261, 353.
2. *Traité*, I, 4, 6, 261, 353-354.

organisée causalement, ne saurait avoir le moi pour donné correspondant. Toute transition est engagée particulièrement et porte d'une existence à une autre. Elle ne se reprend pas dans l'existence du soi. Elle peut tout au plus ébaucher le système potentiel du monde, chaque liaison conduisant à quelque nouveau phénomène, chaque phénomène supportant quelque liaison nouvelle. Mais que le système puisse être saisi dans son principe, que ce principe puisse se réfléchir en une existence se fondant elle-même, sans être donnée, que la conscience de soi règle la mémoire, l'entendement, et d'une façon générale l'expérience, c'est ce que la philosophie humienne ne peut admettre, sans renier sa doctrine élémentaire de l'expérience originaire. L'aperception de soi-même comme existence, la réflexion en soi par soi, est la fiction naturelle la plus souterraine de l'imagination et la moins pensable. Aveu d'impuissance d'un côté, mais preuve sceptique de l'autre! La pensée ne peut pas se penser.

*

En vérité cette analyse de l'identité personnelle limite moins la philosophie humienne qu'elle ne la situe dans son véritable sens. L'imagination précède la pensée, en tant qu'elle est une tendance naturelle; le peuple vient toujours avant le philosophe et ne lui permet pas de s'isoler dans la théorie avec pour unique fin la certitude. En ce sens, le scepticisme libère la nature de la spéculation et la détermine dans ses effets premiers, comme une puissance d'abord et avant tout pratique. Il n'est pas possible que la philosophie institue un ordre rationnel, chargé de recommencer dans la règle du savoir, dans la loi morale, ou dans le fondement politique, ce qui a toujours déjà commencé et ce qui est toujours déjà au travail : connaissances plus ou moins instruites, vertus dont l'obligation est souvent instable, pouvoirs mêlés de violence et d'habitude. « Je me trouve absolument et nécessairement déterminé à vivre, à parler et à agir comme les autres hommes, dans les affaires courantes de la vie »[1]. Et ce qui est dit ainsi pour le sceptique, vaut aussi bien pour le philosophe. Toute sa philosophie n'est elle-même qu'une opération qu'on peut considérer naturellement comme une autre, et qui se caractérise par le fait qu'elle est une opération de second degré, victime d'une sorte d'exacerbation de l'activité elle-même, qui se détourne de ses fins régulières et se prend elle-même pour objet. L'esprit est d'abord pratique, ensuite et par accident théorique. Le philosophe est une exception, qui n'échappe pas à la nature.

S'il y a un problème de la raison, c'est parce que la raison est un effet. Au contraire, les passions et les croyances qui servent les passions, vont de soi, de cette évidence élémentaire et indiscutable de l'impression. Elles sont senties avant d'être pensées. Et elles se dispensent aisément de la philosophie, dont les vérités ne sont jamais que curieuses et les erreurs ridicules. Le rapport entre le premier livre du *Traité*, consacré à l'entendement, et le second, consacré aux passions, est donc essentiel, car il détermine les fins naturelles de l'entendement comme étant les passions elles-mêmes. L'entendement, dans

---

1. *Traité*, I, 4, 7, 269, 362.

ses tendances et ses croyances sert l'effort de la vie. Il participe lui-même à cet effort[1].

Qu'on examine en ce sens le problème de l'identité personnelle : labyrinthe pour le philosophe, il ne trouble pas le vulgaire, qui se conçoit comme un amas obscur de perceptions successives, et qui cependant a un sentiment de soi vivace et puissant. C'est pourquoi, il n'est pas contradictoire que parlant des passions, Hume affirme : « Il est évident que l'idée ou plutôt l'impression de nous-mêmes nous est toujours intimement présente ; et notre conscience nous donne une conception si vive de notre propre personne qu'il n'est pas possible d'imaginer qu'aucune chose puisse la dépasser sur ce point »[2]. La pure conscience de soi est sans évidence ; mais nous vivons une identité personnelle pratique, qui nous détermine exactement dans nos passions et nos instincts, dans nos fins et nos limites, dans nos propriétés et nos manques. Ces deux formes de conscience ne sont pas identiques. « Nous devons distinguer l'identité personnelle, en tant qu'elle touche notre pensée ou notre imagination, et cette même identité, en tant qu'elle touche nos passions ou l'intérêt que

---

1. Sur le rapport du 1er et du 2e livre, Cf. l'avertissement : « Le sujet de l'entendement et celui des passions font une chaîne complète de raisonnements, par eux-mêmes ». *Traité*, xii, 29. La plupart des commentateurs ont insisté sur cette subordination de la raison à la pratique. Voir par exemple N.K. Smith, *The Philosophy of David Hume*, p. 154 : « Le principe humien de la subordination de la raison aux passions traverse ainsi toute sa philosophie » ; G. Deleuze, *Empirisme et subjectivité*, p. 17 : « Hume est avant tout un moraliste, un penseur politique, un historien ».

2. *Traité*, II, 1, 11, 317, 157. Voir N. K. Smith, *The Philosophy of David Hume*, p. 171.

nous prenons à nous-mêmes »[1]. Et s'il faut établir quelque rapport, ce sera de façon telle que la conscience de soi apparaisse comme un développement de la conscience passionnée et intéressée, que le moi spéculatif soit un moi soumis au moi du plaisir et de la douleur, de l'orgueil et de l'amour.

Cependant la conscience de soi pratique n'est pas plus primitive que la conscience de soi théorique. En effet, prise originairement, la conscience n'est rien que l'impression elle-même, qui ne s'élève pas à l'aperception de soi, même en ce qui concerne les perceptions internes, et qui est qualitativement indéterminée, puisque considérée comme telle, qu'elle soit théorique ou pratique, elle a une même manière primitive d'exister. Toutes les distinctions entre le cognitif et l'instinctif, entre la sensation et la réflexion, entre l'interne et l'externe, sont postérieures et procèdent de l'imagination ou du désir[2]. Les impressions de plaisir et de douleur sont, au regard des sens, de même nature que les impressions de couleur et de forme. Aucun caractère donné ne permet de comprendre les secondes comme des qualités des choses et les premières comme des qualités du moi ; en sorte que l'expérience originaire est indifférente à la connaissance ou à l'action. Les impressions de sensation (celles qui viennent des sens et celles de la douleur et du plaisir corporel) et les impressions de réflexion (passions et émotions semblables) sont partagées par ce seul caractère que les secondes sont causées par les premières. Cette organisation causale secondaire du moi mise à part, les passions « sont des impressions simples et

1. *Traité*, I, 4, 6, 253, 344-345.
2. *Traité*, I, 4, 2, 190, 273.

uniformes »[1], aussi primitives que le plaisir et la douleur. Il serait donc erroné de comprendre la réflexion, comme une conscience réfléchie, et Hume sur ce point reprend Hutcheson[2]. Locke affirmait que toute notre connaissance nous vient de deux sources : des sens externes et du sens interne, qui nous instruisent respectivement du monde matériel et de notre existence personnelle[3]. L'auteur de l'*Enquête sur l'Origine de nos Idées de Beauté et de Vertu* avait arraché la réflexion à une perspective simplement cognitive, en faisant d'elle une impression produite par les sensations, mais simple et originale dans son principe, et susceptible de mouvoir l'esprit par sentiment et non par raison. Hume retient la leçon : l'esprit perçoit ses passions (et le sens moral ou esthétique) non dans la connaissance qu'il en a, mais dans leur vivre immédiat, se donnant dans un *feeling* irréfléchi. « Une passion est une existence primitive, ou si vous voulez un mode primitif d'existence et elle ne contient aucune qualité représentative qui en fasse la copie d'une autre existence ou d'un autre mode »[4]. L'esprit appréhende ses perceptions sans se connaître lui-même réflexivement. Mais la thèse est radicalisée : la réflexion ne signifiant que la postériorité, elle ne nous instruit pas plus à elle seule de notre subjectivité que le plaisir ou la douleur, qui sont des impressions de sensation. Tant en ce qui concerne le moi que le monde, l'intériorité que l'extériorité, l'expérience originaire nous reconduit en deçà des évidences de la perception sensible. Il n'y a donc pas à

1. *Traité*, II, 1, 2, 277, 111.
2. Cf. N.K. Smith, *The Philosophy of David Hume*, p. 24-26.
3. *Essai*, II, 1, § 2, 3, 4, etc.
4. *Traité*, II, 3, 3, 415, 271.

s'étonner que le vulgaire attribue aux choses les qualités secondes, quand ce ne sont pas ses passions : elles ne sont pas primitivement subjectives. « C'est une tendance très remarquable de la nature humaine d'accorder aux objets extérieurs les mêmes émotions qu'elle observe en elle-même, et de trouver partout les idées qui lui sont le plus présentes » [1].

Il faut ajouter que la croyance sensible prend les mêmes perceptions comme qualités objectives et comme qualités subjectives, et qu'en ce sens le contenu du moi est identique au contenu du monde. D'autre part, quoique les perceptions internes ne demandent pas qu'on croie qu'elles ont existé quand elles n'étaient pas perçues, elles montrent cependant une constance et une cohérence comparables à celles qui suscitent la croyance en l'existence extérieure. « Il y a un cours général de la nature dans les actions humaines aussi bien que dans les opérations de soleil et du climat » [2]. Comment se fait-il donc que les passions, le plaisir et la douleur, soient rapportés au moi et les autres qualités aux choses ?

*

Le moi pratique doit lui-même être produit par une genèse comparable à celle de la conscience de soi. De cette genèse, la doctrine des passions nous fournit les principes [3].

1. *Traité*, I, 4, 3, 224, 311.

2. *Traité*, II, 3, 1, 402-403, 257. A comparer avec I, 4, 2, 194-195, 278.

3. Le livre II contient plus qu'il n'exprime cette genèse, car il est dominé par un souci newtonien d'explication visant à exposer les causes, les circonstances et les effets du jeu des passions.

Toute perception s'accompagne de quelque émotion et primitivement de quelque plaisir ou douleur. « Aucun objet ne se présente au sens, et aucune image ne se forme dans l'imagination sans s'accompagner d'une certaine émotion ou d'un mouvement de l'âme qui y est proportionné »[1]. Ce qui est une façon naïve de s'exprimer, puisque ces impressions, étant de sensation, sont des faits primitifs : « Les douleurs et les plaisirs du corps sont la source de nombreuses passions, aussi bien quand ils sont éprouvés que lorsqu'ils sont envisagés par l'esprit ; mais ils surgissent dans l'âme ou dans le corps – usez du mot qui vous plaît – comme des faits originaux, sans aucune pensée ni aucune perception qui les précède »[2]. Si donc la recherche de leurs causes n'est pas pertinente, si ce ne sont pas à parler strictement des affections, on retiendra qu'il faut les considérer comme les modes d'être primitifs du vivant, comme la simple sensation d'être. « Les principaux ressorts ou principes actifs de l'esprit humain sont le plaisir et la peine ; quand on enlève ces sensations à la fois de notre pensée et de notre conscience, nous sommes dans une grande mesure incapables de passion et d'action, de désir et de volition »[3]. Or, à la différence des autres impressions de sensation, qui sont des existences séparées, plaisir et douleur suscitent la liaison, la causent immédiatement. « L'esprit par un instinct primitif, tend à s'unir au bien et à éviter le mal, même s'il les

1. *Traité*, II, 2, 8, 373, 222. Cf. I, 3, 10, 118, 187 ; II, 2, 10, 392-393, 244.
2. *Traité*, II, 1, 1, 276, 110.
3. *Traité*, III, 3, 1, 574, 195. La restriction de la formule concerne les passions purement instinctives qui « produisent le bien et le mal et n'en procèdent pas comme les autres affections ». *Traité*, II, 3, 9, 439, 298 ; cf. II, 3, 3, 417, 273.

conçoit seulement en pensée et qu'il les considère comme devant exister en une période à venir du temps »[1]. Ces sensations débordent de leur existence impressionnelle et par leur impulsion engendrent les passions directes qui naissent naturellement du bien et du mal, sans la moindre préparation : le désir et l'aversion, ainsi que leurs modes, joie et chagrin, espérance et crainte, volition. Il n'en va pas ici comme dans l'imagination, où les perceptions s'associent par accident ; il y a dans le plaisir et la douleur une urgence fondamentale qui aveuglément d'abord, avec l'aide de l'entendement plus tard, combat la pure contingence du flux des perceptions, s'efforce de la lier et de l'orienter. Ces sensations ne tolèrent pas le désordre ni la surprise de la différence, et, sous l'effet d'une pression ardente, elles engagent l'effort de la vie.

Cependant, même dans le domaine des passions, Hume est atomiste : à l'origine sont des impressions séparées. Aussi faut-il comprendre la vie comme le premier moment de la nature humaine, en tant que déjà elle associe des perceptions, les lie dans la continuité et l'existence. Elle n'est pas un donné, mais une tendance, un effort vers la transition facile. Il est vrai, au contraire de l'imagination, elle est une tendance sans fantaisie qui s'empresse d'engendrer les passions directes, parce que celles-ci permettent au vivant de durer. La joie et la tristesse, l'espérance et la crainte se rapportent à des plaisirs ou à des douleurs absentes, dont elles posent passion-nellement l'existence et dont elles jouissent ou souffrent par anticipation. Bien que leur certitude ou leur attente puisse être pénétrée par les raisonnements de causalité, elle est d'abord

1. *Traité*, II, 3, 9, 438, 297. Cf. III, 3, 1, 574, 195.

affective : par ces passions, l'esprit échappe à l'immanence de l'impression et par l'effet d'une mémoire affective, qui n'a pas besoin de prendre le pli de l'habitude, tend immédiatement à s'approprier un futur de plaisir et à substituer au bonheur périssable une joie durable, au désordre des sensations la composition heureuse du bien. De là vient ce souci de l'avenir qui pousse l'esprit hors de la présence et le contraint d'une part à se représenter l'idée du bien futur, qui peut à elle seule être source de plaisir, d'autre part à travailler à la réalisation de ce bien avec l'aide de l'entendement.

La liaison qui porte des impressions de sensation (plaisir et douleur) aux impressions de réflexion (les passions) opère par ressemblance. Elle ne se comporte pas en effet comme dans l'entendement qui s'instruit auprès de l'expérience passée, mais elle agit directement en prenant pour guide une similitude impressionnelle. En effet les passions directes ou indirectes, toutes les émotions en général, sont elles-mêmes agréables ou douloureuses dans leur nature même. « La sensation de la passion » [1] est plaisir ou douleur. Or, les affections semblables s'appellent les unes les autres, directement ou indirectement, par la transition facile du bonheur ou du malheur. « Les impressions ou les passions sont liées uniquement par leur ressemblance ; quand deux passions placent l'esprit dans la même disposition ou dans des dispositions semblables, l'esprit passe très naturellement de l'une à l'autre : au contraire toute contrariété dans les dispositions produit de la difficulté dans la transition des passions » [2]. Par

---

1. *Traité*, II, 1, 5, 286, 122.
2. *Traité*, II, 2, 2, 343, 189. Cf. II, 1, 4, 283, 118.

cette association, se constituent des totalités hédoniques qui, liées par le plaisir, tentent de s'affranchir du flux contingent de l'existence donnée. Au contraire toute douleur est un échec à la transition par ressemblance, qui entraîne à des similitudes négatives. Le donné rappelle le plaisir à l'existence, impose l'imprévisibilité de l'expérience, provoque la transition du malheur. D'où des tensions, des désordres, dont le plaisir s'efforce de triompher non par calcul ou par raisonnement, mais en rendant les passions violentes calmes[1], en favorisant l'accoutumance pour réduire la souffrance de la surprise[2], en suscitant des satisfactions plus médiocres mais moins pernicieuses[3], enfin en unissant les impressions les unes aux autres, même lorsqu'elles sont contraires, de façon à les assimiler et à réduire leurs oppositions : « Les passions, malgré leur indépendance, se fondent naturellement les unes dans les autres, si elles se présentent en même temps »[4]. Ainsi se compose un ordre du bonheur, imposé au multiple impressionnel et ayant pour principe la continuité de la jouissance : du plaisir élémentaire au désir qui enfreint la présence donnée et prend la mesure du temps, la vie travaille à se perpétuer avec fluidité et avec aisance. Ajoutons que cette économie s'attache moins à la poursuite des bonheurs les plus vifs qu'à la réalisation d'un équilibre passionnel pondéré. « Nulle existence n'offre autant de sécurité – car il ne faut pas rêver au bonheur – que l'existence tempérée et modérée, qui s'en tient autant que possible à la médiocrité et à une sorte d'insensi-

1. Les passions calmes peuvent être fortes. *Traité*, II, 3, 4, 419, 274.
2. *Traité*, II, 3, 9, 446, 305.
3. *Traité*, II, 3, 5, 422-424, 279-281.
4. *Traité*, II, 3, 4, 421, 277.

bilité en toute chose »[1]. L'appétit général pour le bien et l'aversion pour le mal sont eux-mêmes, considérés comme tels, des passions calmes[2]. La proximité du bien et du mal, l'opposition des passions, l'incertitude, la surprise sont autant de causes qui accroissent le désordre et la violence des affections, et contre lesquelles le désir tend à se prémunir, afin d'établir un empire de jouissances fortes et cependant faciles.

Cette expansion du plaisir, qui s'affranchit par la ressemblance de la nouveauté périlleuse du donné et se hâte de précéder la réalité, suscite la pensée. C'est dans l'idée en effet que le désir se fait plaisir et qu'il parvient à se dispenser d'une impression de sensation actuelle. Il lui suffit d'imaginer, de faire durer la représentation du bien et de se loger en elle. En ce sens, l'imagination est à la mesure de la toute puissance de la tendance au plaisir : en même temps qu'elle lui fournit son espace, celle-ci en retour l'anime, en posant fantastiquement ses objets. Or, si le désir transgresse ainsi la succession et s'en affirme le maître, il ne domine pas cependant la réalité. Sa jouissance dans l'idée est illusoire et à la merci du démenti du donné. C'est pourquoi, le plus souvent, il est modalisé en joie et chagrin, qui sont la certitude d'un bien ou d'un mal, en espérance et crainte, qui varient avec le degré d'incertitude. L'affectivité ne peut échapper à l'instruction de la réalité, qui prend la forme de l'entendement. Celui-ci adjoint à la représentation la croyance, mesure l'attente naturellement, avant de le faire critiquement, substitue à la positionnalité affective

---

1. *Histoire* XV, II, 362, 103. Cf. « De la Délicatesse du Goût et de la Passion » *Essais*, I, 4, 73. *Morale*, IX, 281-282, 199-200..

2. *Traité*, II, 3, 3, 417, 273.

du désir la loi des phénomènes. Mais l'entendement récompense cette ascèse inévitable. En effet, intégrant l'expérience nouvelle dans un système régulier établi et vérifié, il permet de prévoir et surtout de pourvoir (il serait autrement une fonction sans valeur). C'est ce que le désir lui demande : agir en vue de la réalisation du bien et écarter la possibilité du mal ; non pas inventer des fins mais servir celles des affections. Les passions de crainte et d'espérance montrent bien comment la vie presse la faculté théorique[1]. Ces passions naissent quand l'entendement ne remplit pas sa fonction et qu'il est incapable de décider de l'existence d'un événement, ou, pour parler plus exactement, quand il y a désaccord entre la temporalité patiente des progrès de la connaissance et la spontanéité ardente du désir. Il en résulte un état d'impatience et une absence d'action, intolérable au désir, qui se porte tour à tour aux extrémités de la joie et de la tristesse, et se transforme, par suite de la rémanence de ses passions, en espérance et crainte. Celles-ci sont donc les affections de l'expérience du désordre. Or, le désir ne peut y consentir, de sorte qu'il n'a de cesse de transformer l'espérance en joie ou, s'il le faut, la crainte en désespoir, en déterminant l'entendement à compléter chimériquement le système de son expérience, pour rendre possible l'action. Il faut que l'expérience fasse système, qu'une activité ordonnée puisse être exercée, dût-elle être illusoire. En affrontant donc la réalité, le désir ne renonce pas à sa toute puissance ni à sa hâte, et soumet de part en part l'entendement à la poursuite vitale de ses fins.

---

1. *Traité*, II, 3, 9, 439-448, 298-307.

*

L'association affective des passions ne forme pas plus un moi que l'imagination : elle assume seulement la transition du plaisir, comme les liaisons d'idées font la continuité de l'entendement. Les passions directes sont vécues dans leur positivité immédiate : elles sont produites directement par le plaisir et la douleur, et n'ayant pas d'objets, elles s'épuisent dans la simple tendance au bien. Même l'épreuve de la réalité ne suffit pas à engendrer le sentiment de soi. En effet, l'entendement apporte la croyance sensible en l'existence des corps extérieurs, fait le partage du temps par la croyance mémorielle ou causale, mais n'instruit en rien de l'intériorité qui est le désordre contingent des impressions, soumis seulement à l'ordre fantastique du plaisir. Plaisir et douleur ne laissent pas de loisir à la conscience de soi et subordonnent la passion à leur impulsion.

Nous avons pourtant l'idée du moi, nous en avons même un sentiment intime. « L'idée de notre moi nous est toujours intimement présente et elle apporte un degré sensible de vivacité à l'idée de tout autre objet auquel nous sommes reliés » [1]. Pour comprendre comment c'est possible, il faut introduire les passions indirectes auxquelles Hume consacre de longs développements [2]. A la différence des passions directes, l'orgueil et l'humilité, l'amour et la haine, sont des impressions de réflexion qui sont causées indirectement par le plaisir et la douleur, par une double association d'impressions et

---

1. *Traité*, II, 2, 4, 354, 201.
2. *Traité*, II, 1 et 2. Sur l'importance de l'analyse des passions indirectes dans le *Traité*, voir N.K. Smith, *The Philosophy of David Hume*, p. 160 et *sq.*

d'idées, et qui ont un objet distinct d'elles-mêmes : le moi ou autrui. Le terme d'objet doit être bien compris : il n'introduit pas dans la passion une cause finale, qui en serait le motif, mais signifie seulement que la passion produit un objet, comme son résultat, sur lequel elle se fixe : l'orgueil et l'humilité produisent l'idée du moi, l'amour et la haine l'idée d'autrui, par une relation naturelle et originelle. Il faut « établir une distinction entre la cause et l'objet de ces passions ; entre l'idée qui les excite et celle vers laquelle elles dirigent leurs vues quand on les excite »[1]. L'objet est unique ; les causes sont multiples et variées, même si elles agissent uniformément. On discernera d'autre part en elles la qualité et le sujet : par exemple, la beauté (qualité) de la maison (sujet) me procure de l'orgueil. Ces deux éléments permettent d'expliquer comment les passions indirectes sont engendrées : celles-ci demandent que d'un côté la qualité de la cause soit agréable ou pénible, et suscite par association d'impressions une passion plaisante ou douloureuse, et que de l'autre côté le sujet de la cause soit relié par une association d'idées à l'objet de la passion. « La cause, qui excite la passion, est reliée à l'objet que la nature a attribué à la passion ; la sensation, que la cause produit séparément, est reliée à la sensation de la passion : cette double relation d'idées et d'impressions produit la passion »[2].

Ainsi la tendance au plaisir et l'imagination sont-elles amenées à collaborer étroitement : « On peut observer de ces deux genres d'association qu'ils se secondent et qu'ils

1. *Traité*, II, 1, 2, 277, 113.
2. *Traité*, II, 1, 5, 286, 122.

s'appuient extrêmement l'un l'autre et qu'une transition se
fait plus aisément quand ils s'accordent tous deux sur le même
objet » [1]. Ils sont même indispensables l'un à l'autre : la seule
relation d'idées est indifférente à la contrariété des passions
opposées ; la seule relation d'impressions ne peut susciter que
des passions directes sans objet. Et il importe de préciser en
quoi consiste cette complémentarité. Les passions indirectes
participent au flux hédonique du moi affectif. Mais en outre,
elles prennent le moi pour objet et en produisent naturellement l'idée. Cette idée du moi à laquelle l'imagination ne
peut accéder, parce qu'elle n'est pas conscience de soi,
l'orgueil et l'humilité l'engendrent par une réflexion passionnelle originale et singulière. L'idée du moi ne préexiste pas à
la passion, mais en est le terme : c'est la passion qui l'invente.
En effet elle n'est pas l'idée d'un donné correspondant,
puisqu'on a montré que ce donné n'existait pas. Le moi que la
passion a pour objet n'est pas un objet réel ; c'est pourquoi ce
serait une erreur de vouloir lui faire précéder la passion,
comme facteur entrant dans la cause, laquelle n'est déterminante que si la chose est liée à l'idée de l'objet [2]. En effet,
l'association d'idées est ici tout à fait particulière, puisqu'elle
consiste en une relation d'appartenance ou de propriété : je
suis orgueilleux des choses ou des qualités physiques ou morales qui m'appartiennent. Il faut que « l'objet agréable ou
désagréable soit non seulement étroitement relié à nous, mais
encore qu'il nous appartienne en propre, ou du moins qu'il

---

1. *Traité*, II, 1, 4, 283-284, 119. II, 2, 2, 339, 185 etc. L'*Enquête* parle de
sympathie entre les passions et l'imagination : *Enquête*, III, 81 (partie omise
dans l'édition Selby-Bigge).
2. N. K. Smith, *The Philosophy of David Hume*, p. 181.

nous soit commun avec un petit nombre de personnes »[1]. Au
lieu d'unir deux idées particulières, la connexion lie l'idée
particulière de la chose, ou de la qualité possédée, à l'idée du
sujet d'appartenance, de telle façon que la première soit inté-
grée à la totalité qu'est la seconde. Comme cette totalité n'est
pas impression, elle ne peut être établie que par la relation
naturelle de la passion indirecte à son objet, comme si dans
cette affection le désir s'était à ce point libéré du donné qu'il
se réfléchît en lui-même en se prenant pour fin, en se suscitant
comme objet : un objet fantastique, aussi longtemps qu'il
n'est pas rempli par tout ce qui lui appartient. Ce que l'imagination ne pouvait accomplir, la tendance du plaisir, qui reste
dans son expansion hédonique, dans son narcissisme exclusif,
le réalise dans l'orgueil et l'humilité : elle se ressaisit finalement et s'aidant de l'imagination ajuste l'empire du bonheur
au système de la réalité, ou plutôt, subordonne le second au
premier, en tissant une multitude de relations d'appartenance,
source de plaisirs redoublés[2]. Ainsi l'idée du moi, quoiqu'elle
soit une idée sans expérience correspondante, reçoit de la
passion réflexive une puissance d'impression : ni idée véritable ni impression réelle, mais un troisième terme intermédiaire. Et ce terme se transforme en une sphère d'intériorité,
qui certes ne fait pas un je pense, mais qui par une conscience
« de soi » hédonique s'enrichit de tout ce qui appartient en
propre à la personne et qui, en quelque sorte, se pose juridi-
quement comme le mien opposé au tien : véritable moi de

1. *Traité*, II, 1, 6, 291, 127, objet signifie ici cause. Cf. II, 1, 10, 310, 148.
2. G. Deleuze, dans *Empirisme et subjectivité* fait de l'idée de la subjectivité « la réflexion de l'affection dans l'imagination, c'est-à-dire la règle
générale » p. 59 ; cf. p. 127 etc.

plaisir et de douleur, qui se conserve dans sa propriété. le souci de la vie est le principe élémentaire de l'identité personnelle : vivre, c'est se définir un royaume réservé.

*

A la propriété du moi s'oppose la propriété de l'autre. L'autre découpe dans le monde des appartenances qui modifient le sens du monde, puisque celui-ci devient la matière de rapports intersubjectifs, qui doivent être réglés par des lois de justice. Mais il faut d'abord que le moi d'autrui puisse être saisi comme un autre moi et qu'il entre comme tel dans mon expérience. C'est la fonction des passions indirectes de l'amour et de la haine, qui sont analogues à l'orgueil et à l'humilité. Elles ont les mêmes causes, mais non le même objet ; elles présentifient autrui dans des conditions semblables à la position du moi. Cependant « alors que l'*objet* immédiat de l'orgueil et de l'humilité est le moi, cette personne identique, des pensées, actions et sensations de laquelle nous sommes intimement conscients, l'*objet* de l'amour et de la haine se trouve dans une autre personne, des pensées, actions et sensations de laquelle nous n'avons aucune conscience » [1]. L'objet de ces passions, s'il est naturel, n'est pas direct. En un premier temps, cette différence ne devrait pas être déterminante, puisqu'il n'y a pas, à défaut de *cogito,* de solipsisme initial. L'idée d'autrui peut être produite sur fond de monde, de la même façon que le moi. Mais en un deuxième temps, la reconnaissance d'autrui suppose que le moi échappe à son

1. *Traité*, II, 2, 1, 329, 173.

narcissisme hédonique et qu'il se livre à des passions qui le mettent hors de lui, en lui imposant une fin étrangère. Plus précisément : l'amour et la haine, comme toutes les passions, sont liés à des impressions de plaisir et de douleur : l'amour m'est un sentiment agréable et la haine un sentiment pénible. Comment ces passions peuvent-elles me porter à un objet autre que moi ? Comment les passions altruistes peuvent-elles avoir pour objet autrui, s'il n'est que l'une des sources de mon propre plaisir ? « Toute personne s'attire notre affection ou s'expose à notre malveillance en proportion du plaisir ou de la peine que nous en recevons, et les passions vont exactement de pair avec les sensations dans tous leurs changements et variations » [1].

Ces passions échappent au solipsisme de l'intérêt, parce qu'elles suscitent un plaisir ou une douleur désintéressée. Le moi hédonique s'étend, mais dans la reconnaissance de l'autre. Qu'on considère le cas le plus remarquable, celui de l'estime que nous portons aux riches et aux puissants, estime qui est une espèce de l'amour [2]. Hume rejette l'idée que nous respections les riches, en proportion des bienfaits qu'ils pourraient éventuellement nous dispenser. Quoique nous manquions des biens dont ils jouissent, nous les aimons pour eux-mêmes, ou plutôt nous éprouvons à les voir un plaisir qui correspond aux plaisirs qu'ils tirent de la jouissance de leurs richesses. Et cela se fait par l'effet d'un principe de transition altruiste qui est au fondement de la société et de la morale : la sympathie. « Nulle qualité de la nature humaine n'est plus

1. *Traité*, II, 2, 3, 348, 194.
2. *Traité*, II, 2, 5.

remarquable, à la fois en elle-même et dans ses conséquences, que la tendance naturelle que nous avons à sympathiser avec les autres et à recevoir par communication leurs inclinations et leurs sentiments, quelque différents qu'ils soient des nôtres ou même s'ils sont contraires aux nôtres » [1]. C'est une tendance qui agit immédiatement, sans recourir à la comparaison [2]. Lorsqu'un parent ou un ami éprouve une passion, la ressemblance de son comportement avec le nôtre, en pareille occasion, vivifie dans notre esprit l'idée de la passion et nous la fait éprouver : « Quand une affection s'insinue par sympathie, on la connaît d'abord par ses effets et par ses signes extérieurs dans la contenance et la conversation, qui éveillent l'idée. Cette idée se convertit sur le champ en une impression et elle acquiert un tel degré de force et de vivacité qu'elle devient absolument la passion elle-même et qu'elle produit autant d'émotion qu'une affection originale » [3]. La sympathie nous conduit à éprouver la passion d'autrui, quoique de façon non originale. Mais l'affection de mon proche m'est présente médiatement, puisque je ne puis en appréhender que les signes ; il faut donc que la sympathie s'accompagne d'un autre principe de transition, celui de l'inférence causale qui m'instruit, à la lumière de mon expérience passée, de la constante conjonction de la passion et de ses indices déterminés. « Quand je perçois les *effets* de la passion dans la voix et les

1. *Traité*, II, 1, 11, 316, 155 ; Cf. III, 3, 1, 577-578, 199 ; etc.
2. Lorsque la comparaison intervient, la sympathie se renverse en antipathie et donne naissance à la méchanceté et à l'envie : devant le malheur d'autrui je puis par comparaison jouir davantage de mon propre bonheur, sans compâtir. Cf. *Traité*, II, 2, 8 ; III, 3, 2, 593-594, 218.
3. *Traité*, II, 1, 11, 317, 156. Cf. III, 3, 1, 575-576, 197.

gestes d'une personne, mon esprit passe immédiatement de ces effets à leurs causes, et il forme, de la passion, une idée tellement vive qu'elle se convertit dans l'instant en la passion elle-même »[1]. Etrange effet de la collaboration de la causalité et de la sympathie. De l'autre à moi, j'enrichis mon plaisir (ou accrois ma peine), puisque j'éprouve des émotions par participation. De moi à l'autre, je communique mes passions à toutes les sphères d'appartenance analogues à la mienne et je remplis l'idée d'autrui. Et dans cette inversion de la relation sur elle-même se développe un rapport désintéressé à autrui, une bienveillance active envers le prochain. « L'amour est toujours suivi du désir du bonheur de la personne aimée et de la crainte de son malheur »[2].

On peut comprendre dès lors les passions de l'amour et de la haine. Elles ont une relation naturelle à leur objet et suscite directement l'idée d'autrui. Mais cette idée est présentifiée et remplie par les effets de la sympathie qui satisfait à l'association d'impressions et à l'association d'idées, indispensables à la passion indirecte. La sympathie est le grand principe qui étend le plaisir à toute occasion où le plaisir n'est pas donné dans une impression actuelle de sensation, mais où il peut être obtenu par participation. En même temps, elle engendre les relations humaines, relations à la fois de passion et de propriété : principe à la fois de la sociabilité et de la société. « Tout plaisir est languissant quand nous en jouissons hors de toute compagnie et toute peine devient plus cruelle et plus intolérable. Quelles que soient les autres passions qui nous

---

1. *Traité*, III, 3, 1, 576, 197.
2. *Traité*, II, 2, 6, 367, 215.

animent, orgueil, ambition, avarice, curiosité, désir de vengeance ou luxure, leur âme, le principe de toutes, c'est la sympathie » [1].

*

Ainsi trois principes, tous de transition facile, dominent naturellement le donné impressionnel et animent le moi, le monde, autrui, et leurs rapports : l'imagination, la tendance au plaisir et la sympathie. Le principe le plus originaire est le désir, car il est le mouvement même de la facilité qui, à la dispersion mortelle du donné, impose sa continuité et sa fluidité hédonique. L'impression est naissance et mort, elle est la discontinuité. Au sein de ce chaos, le vivant tend à assurer son identité affective, sa permanence heureuse (ou à défaut malheureuse). Alors que les idées associées restent distinctes, « les impressions et les passions sont capables de s'unir complètement et, tout comme les couleurs, elles peuvent se mêler les unes aux autres si parfaitement que chacune d'elles peut s'évanouir, et qu'elle contribue uniquement à diversifier l'impression unique qui résulte de l'ensemble » [2]. Par cette association se forme un moi de plaisir et de douleur, qui a substitué à la différence un monde de satisfaction irréel et libre, et qui va jusqu'à se donner lui-même en objet, dans l'orgueil et l'humilité. Le désir est peut-être cette fantaisie arbitraire dont Hume dit qu'elle précède le cours régulier de l'imagination. Mais cette fantaisie est constamment rappelée

1. *Traité*, II, 2, 5, 363, 211.
2. *Traité*, II, 2, 6, 366, 214.

à la réalité par l'apparition d'impressions nouvelles, qui détournent son cours et sont autant d'obstacles à son plaisir. Il importe donc non plus seulement d'anticiper fantastiquement le plaisir, mais de prendre prise sur l'avenir et de pourvoir au besoin : c'est la tâche de l'imagination, puissance naturelle régulière, qui dans la croyance causale prend la forme industrieuse de l'entendement. Au moi hédonique s'oppose maintenant un système mondain, subsistant hors de mes impressions et obéissant à ses propres lois phénoménales. Alors que l'association d'impressions est directe, qu'en elle une passion en suscite une autre immédiatement, par ressemblance affective, la croyance fait le détour de l'association d'idées, assemble l'expérience passée, la récapitule, et rend vive les idées. Elle introduit la pensée et s'instruit auprès de la mémoire et de l'entendement, ces puissances réalistes. Cependant, en tout ceci, l'imagination reste une tendance, qui mise en branle se poursuit d'elle-même[1], renforce la conjonction de ses divers principes[2]. « La transition facile est l'effet ou plutôt c'est l'essence de la relation »[3]. Le troisième principe, la sympathie, opère de façon semblable, comme Hume le souligne lui-même : « Ce qu'il y a de particulièrement remarquable dans toute cette affaire, c'est la forte confirmation que ces phénomènes donnent au précédent système sur l'entendement et par suite au système présent sur les passions,

---

1. *Traité*, I, 2, 4, 48, 101 ; I, 4, 2, 198, 282.
2. *Traité*, I, 4, 5, 237, 326 ; III, 2, 3, 504, 106, note 1.
3. *Traité*, I, 4, 3, 220, 313.

puisqu'il y a analogie entre les deux systèmes » [1]. La sympathie correspond aux opérations de l'entendement, puisque, de
même que celui-ci rend vive l'idée d'un phénomène, de même
elle peut rendre vive l'idée d'une passion et ainsi s'ouvrir à
autrui. Or, il est remarquable que, quoique l'imagination et la
sympathie expulsent le moi de plaisir, du monde et d'autrui,
qui ont leurs lois propres, elles coopèrent cependant à la
réussite du bonheur. Par la conjonction des passions indirectes
et de la sympathie, le moi étend sa sphère d'appartenance et
participe aux autres totalités hédoniques. Par l'entendement
qui suit les déterminations aisées de l'imagination, il parvient
à agir sur ce qui lui résiste et à se l'approprier.

En tout ceci rien que de naturel. Le moi, autrui et le monde
ne sont des problèmes que pour le philosophe, qui échoue,
parce qu'il essaie de penser la nature. Le peuple pour sa part
s'y abandonne : son problème n'est pas de se fixer dans la
conscience de soi, de tracer la limite entre le monde et le moi,
entre le moi et autrui, mais de lier une vie heureuse sur le fond
hasardeux et divers de l'existence donnée.

---

1. *Traité*, II, 1, 11, 319, 159. C'est sur cette observation que N.K. Smith
appuie son hypothèse que Hume a forgé sa doctrine de la croyance à partir de
celle de la sympathie. Voir *The Philosophy of David Hume*, p. 169 et *sq*.

CHAPITRE V

NATURE ET RÈGLE

La tendance est nature. Encore faut-il s'entendre sur la nature, laquelle n'est ni une essence ni une qualité. Une essence devrait être connue *a priori*. Une qualité serait un objet d'expérience, un donné dont nous aurions une impression et une idée. Or, toutes nos perceptions sont des existences différentes et suffisantes, desquelles ne naît aucune tendance. Le plaisir, l'imagination et la sympathie lient ces perceptions, les composant en monde et en moi, sans qu'on puisse les en dériver. A cet égard, il n'y a pas d'expérience originaire de la nature. La nature surgit dans la genèse de notre humanité, comme un accident imprévu qui advient à la différence primitive, comme un supplément inassignable, dont on peut dire seulement que c'est en lui que le simple cause le complexe. Le divers impressionnel prend la forme de la nature humaine. Mais parler de forme est peut-être en dire déjà trop : car la forme s'efface dans la réduction et n'est à proprement parler rien. La nature n'est pas même une condition de possibilité, puisque, précisément comme nature, elle interdit tout recul critique, puisque, agissant au moment même où nous voulons la ressaisir, elle investit totalement la réflexion et la naturalise dans son acte. Elle impose qu'on renonce au *cogito* et à sa raison fondatrice. Qu'est-elle donc ? En fera-t-on une faculté ? Mais, à juste titre, Hume s'attache à dénoncer la notion de puissance, qui faisait l'indécision critique d'un Locke. Nous ne percevons aucune efficace dans la matière, de laquelle nous puissions inférer l'idée de pouvoir : les qualités sensibles « sont toutes complètes en elles-mêmes et elles ne désignent pas d'autre événement qui puisse en résulter »[1]. L'expérience que nous avons de nous-mêmes est aussi inféconde : « notre idée de pouvoir n'est pas copiée d'un sentiment, ou de la conscience de notre pouvoir interne »[2], que ce soit en commandant notre corps ou notre esprit. Aussi pouvons-nous conclure : « il n'y a pas d'idée, de celles qui se présentent en métaphysique, qui soit plus obscure et plus incertaine que celle de *pouvoir*, de *force*, d'*énergie* et de *liaison nécessaire* »[3]. Un empirisme conséquent doit réduire toute espèce de virtualité, ou du moins se garder d'en faire un principe, puisqu'il prend son origine dans l'être présent de l'expérience. La critique humienne de la puissance est le complément indispensable de la critique lockienne de l'innéisme.

La nature est la transition en exercice, le passage facile, qui emporte toute perception, la lie dans une perception com-

---

1. *Enquête*, VII, 63, 138.
2. *Enquête*, VII, 67, 143.
3. *Enquête*, VII, 61-62, 135. Sur cette question, voir *Traité*, I, 3, 14, 156, 232.

plexe, et qu'on ne peut immobiliser ni dans la puissance ni dans l'acte. Nous avons d'elle pour indices ces compositions que sont les idées complexes, les inférences causales, les plaisirs mêlés, les totalités mondaines ou subjectives. Nous dirons donc qu'elle est *principe,* principe connu à partir de ses effets et inconnaissable en lui-même, car toujours à l'œuvre, terme et non fondement de la science. Ce serait poser une question hors de propos, que demander ce qu'est la nature. Tout dans notre humanité est par conséquent produit par la nature : le moi, le monde et l'autre, les croyances de la mémoire et de l'entendement, et même le pouvoir des règles. Tout est effet d'un exercice. Même la philosophie spéculative, qui suspend les fins ordinaires de l'existence, en vue de l'établissement de la vérité, demeure une opération naturelle, et dépend d'une passion tendant à atteindre des plaisirs durables. Comme tout autre objet, la théorie a de l'influence sur l'esprit, pour autant qu'elle reste facile en évitant les raisonnements abstrus, et qu'elle permet à la vie de suivre son cours régulier. La suspension du jugement, le doute portant sur nos facultés, la retraite hors de l'existence sociale, sont des agissements absurdes sinon criminels, et heureusement impossibles. Les opinions de la philosophie « vont rarement assez loin pour interrompre le cours de nos tendances naturelles »[1]. Aussi bien dans ses ressorts, dans ses fins que dans son pouvoir, la raison ne peut être que naturelle.

Ce serait une erreur d'accuser la philosophie humienne d'irrationalisme : il y a un exercice naturel et indispensable de la raison et si l'humanité a fait quelque progrès, c'est bien dans

1. *Traité,* I, 4, 7, 272, 365.

le domaine de la connaissance et des règles. Dénoncer la raison comme le font les superstitieux ou les enthousiastes, est un acte contre raison, mais d'abord contre nature. L'idée d'une raison naturelle n'en est que plus remarquable et demande à être éclairée. Hume ne distingue pas bien nettement l'entendement de la raison. Toutefois, on peut d'une façon générale affirmer que le premier est la faculté de la croyance, la seconde le pouvoir des règles. La fin de l'entendement, considéré en lui-même, n'est pas spéculative, car il est au service des passions et de la domination humaine du futur : il répond à l'inquiétude du présent. Certes, à la différence du désir, il se soumet au donné, mais ce qu'il y a d'intellectuel en lui réside seulement dans les effets, pré-réflexifs, de l'expérience passée. « Ainsi tout raisonnement probable n'est rien qu'une espèce de sensation... Quand je suis convaincu d'un principe, c'est seulement une idée qui me frappe plus fort »[1]. Qu'on considère ce qui advient de lui dans la religion : l'expérience passée défectueuse mène à des raisonnements de probabilité, qui rendent instables les passions ; Or, celles-ci pressent l'entendement et le contraignent à un délire de la causalité, qui lui fait inventer des causes inconnues et agissant obscurément. La hâte de la vie n'accepte pas la constitution lente et progressive de l'expérience et impose des croyances, peut-être absurdes, peut-être terribles, mais qui permettent de rétablir la continuité de l'action, parce qu'on aura pris les dieux dans les rets de la causalité et qu'on pourra agir sur eux grâce au culte[2]. Il n'en va pas ainsi pour la raison, quoiqu'elle

1. *Traité*, I, 3, 8, 103, 168.
2. Voir *Histoire*, II et III.

puisse elle-même être dévoyée par la religion et tomber dans la bigoterie[1]. En effet, elle se donne pour objet la mesure et s'efforce d'instituer des règles assez puissantes pour ordonner les passions. Ce qui dans la croyance est relation naturelle de l'imagination, elle travaille à en faire une loi. Bien plus, elle va à contre-courant de la nature, en interrogeant les évidences les plus simples, en se donnant l'autorité d'une puissance critique, qui oppose au fait la règle générale, en se repliant sur elle-même afin de poursuivre des fins proprement spéculatives.

L'empirisme ne saurait être complet sans une doctrine de la raison. C'est même son avantage de pouvoir, partant de l'expérience, convier à une telle doctrine, puisqu'il ne prend pas son fondement dans l'évidence de soi de la raison : celle-ci a à s'établir dans son droit, métaphysique ou critique, elle ne peut en partir. Mais en même temps qu'il suscite cette tâche, l'empirisme semble la rendre impossible. S'il est conséquent, il devra imposer le concept d'une raison qui soit empirique dans son principe même. Or, ce concept n'est-il pas contradictoire? La règle, en tant que règle, peut-elle être tirée de l'expérience? En vérité ces questions sont des questions critiques. Un Locke ne les pose pas, parce qu'il ne distingue pas la loi de la règle : nous connaissons par expérience les déterminations de notre nature, et, puisque notre nature est nôtre et qu'elle a été établie par Dieu, elle est notre règle. La nature est la raison expérimentée. Enfreindre l'une, c'est enfreindre l'autre, car il y a entre elles seulement une différence de développement, ou, pour ainsi dire, de conscience normative. Au contraire, Hume élimine cette confusion, parce

1. *Enquête*, XI, 133, 240.

qu'elle continue de penser la nature humaine comme essence établie qui, précédant dans l'entendement divin notre existence, nous fait ce que nous sommes et nous dicte ce que nous devons être. Or, la nature n'agit pas par droit divin ou par raison : en tant que tendance, elle détermine aveuglément, elle suscite la transition facile, sans accéder à aucune évidence de soi, de sorte qu'il est indifférent de savoir si ses opérations sont légitimes et à quels titres elles le sont : elle ne porte en soi aucune réflexivité rationnelle qui ferait concorder le fait et la règle. Comment dans ces conditions penser un pouvoir qui soit à la fois naturel et normatif ? Ne faut-il pas conclure que la raison est un principe hors nature ?

*

Fidèle à l'enseignement de Hutcheson[1], Hume rapporte les jugements esthétiques à un sens esthétique, fixé en nous par la nature humaine. La réception du beau dépend d'une impression originaire, qui est de l'ordre de la réflexion. Parce qu'il n'est pas une qualité des choses, donnée dans la sensation, qui serait matière à connaissance et dont on pourrait dire qu'elle appartient en propre à l'objet considéré, le beau procède d'un sentiment qui « marque seulement une certaine conformité ou relation entre l'objet et les organes ou facultés de l'esprit »[2]. Cette conformité ne peut pas elle-même faire l'objet d'un jugement cognitif qui énoncerait le caractère de

1. *An Inquiry into the Original of our Ideas of Beauty and Virtue* (1725) ; *An Essay on the Nature and Conduct of the Passions and Affections* (1728), *appendice.*

2. *Essais, I,* « De la règle du goût », 230, 268.

l'objet propre à susciter le goût : il n'y a, entre le sentiment de plaisir et l'objet, aucune liaison nécessaire qui permettrait de fixer des canons esthétiques. Le constat de l'accord de la faculté et de la chose est toujours postérieur à l'impression. Ce sentiment primitif, qui n'est préparé par rien et n'est subordonné à aucune loi, lorsqu'il suscite la perception du goût, est agréable ou pénible. « La *beauté* en tout genre nous procure un ravissement et une satisfaction ; tout comme la laideur produit une douleur, en quelque sujet qu'elle soit placée, et qu'on la perçoive dans un objet animé ou dans un objet inanimé »[1]. Chacun l'accordera. Mais il faut ajouter « le plaisir et la douleur ne sont pas seulement les compagnons nécessaires de la beauté et de la laideur, ils en constituent l'essence même »[2]. Quand nous analysons nos perceptions esthétiques, nous trouvons pour unique contenu ces impressions : c'est par plaisir et douleur que nous apprécions la beauté et la laideur.

Cette doctrine s'accorde à l'empirisme humien, qui ne connaît pour origine que le fait. Plaisir et douleur accompagnent toute impression de réflexion et en font le fond. Il est vrai, ce *feeling* confère à l'objet une valeur et se représente en un jugement appréciatif, qui contient plus que l'actualité du plaisir ou de la douleur éprouvée, puisqu'il prétend à l'universalité. Mais c'est le propre du sens esthétique, de nous *déterminer* à juger du beau et du laid, de transformer le donné en un jugement critique, par une opération naturelle aussi obscure que les déterminations de l'imagination ou du plaisir, opération qu'on appelle le goût. L'imagination fait passer d'une

1. *Traité*, II, 1, 8, 298, 135.
2. *Traité*, II, 1, 8, 299, 136.

idée à une autre, la tendance au plaisir d'une impression à une autre, le sens esthétique d'une impression à la valeur du beau. Quel autre fondement que ma perception présente puis-je invoquer pour établir mon affirmation que cet objet ou cette œuvre est belle ? En quoi consiste cette perception sinon en un plaisir ? Toute perception d'une valeur est dans son origine la surprise d'une satisfaction.

Le *feeling* précède donc le jugement. C'est ce qui fait le caractère hasardeux et fragile des perceptions esthétiques ou de la création artistique, qui, si elle peut s'appuyer sur des observations générales, n'en demeure pas moins dépendante du génie. D'autre part le jugement esthétique ne s'élève pas à une règle du goût, puisque, s'il est universel, c'est sur la base d'une impression particulière. La perception esthétique devra fonder les jugements de la critique esthétique, qui tentent de fixer les canons du beau. Faut-il conclure que la raison n'a aucun rôle à jouer et qu'on ne peut établir la critique ?

La raison et le goût sont deux puissances distinctes qui exercent des fonctions diverses : alors que la première se rapporte à la connaissance du vrai et du faux et découvre des qualités qui appartiennent aux choses, le second donne le sentiment du beau et du laid, et produit la qualité esthétique dans l'objet [1]. La raison est incapable de susciter une émotion et d'agir sur la nature humaine, comme le goût. Elle est à vrai dire indifférence. Et cependant si « la raison n'est pas une partie essentielle du goût, du moins est-elle l'auxiliaire indispensable de ses opérations » [2]. Elle intervient comme

---

1. *Morale, appendice* I, 294, 215.
2. *Essais, I,* « De la règle du goût », 240, 275.

condition d'exercice. Pour le comprendre, il faut se rapporter à la nature des perceptions esthétiques. En tant qu'elles sont plaisir ou douleur, elles sont simples et justes, puisqu'elles ne se réfèrent à rien d'autre qu'à elles-mêmes, trouvant en elles la source de l'appréciation de l'objet. Tout au plus, marquent-elles un accord ou un désaccord entre les facultés de l'esprit et l'objet. Cependant elles sont plus ou moins fines, selon que l'objet est plus ou moins grossier et le sens plus ou moins délicat; d'autre part, elles sont globales, alors que les parties de l'objet sont peut-être susceptibles de produire des sentiments plus subtils qui permettent d'en juger avec plus de justesse. Le sentiment esthétique n'est pas analytique et il s'attache aux apparences manifestes d'ensemble, dans lesquelles les objets se donnent. Or, « c'est de la proportion, de la relation et de la position des parties que dépend toute beauté naturelle »[1], ainsi que de l'achèvement des fins, qui sont celles des choses ou des œuvres. La connaissance de la structure interne de l'objet beau ne sera pas la raison de la perception esthétique, mais lui permettra de s'exercer de façon plus déliée et plus précise. D'autre part, dans tout exercice du goût entrent ces déterminations si importantes dans l'étude de la nature humaine, que Hume appelle les *circonstances*. L'essai sur la *Règle du Goût* les envisage successivement : le défaut des organes de perception, le défaut de délicatesse de l'imagination, la précipitation du jugement, le préjugé ou l'ignorance, inconvénients auxquels la raison peut remédier en distinguant les différentes parties de la composition, leur degré de cohérence, la fin poursuivie par l'œuvre, la

1. *Morale, appendice* I, 291, 212.

vraisemblance des sujets etc. [1]. « Partant de circonstances et de relations connues ou supposées, [la raison] nous mène à la découverte de circonstances et relations cachées et inconnues ; une fois que sont placées devant nous toutes les circonstances et toutes les relations, [le goût] nous fait éprouver, sous l'effet du tout, un nouveau sentiment de blâme ou d'approbation » [2]. Au total, Hume continue de penser l'art selon une conception classique, sans cependant proposer le beau comme un idéal à poursuivre selon certains canons, qu'il s'agisse du jugement ou de la création artistique, mais en faisant des déterminations de cette doctrine autant de moyens susceptibles de produire la vertu fondamentale : la délicatesse du goût. « Nul ne conteste que les sens et les facultés humaines ont leur perfection dans la perception exacte qu'ils prennent de leurs objets les plus fins, quand rien n'échappe à leur vigilant examen » [3]. Cette qualité, sur laquelle Hume revient souvent et qui est inséparable du jugement et d'un certain degré de raffinement social et culturel, « élargit la sphère de nos bonheurs comme de nos maux ; elle nous rend sensibles à des douleurs et à des plaisirs qui échappent au commun des hommes » [4]. A la différence de la délicatesse des passions, imposée à tel ou tel par la nature humaine, elle est susceptible d'être cultivée, parce qu'elle est d'abord une « délicatesse de l'imagination » [5]. En elle, l'imagination seconde le plaisir et l'arrachant au destin des passions, lui donne oisiveté et permanence. Par elle, le plaisir

1. *Essais, I,* « De la règle du goût », 241, 276.
2. *Morale, appendice* II, 294, 216.
3. *Essais, I,* « De la règle du goût », 235, 272.
4. *Essais, I,* « De la délicatesse du goût et de la passion », 5, 74
5. *Essais, I,* « De la règle du goût », 234, 271.

s'analyse ; aux associations d'impressions il joint des associations d'idées et se réfléchit en s'affirmant en vue d'une plus grande jouissance. Avec elle, l'esthétique trouve sa véritable fonction : non pas définir le beau (il est indéfinissable, puisqu'il est produit par le sentiment), mais promouvoir une culture du plaisir.

Cet accord du sentiment et de la raison, dans la délicatesse du goût, permet de lever les deux problèmes susceptibles d'embarrasser une esthétique du sentiment. On oppose au sentiment sa particularité, sa suffisance, sa simplicité : « la beauté n'est pas une qualité qui est dans les choses elles-mêmes, elle existe seulement dans l'esprit qui les contemple, et tout esprit perçoit une beauté différente »[1]. Il serait donc vain de chercher un critère de la beauté universelle dans la variété des jugements esthétiques. Et c'est un fait que les goûts sont divers ou du moins les jugements du goût. Mais cette diversité ne tient pas au goût lui-même, mais aux circonstances dans lesquelles il s'exerce : qu'on cultive la délicatesse de la perception esthétique, et chacun, dans la singularité de son goût, accédera à l'universalité *naturelle* du goût, qui dépend de l'uniformité de la nature humaine. « Dans toute cette variété capricieuse du goût, il y a certains principes généraux d'approbation et de blâme dont un œil attentif peut suivre l'influence dans toutes les opérations de l'esprit »[2]. Ces principes ne sont pas des normes de la raison, mais des déterminations naturelles du sentiment, qui dans des circonstances

1. *Essais, I,* « De la règle du goût », 230, 268. Cf. « Le sceptique » 164-165, 213.

2. *Essais, I,* « De la règle du goût », 233, 270.

identiques portent tous les hommes à un même jugement. Le sentiment est l'unique source de toute appréciation, de sorte que chercher les normes du goût revient, en s'aidant de l'imagination et de la raison, à se rapporter à la pureté de la nature, en laquelle originairement tous les goûts concordent. Par la culture de la délicatesse, par la pratique d'un art particulier, par la comparaison entre les diverses espèces de perfection, par la critique des préjugés, on réformera son goût, c'est-à-dire : on instaurera les circonstances d'un exercice naturel du goût.

On objectera, et c'est le second problème, qu'il faut quelque critère pour juger si cet exercice est naturel ou non, car il est clair que «bien que les principes du goût soient universels, et tout à fait, ou du moins presque les mêmes chez tous les hommes, cependant il en est bien peu qui aient qualité à donner leur jugement sur les productions de l'art ou à proposer leur propre sentiment comme règle du beau»[1]. Comment pourra-t-on reconnaître les critiques autorisés par la nature et aptes à proposer universellement leur sentiment? La réponse est celle-ci : la difficulté porte non sur le goût lui-même, mais sur les circonstances qui déterminent son exercice. Or, en ce qui concerne ces circonstances, il suffit de s'en rapporter à l'expérience que nous avons du monde et en définitive à une raison empirique. «A bien prendre la chose, ce sont là des questions de fait, et non de sentiment»[2]. La pratique de la société, la connaissance de l'histoire, le consentement général des jugements, compte tenu des variations des

1. *Essais, I,* « De la règle du goût », 241, 276.
2. *Essais, I,* « De la règle du goût », 242, 277.

humeurs individuelles et des mœurs des temps, sont des moyens empiriques assez assurés, pour nous instruire des sentiments critiques dignes d'être écoutés et des œuvres d'art dignes d'être admirées. On pourra en dériver une esthétique empirique, établissant des normes régulières, qui ne sont pas autre chose que des observations générales, concernant ce qui a plu universellement dans tous les pays et à toutes les époques, et qui sont capables moins de fixer le beau, que de former le goût et de le rendre apte aux plaisirs les plus délicats. Ces normes ne seront pas rationnelles, puisqu'en tout ceci la raison se contente de connaître par expérience le fait du jugement sûr, mais naturelles, pour autant que des déterminations du sentiment peuvent être considérées comme des règles. Ou plutôt, la nature ne sera règle que pour ceux qui ne sont pas capables d'un sentiment pur et qui en définitive sont dépourvus d'un jugement esthétique précis. La critique fera apparaître qu'il y a certaines qualités dans les objets, adaptées par la nature pour produire le sentiment du beau, que certains caractères corrompent gravement une composition, que l'harmonie procède de certains concours des parties, qu'il y a des genres artistiques qui offrent des plaisirs divers et plus ou moins parfaits, etc. Ces observations ne jouiront d'aucune nécessité absolue, le jugement dépendant de façon ultime du sens esthétique et de la création du génie, mais procureront des jouissances plus grandes et plus subtiles, un plus grand bonheur de l'âme.

Ainsi, dans le domaine esthétique, la raison, qui connaît les faits, est-elle un moyen au service d'une culture de la nature. En cela, elle ne se distingue guère de l'entendement. Mais on peut la comprendre aussi, si on lui conserve son pouvoir normatif, comme l'expression, sous forme de règle, de la détermination naturelle. Elle est la tendance, qui se connaît dans ses effets et qui s'éprouve comme universalité.

*

Il en va du sens moral, comme du sens esthétique. Comme le beau, le bien est l'objet d'un goût capable de distinguer entre le vice et la vertu[1]. Et il est légitime de comparer la beauté des perfections morales à celles des objets naturels, puisque, dans les deux cas, le jugement porte sur des apparences, qui ne sont pas des qualités réelles des choses, mais traduisent un accord entre la perception et l'objet ou l'action perçue[2]. Une telle analogie situe Hume dans le débat de l'époque, portant sur l'origine de la morale[3]. La morale a-t-elle son principe dans la raison, seule capable de découvrir les rapports éternels entre les choses et d'apprécier la convenance (*fittingness*) de nos actions avec l'ordre établi par Dieu pour l'univers[4]? Ou faut-il en chercher le ressort dans la

1. *Morale, appendice* I, 293-294, 215-216. On notera que Hume est plus attentif à l'appréciation morale qu'à l'action morale, et qu'il enveloppe toujours la vertu dans le mérite, lequel concerne aussi bien les dispositions que les œuvres.

2. *Morale, appendice* I, 291-292, 212-214.

3. Hume reconnait sur ce point ses dettes envers ses prédécesseurs : Hutcheson surtout, mais aussi Butler. *Enquête*, I, 55 note – Cette note qui n'appartient qu'aux deux premières éditions n'est pas reproduite par Selby-Bigge.

4. R. Cudworth, *A treatise concerning Eternal and Immutable Morality*, (1743, posthume); S. Clarke, *A discourse concerning the Unchanging*

nature humaine qui détermine, par sentiment ou par impulsion, l'esprit à la vertu ou au mérite[1]? Et dans ce dernier cas, doit-on admettre avec Hobbes que les hommes sont mus par un intérêt égoïste, se pliant à des règles imposées en vue de la conservation de la société, ou par un amour de l'intérêt général, qui s'appelle la bienveillance[2]? Le début du livre III du *Traité* est organisé autour de la première discussion; au contraire l'*Enquête sur les Principes de la Morale* la rejette dans un appendice, et consacre son effort principal à établir les principes d'une morale désintéressée.

Toute question d'origine reconduit à une impression et c'est pourquoi le jugement moral a sa source non dans des idées, mais dans des impressions : « Ce doit être au moyen d'une impression ou d'un sentiment que (la vertu et le vice) occasionnent, que nous sommes capables d'établir une différence entre eux »[3]. C'est un sens moral primitif qui suscite notre appréciation, nous fait approuver le bien et blâmer le mal. Si est posée la question de savoir de quelle nature est ce sentiment et comment il agit sur nous, chacun conviendra à la lumière d'une expérience universelle que « l'impression qui naît de la vertu est agréable et que celle qui procède du vice est déplaisante »[4]. Nous approuvons par jouissance et blâmons

---

Obligation of Natural Religion (1705); W. Wollaston, *The Religion of Nature Delineated* (1722).

1. Shaftesbury, *An Inquiry concerning Virtue or, Merit* (1698); F. Hutcheson, *An Essay on the Nature and Conduct of the Passions and Affections* (1728).

2. J. Butler, *Sermons* (1726).

3. *Traité*, III, 1, 2, 4 70, 66.

4. *Traité*, III, I, 2, 470, 66.

par aversion : le jugement de valeur n'est rien que l'idée correspondant à telle impression, et exprime seulement le fait du plaisir et du déplaisir (*uneasiness*), qui par conséquent non seulement accompagnent le jugement moral, mais sont à son principe même et confèrent aux actions et aux volitions les qualités de bien et de mal. « Avoir le sens de la vertu, ce n'est rien de plus que *sentir* une satisfaction d'un genre particulier à la contemplation d'un caractère. C'est ce sentiment *(feeling)* lui-même qui constitue notre éloge et notre admiration »[1]. Tout ce qui, pris généralement, suscite un plaisir, emporte notre approbation, qu'il s'agisse des vertus sociales ou individuelles, des aptitudes naturelles ou des avantages du corps ou de la fortune, ces qualités réunies formant ce qu'on appelle le mérite[2].

Cette identité du sens moral et du plaisir a cette conséquence paradoxale que la morale humienne n'est pas hédonique. Est bon, non pas ce qui est susceptible de procurer du plaisir et qu'on recherche en vue du plaisir, mais ce que nous sentons nous plaire. Tout jugement moral nous rapporte à une impression qui le précède et qui, étant origine, ne peut être prise pour fin. La seule existence de cette impression est valeur. « Nous n'inférons pas qu'un caractère est vertueux de ce qu'il plaît ; mais en sentant qu'il plaît de cette manière particulière, nous sentons effectivement qu'il est vertueux »[3]. Etant primitif, le plaisir est désintéressé et est exprimé

1. *Traité*, III, 1, 2, 471, 58--67.
2. Voir par exemple *Traité*, III, 3, 4 et 5. En ce qui concerne la question de la différence entre la vertu et le talent, le vice et le défaut, et de l'uniformité des sentiments d'approbation, voir *Traité*, III, 3, 4, et *Morale, appendice* IV.
3. *Traité*, III, 1, 2, 471, 67.

exactement par l'appréciation morale correspondante qui ne comporte aucune inférence.

Ce plaisir et cette douleur sont cependant d'un genre particulier, puisqu'ils portent seulement sur les actions et les volitions et non sur les objets inanimés, et qu'ils produisent un jugement valant universellement. La jouissance (ou l'aversion) est ici décision et contient une détermination judicative, qui enveloppe ce qu'on pourrait appeler une conscience de généralité. Elle ne se comporte donc pas comme les autres plaisirs, qui suscitent un amour de soi industrieux et se transforment en intérêts. « C'est seulement quand un caractère est considéré en général, sans référence à notre intérêt particulier, qu'il produit cette manière de sentir (*feeling*) et ce sentiment qui le font appeler moralement bon ou mauvais » [1]. C'est cette généralité qui distingue le plaisir moral du plaisir qui suscite les passions indirectes : telle qualité agréable, en tant qu'elle m'appartient ou qu'elle appartient à autrui, engendre l'orgueil ou l'amour, l'humilité ou la haine ; en tant qu'elle est considérée généralement, sans qu'une relation d'appartenance la lie à un moi déterminé, elle fait naître le sentiment de la vertu ou du vice [2]. A priori rien ne lie le plaisir à l'amour de soi plutôt qu'à l'amour de l'humanité. Nous avons vu comment la tendance au plaisir était susceptible de se prendre comme objet et d'engendrer le soi. Le plaisir moral est, lui, stable et durable, parce qu'il est esthétique, et qu'il contemple ce qui le produit indépendamment de la considération du moi ou

1. *Traité*, III, 1, 2, 472, 68.
2. *Traité*, III, 3, 5, 614, 242. Cf. III, 3, 1, 575, 196. Hume rapproche avec insistance le sens moral des passions indirectes.

d'autres mois. Peut-être est-il, en ce sens, plus primitif que le plaisir qui emporte une conscience de soi, en raison de son caractère ouvert : le sens moral est animé par un sentiment de bienveillance, se rapportant à l'humanité en général et entretenu par l'humanité en général. « La notion de morale implique un sentiment commun à toute l'humanité, qui recommande un même objet à l'approbation de tous et fait s'accorder tous les hommes ou la plupart des hommes sur la même opinion ou sur la même décision à son sujet. Elle implique aussi un sentiment assez universel et assez compréhensif pour s'étendre à toute l'humanité et pour rendre les actions et la conduite même des personnes les plus éloignées, un objet d'applaudissement ou de censure selon qu'elle s'accorde avec la règle établie du droit »[1]. L'universalité morale est celle d'un plaisir sans sujet ni objet particulier et sans intérêt déterminé[2].

Cette impression tournée vers le général, Hume la rapporte dans le *Traité* à la sympathie, ce principe d'extension des passions, et en fait dans l'*Enquête sur les Principes de la morale* une passion originale : un sentiment de bienveillance. La différence n'est pas décisive et répond à la différence d'orientation des deux textes : l'*Enquête*, ayant pour fin de combattre les doctrines qui fondent la morale sur l'intérêt, est amenée à élargir un sentiment, qui dans le *Traité* est compris comme une générosité limitée aux proches, et à en accroître

---

1. *Morale*, IX, 272, 187.
2. Il est vrai qu'elle peut s'accompagner d'amour et d'orgueil, quand les qualités vertueuses sont considérées comme appartenant à un sujet. *Traité*, III, 3, 1, 575, 196.

les effets. Sous une incertitude terminologique[1], les hésitations de Hume sont significatives. Dans le *Traité*, la bienveillance paraît trop limitée et il lui est reproché d'être liée à la situation propre de celui qui l'éprouve[2]; au contraire la sympathie est ce principe qui permet de prendre part au bonheur ou au malheur d'autrui, et qui nous conduit à approuver ou à condamner toute action qui a ces effets pour les autres hommes. «La sympathie est la source principale des distinctions morales»[3]. Or, la sympathie a l'inconvénient d'en rester à des rapports particuliers: elle peut s'intéresser à tout homme, mais c'est toujours par une relation singulière et déterminée; elle considère autrui dans sa situation concrète, éprouvée par participation. Elle est donc susceptible de variation et demande à être corrigée par les règles générales[4]. Au contraire la bienveillance, si on ne la borne plus à l'affection pour les proches, doit être comprise comme le principe de la préférence nue, qui nous fait pencher pour le bien de l'humanité en général, quelles que soient les circonstances déterminées qui sollicitent ce sentiment: elle est une passion immédiate pour le bien commun et elle échappe aux limites de la sympathie. Mais elle a besoin de celle-ci pour que cette préférence générale s'accompagne d'une émotion liée particulièrement à la personne de l'autre[5]. Ainsi l'*Enquête* ne fait que

---

1. Hume emploie souvent dans l'*Enquête sur les Principes de la Morale* l'expression *sympathie et humanité* (bienveillance).

2. *Traité*, III, 3, 3, 602-603, 228-229.

3. *Traité*, III, 3, 6, 618, 298. Principe désintéressé: *Traité*, III, 3, 1, 588, 211.

4. *Traité*, III, 3, 1, 577-584, 198-206.

5. *Morale*, V, 230, 140.

penser plus fortement les analyses du *Traité* : le sentiment moral est un plaisir qui naît de la préférence pour le bien universel.

Ce sentiment moral est une impression de réflexion, comme toutes les autres passions. Et comme elles, quoiqu'il soit primitif, il est produit par des causes, dont on peut se demander si elles sont naturelles ou artificielles. S'il juge toujours naturellement du caractère vertueux ou vicieux de l'objet qui le suscite, cet objet en revanche peut lui être proposé naturellement ou artificiellement. Ainsi, la justice n'est pas une vertu naturelle, quoique l'impression qui nous conduit à prendre son parti ne soit pas artificielle. Pour répondre à cette question des causes du sentiment moral, on devra se comporter de la même façon qu'à propos des passions, c'est-à-dire en usant d'une méthode expérimentale [1].

Assigner des causes, connues empiriquement, au sens moral, c'est interdire qu'on prenne celui-ci comme le principe même de l'action morale. Celui qui considère que le devoir peut par lui-même produire une action, fait l'économie de toute cause ou de tout motif, et attribue le mérite à l'acte lui-même, en tant qu'il est conforme par là à la règle morale. Or, conformément à l'enseignement de Shaftesbury qui rapportait l'action à une affection déterminante, il importe de considérer que l'acte en lui seul est dépourvu de tout mérite, qu'il ne prend pas sa source en je ne sais quelle liberté morale soumise à la loi, mais qu'il est approuvé ou blâmé pour autant qu'il est signe d'un motif ou d'une passion, que le sens moral apprécie. Le jugement moral sanctionne l'existence ou la non

---

1. *Morale*, I, 174-175, 75.

existence d'une disposition. Il lui est indifférent que cette disposition soit capable ou non de produire l'action, que l'action soit volontaire ou non, la volonté n'étant elle-même qu'un mode du désir et par conséquent une affection[1]. Mais il lui faut un motif. Ce motif, jugé moralement, ne peut être la moralité elle-même; le motif vertueux ne peut être la représentation de la vertu elle-même. Ce serait exiger une action sans passion, ce qui est naturellement absurde[2]. « On peut établir comme une maxime indubitable qu'aucune action ne peut être vertueuse ou moralement bonne, s'il n'y a pas, dans la nature humaine, quelque motif qui la produise, autre que le sens de la moralité »[3]. Certes le devoir peut éventuellement produire une action, mais c'est alors l'effet d'un légalisme, qui nous fait accomplir un acte, qui est le signe d'un motif courant dans la nature humaine, mais dont nous sommes personnellement privés. Hormis ces cas dérivés, le sens moral, s'il est apte à apprécier un motif, est incapable d'engendrer à lui seul une action. Ou pour parler plus exactement : le sens moral n'est capable d'introduire aucune obligation morale qui conduirait à l'action, par sa seule représentation : le jugement, en tant qu'idée, dit le bien et le mal et le dit toujours postérieurement à l'impression de plaisir produite

---

1. *Traité*, III, 3, 4, 608-609, 236-237. La distinction entre le mérite volontaire et le mérite involontaire résulte de l'influence pernicieuse de la théologie sur la morale et était ignorée des Anciens. *Morale*, *appendice*, IV, 322, 248-249.

2. *Traité*, III, 2, 5, 518-519, 122. Cf. le thème complémentaire qu'on ne juge pas un homme sur une seule action, mais sur un ensemble d'actes assez significatif pour marquer un caractère durable : *Traité*, III, 3, 1, 575, 196.

3. *Traité*, III, 2, 1, 479, 77.

par l'acte accompli, de sorte qu'il ne peut être converti en une règle déterminante par soi. Mais en tant que plaisir ou déplaisir, le sens moral détourne du vice et tend à la vertu, et se comporte comme toute impression de réflexion. « La morale éveille les passions, elle produit ou empêche l'action »[1]. Il est vrai, son action est alors naturelle, et est celle d'une passion qui pour être calme n'en est pas moins forte[2].

Ainsi la passion cause l'action jugée bonne ou mauvaise par le sens moral, lequel, étant lui-même une passion, nous pousse vers cette sorte d'action ou nous en détourne. Et la moralité d'un motif est connue empiriquement, dans des liaisons de causes et d'effets, sans que le motif en question soit par lui-même vertueux. La bonté et l'honnêteté sont des vertus pour autant qu'elles produisent constamment un plaisir moral. La règle de l'empirisme vaut aussi bien pour la vie morale que pour les connaissances de l'entendement et, substituant à la nécessité morale un rapport de causalité, elle n'autorise pas l'idée d'une obligation morale autre que l'idée correspondant à la tendance généralisée vers le bien et à l'aversion généralisée envers le mal. « Toute la moralité dépend de nos sentiments ; quand une action ou une qualité de l'esprit nous plaît *d'une certaine manière,* nous disons qu'elle est vertueuse ; quand nous éprouvons un déplaisir *d'une manière analogue* à la négliger ou à ne pas l'accomplir, nous disons que nous sommes dans l'obligation de l'accomplir »[3]. Naturelle, l'obligation est toujours une tendance en exercice qui, selon les

---

1. *Traité*, III, 1, 1, 457, 51.
2. *Traité*, II, 3, 3, 417, 273.
3. *Traité*, III, 2, 5, 517, 122.

circonstances ou les rapports entre les passions, aboutit ou n'aboutit pas. Certes, ses effets peuvent être prolongés ou généralisés, ou même suscités, quand l'expérience et le jugement conduisent à la reprendre dans des règles générales, mais c'est une efficace tendancielle qui est ainsi étendue. En ce qui concerne les vertus naturelles, le sens du devoir résulte d'une obligation qui répond à ce qu'exige la nature : ce n'est pas le sens du devoir en tant que tel qui produit l'obligation, parce qu'il ne peut nous être demandé une action qu'aucune passion primitive ne produirait. « Nos devoirs moraux sont de deux espèces. La première comprend ceux où nous sommes portés par un instinct naturel, par un penchant immédiat, qui agit en nous indépendamment de toute idée d'obligation, de toute vue relative, soit au bien public, soit au bien particulier »[1].

Il n'en va pas de même en ce qui concerne la seconde espèce, celle des vertus artificielles, dont les plus importantes sont la justice et la fidélité à la promesse donnée. « Les devoirs renfermés dans la seconde espèce ne sont point fondés sur cet instinct originaire, mais sont accomplis par sens de l'obligation, quand nous considérons les besoins de la société humaine et combien il est impossible qu'elle subsiste quand ces devoirs sont négligés »[2]. Ces devoirs, qui dépassent ce à quoi les passions naturelles (la générosité ou l'intérêt) tendent, s'imposent uniquement par obligation. Ils prescrivent qu'on passe du bien particulier au bien universel, de

1. *Essais, II*, « Le Contrat Primitif », 479, 201.
2. *Essais, II*, « Le Contrat Primitif », 480, 201. Cf. *Traité*, III, 2, 5, 518, 124 : « Nous n'avons aucun motif qui nous pousse à l'accomplissement de nos promesses distinct du sens du devoir ».

l'action déterminée par impulsion naturelle, à l'action déterminée par les règles générales. L'amour de soi se limite à
l'avantage particulier. La bienveillance est une passion qui
agit immédiatement et qui envisage son objet directement,
sans prendre en considération aucun système général
d'échange des biens : elle supporte la relation entre les parents
et les enfants, l'amour entre les sexes, la gratitude envers un
bienfaiteur, la pitié envers le malheureux ; elle anime, en un
mot, tous les rapports personnels. Au contraire, la justice règle
ces rapports en fonction d'un ordre et d'un avantage public et
les bienfaits qui en résultent dépendent du respect général
qu'on lui porte. Elle est une vertu collective[1]. Toutefois, il
importe de ne pas se méprendre sur le sens de l'obligation qui
est ainsi liée à la généralité. La justice ne détermine pas à
l'action par le simple effet de sa forme universelle. D'une part,
elle varie avec les circonstances et les sociétés, ne s'applique
pas directement aux rapports entre les nations[2] ; il faut souvent
la corriger ; car ne prenant pas en compte toutes les conditions
d'une situation donnée, elle peut être source d'inégalité,
favoriser la malice et s'opposer aux sentiments d'humanité[3].
Elle est donc à prendre dans une généralité matérielle, qui
prescrit la signification de son obligation. Elle consiste principalement en l'ensemble des règles de l'échange social et, plus
exactement, en l'ensemble des règles de propriété qui permet-

---

1. *Morale*, *appendice* III, 303-305, 227-229.
2. *Traité*, III, 2, 11.
3. *Traité*, III, 2, 2, 497, 98 ; III, 3, 1, 579, 201. *Morale*, *appendice* III, 305, 229-230.

tent la conservation de la société[1]. Elle est la nécessité sociale, déterminée concrètement et historiquement, telle qu'elle s'impose à la conscience collective. D'autre part, le sens de la justice est incapable d'être un motif pour la vertu : comme pour toutes les autres actions morales, il faut distinguer le motif, de la moralité elle-même. Le seul problème qui se pose à propos des vertus artificielles est de savoir comment, puisque aucun motif naturel ne suffit à imposer leurs fins, l'obligation est dérivée et produite artificiellement à partir de nos affections naturelles, et comment la généralité en vient à être prise en considération pour elle-même et à s'accompagner d'un sentiment d'approbation ou de blâme. La nécessité morale, en laquelle s'exprime le bien public, est le résultat d'une nécessité naturelle, qui la détermine toujours concrètement. La loi ne saurait être séparée de son exercice, la morale de la pratique : les règles suivent toujours les situations qu'elles ont pour tâche de régler. Par conséquent, que ce soit directement, pour les vertus instinctives, que ce soit génétiquement pour les vertus artificielles, le sens du devoir est un effet de la nature, et, dès qu'on essaie de le fonder, on est renvoyé aux faits impressionnels primitifs dont il dérive, par l'efficace des principes naturels conjugués de l'imagination, de la sympathie et du plaisir.

---

1. « Qu'il y ait séparation et distinction des possessions et que cette séparation soit ferme et constante, les intérêts de la société le réclament absolument. telle est l'origine de la justice et de la propriété » *Morale*, *appendice* III, 309, 233-234, note.

*

Le sentiment moral a donc des causes distinctes du sens de la moralité. Comme ces causes qui forment le mérite, sont multiples, il convient d'étudier quelles qualités en celles-ci suscitent l'approbation et le blâme. Cette investigation est de même ordre que celle qui avait été engagée pour les passions ou pour la croyance : c'est une investigation causale et empirique, aux yeux de laquelle seul importe l'observation. « C'est là une question de fait et non une question de science abstraite ; aussi nous ne pouvons nous attendre au succès qu'en suivant la méthode expérimentale et en inférant des maximes générales de la comparaison des cas particuliers »[1]. Les principes de l'éthique sont connus par inférence : si le sens moral est une impression primitive, sa liaison aux motifs qui l'éveillent et vers lesquels il tend ou dont il se détourne, ne peut être saisie que par expérience, n'y ayant aucune relation d'idées *a priori* entre les causes et les effets, entre la qualité des vertus ou des vices et l'approbation ou le blâme qu'elle engendre. Le sens moral est naturel : l'éducation, l'effort des politiques sont incapables de produire rien de tel : « si les hommes n'avaient pas naturellement des sentiments d'approbation ou de blâme, ceux-ci n'auraient jamais pu être éveillés par les politiques »[2]. C'est ce qui distingue l'obligation de la justice de l'obligation du loyalisme envers le gouvernement : « Bien que la justice soit artificielle, le sens de sa moralité est naturel »[3]. Mais les causes qui éveillent notre jugement peuvent être artificielles

---

1. *Morale,* I, 174, 75.
2. *Traité,* III, 3, 1, 579, 200. Cf. *Morale,* V, 214, 121-122.
3. *Traité,* III, 3, 6, 619, 250.

et même lorsqu'elles sont naturelles, le rapport qui les unit à la morale reste contingent.

Il n'y a donc pas à s'étonner de la diversité des qualités qui suscitent l'approbation; et, d'une façon générale, le philosophe, procédant par inférence, doit se garder d'un amour excessif de la simplicité, qui conduirait à des hypothèses peu compatibles avec l'expérience[1]. On distinguera quatre sortes de vertus : celles qui concourent à l'utilité publique, celles qui servent l'utilité privée, celles qui plaisent immédiatement à nous-mêmes et celles qui sont immédiatement agréables à autrui[2]. Les premières sont louées, par réflexion, sur leur tendance à entretenir le bonheur de l'humanité, pris généralement comme dans la justice ou le respect des promesses, ou particulièrement, comme dans la discrétion, l'esprit d'entreprise ou la prudence : les secondes sollicitent le sens moral par leur seule apparence, et il faut s'en rapporter à leur sujet « au témoignage aveugle mais sûr du goût et du sentiment »[3]. Les premières supposent qu'on se représente leurs effets, les secondes sont appréciées sans réflexion, par suite d'un je ne sais quoi inassignable. Or, cette dualité de l'utilité et de l'agrément est capitale, car elle permet de donner sa signification propre à la morale humienne qui contrairement aux apparen-

---

1. *Morale*, *appendice* II, 221, 15 9. Cf. *Morale*, VIII, 267, 182.

2. Ce classement constitue le corps de l'*Enquête sur les Principes de la Morale*, mais il est déjà élaboré dans la 3e partie du 3e livre du *Traité*, dont l'*Enquête* s'inspire directement, le contenu des deux premières parties étant rejeté dans les *appendices*.

3. *Morale*, VIII, 267, 182; Cf. VII, 250, 164. *Traité*, III, 3, 1, 589-591, 212-215.

ces n'est pas un utilitarisme[1]. Tout l'effort de l'*Enquête sur les Principes de la Morale* porte sur la critique des philosophes (Hobbes ou Locke[2]) qui renvoient toutes les passions et toutes les actions à l'amour de soi, y compris le sens moral lui-même, qui n'est jamais totalement désintéressé. Nous approuverions ce qui, d'une manière directe ou indirecte, sert nos intérêts. A cette doctrine, Hume oppose les sentiments d'humanité et de bienveillance qui animent une partie de nos actions et qui entrent dans le jugement moral. Il existe des passions proprement altruistes, et par la sympathie (qui est toujours désintéressée) nous nous élevons jusqu'à un sens du bien public, assez puissant pour être déterminant par sa généralité même. « Il paraît aussi que dans notre approbation générale des caractères et des mœurs, la tendance utilitaire des vertus sociales ne nous émeut pas par quelque regard à notre intérêt personnel, mais qu'elle a une influence beaucoup plus universelle et beaucoup plus étendue. Il apparaît que c'est toujours une tendance au bien public, une tendance à promouvoir la paix, l'harmonie et l'ordre social, qui en touchant les principes bienveillants de notre structure, nous engage du côté des vertus sociales »[3]. Il y a bien un sens propre de l'utilité publique, qui n'est pas une composition de l'utilité privée. Ou, pour préciser davantage, les deux principes concourent dans la formation des vertus sociales, qui sont pour la plupart

---

1. En dépit de certaines formules, telle celle-ci : « l'obligation morale est en rapport avec l'utilité » ; *Morale*, IV, 206, 112.

2. *Morale*, *appendice* II, 296, 219. Cf. *Essais*, I, « De la dignité ou de la bassesse de la nature humaine », 85, 145. La doctrine de l'égoïsme est qualifiée de sceptique : *Morale*, V, 214, 121.

3. *Morale*, V, 231, 141.

artificielles. L'égoïsme ou l'amour restreint des proches sont bien à leur origine : « c'est uniquement de l'égoïsme de l'homme et de sa générosité limitée, en liaison avec la parcimonie avec laquelle la nature a pourvu à la satisfaction de ses besoins, que la justice tire son origine »[1]. Mais ces passions ne sont pas aptes à engendrer par elles-mêmes le sens du bien public, même quand la réflexion s'ajoute à elles et qu'elle nous convainc que notre intérêt réside dans les lois de justice et de propriété. Il y a en effet en celles-ci un sentiment actif de la généralité, capable de s'opposer aux principes de l'égoïsme, dont la pression et l'urgence bousculeraient autrement les calculs d'intérêt les plus évidents, bâtis par un entendement par lui-même impuissant[2]. Si donc l'utilité publique plaît, c'est en vertu d'un sentiment d'humanité ou de sympathie qui s'adjoint à l'amour de soi et le contrôle. Il y a un sens propre du bien d'autrui. Mais il ne suffit pas d'élargir ainsi le domaine de l'intérêt jusqu'à l'intérêt public, il faut encore faire une critique de l'évidence dont l'utilité jouit dans l'entendement. L'utilité plaît en vue d'une fin qu'elle n'est pas. Dans ce rapport à une fin, il entre de la réflexion, et c'est un problème pour l'entendement que de découvrir les moyens les plus adaptés aux situations et aux circonstances. Mais la fin elle-même n'est pas l'utile et elle doit résider en quelque autre principe. Une fin est choisie ou rejetée parce qu'elle plaît, et elle plaît immédiatement, puisque c'est le plaisir lui-même qui est discriminant. L'utilité doit être rapportée de façon

---

1. *Traité*, III, 2, 2, 495, 96.
2. Que penser alors d'un intérêt si lointain qu'il n'a d'existence que dans l'imagination ? (*Morale*, V, 217-218, 7124-125; *appendice* II, 300-301, 223).

dernière à l'agrément. Encore faut-il préciser qu'il n'y a pas à proprement parler de recherche du plaisir et que celui-ci advient, comme chez Aristote, en surcroît. Si l'utilité est de l'ordre de l'idée, le plaisir est de l'ordre de l'impression et ne peut être considéré comme une fin véritable. Il faut éviter de confondre l'entendement et la passion : les passions sont naturellement déterminées à poursuivre leurs objets; ces objets sont source de plaisir ou de douleur; par tendance (et l'approbation morale est une tendance) nous nous détournons de ce qui produit la douleur et nous attachons à ce qui suscite l'agrément. Toutes ces opérations sont naturelles et pré-réflexives, et s'accomplissent aveuglément. « De la même manière [que la faim et la soif], il y a des passions de l'esprit qui nous poussent à chercher immédiatement des objets particuliers, tels que la renommée, le pouvoir et la vengeance, sans aucun égard à l'intérêt; quand ces objets sont atteints, il s'ensuit une jouissance agréable comme conséquence de la satisfaction de nos tendances »[1]. Il importe donc de ne pas finaliser la causalité naturelle, en entrant dans une doctrine de l'intérêt ou de la recherche du plaisir posé comme fin, doctrine qui valorise l'amour de soi, ce principe second où le plaisir se réfléchit, se prend pour objet comme soi et appelle ainsi l'entendement et ses calculs. La philosophie morale de Hume, parce qu'elle se rapporte à l'origine de nos passions et de nos actions, prend fond sur une doctrine de l'impression, selon laquelle le plaisir, considéré en sa naissance, est événement contingent et gratuit, même si on peut en tirer un monde de

---

1. *Morale, appendice* II, 301, 224.

l'utilité, comme des impressions de sensation on tire un monde d'objets[1].

*

Il est clair que dans un tel système moral la raison ne joue aucun rôle fondateur[2]. Le jugement moral est un sentiment de plaisir ou de malaise; l'action morale est l'effet des passions; l'obligation morale est ou une tendance naturelle ou le résultat d'une genèse concrètement déterminée de la généralité. Cela ne signifie pas que la raison n'intervienne pas dans le domaine moral, mais que son exercice est toujours postérieur et subordonné à la nature.

En un premier temps, il est aisé de mettre cette faculté à sa place en démontrant qu'elle n'est pas un principe pratique. Il suffit pour cela d'appliquer la doctrine de l'impression et de la causalité aux hypothèses de Clarke ou de Wollaston, selon lesquelles la vertu consisterait en la conformité de nos actions avec l'ordre universel, voulu par Dieu et connu par la raison *a priori*, et se discernerait à l'aide d'idées. Le devoir naîtrait de la raison, qui nous instruirait sur les rapports universels et rationnels, aussi certains que les vérités mathématiques, qui régissent les choses et les actions, étant en même temps la mesure du vrai et la mesure du bien. Comme le philosophe a

---

1. Sur le caractère altruiste de la morale humienne, voir E.B. Mc Gilvary, « Altruism in Humes Treatise », *Philosophical Review,* 1903, vol. 12, p. 272-293. N.K. Smith, *The Philosophy of David Hume*, chap. 7.

2. On remarquera l'importance limitée que Hume accorde à cette question deux sections dans le *Traité*, (II, 3, 3; III, 1, 1) et l'*appendice* I dans l'*Enquête sur les Principes de la Morale*.

seul assez de connaissance pour être sage et se déterminer
moralement et qu'il y a peu de philosophes sur terre, Dieu
dans sa bonté éclaire le vulgaire sur ses devoirs par la religion.

A cette thèse, Hume répond que la raison est totalement
inactive. « La raison est complètement passive et ne peut
jamais être la source d'un principe aussi actif que la conscience ou le sens moral »[1]. Elle est inactive d'abord parce qu'elle
est indifférente, étant un pouvoir théorique et non pratique.
« Il n'est pas contraire à la raison, de préférer la destruction du
monde entier à une égratignure de mon doigt »[2]. Pouvoir de
connaître par démonstration ou par inférence, elle établit des
relations entre les idées ou s'informe auprès de l'expérience
des liaisons constantes entre les faits[3]. C'est pourquoi, elle dit
le vrai et le faux, non le bien et le mal. Or, si un motif d'action
peut être bon ou mauvais, il est absurde de le considérer
comme vrai ou faux : « une passion est une existence primitive, ou, si vous le voulez, un mode primitif d'existence et elle
ne contient aucune qualité représentative qui en fasse la copie
d'une autre existence ou d'un autre mode »[4]. Elle est une
pulsion qui incline, qui contrarie, qui éventuellement suscite
le malheur et est réprouvée, mais elle n'est point une image
des lois phénoménales que l'expérience découvre. « Louable
et blâmable ne sont donc pas identiques à raisonnable et
déraisonnable »[5]. La notion de convenance (*fittingness*),

1. *Traité*, III, 1, 1, 458, 53.
2. *Traité*, II, 3, 3, 416, 272.
3. *Traité*, II, 3, 3, 413-415, 268-270. *Morale, appendice* I, 287-289,
207 210.
4. *Traité*, II, 3, 3, 415, 271.
5. *Traité*, III, 1, 1, 458, 53.

avancée par les moralistes, se réfère à un ordre pensé comme règle : l'ordre ontologique de la création ou même de l'Etre est la loi naturelle, qui s'impose à notre action sous le couvert de l'obligation morale. Or, sur ce point, Hume rompt avec toute une tradition qui se poursuivra au delà de lui, une tradition qui enveloppe sous le concept de loi naturelle, les lois de la nature et les normes morales, et qui s'alimente dans le néoplatonisme, dans un rationalisme aprioriste ou dans un finalisme empiriste. Les lois de la nature sont connues empiriquement ; la nécessité qui régit les phénomènes n'appartient pas à l'essence des choses, mais est une détermination de l'esprit à l'inférence : le système des causes et des effets est aveugle à toute fin et livre seulement des liaisons constantes ; enfin les règles ne sont qu'une extension réflexive de l'imagination et portent la marque de leur origine empirique. Quant à l'obligation morale, nous avons vu qu'elle résultait d'une tendance ou d'un artifice. L'empirisme humien ne laisse aucune place à une ontologie déontique. D'autre part, il ferme l'issue kantienne de la question : il est exclu qu'on distingue une raison pratique par elle-même de la raison théorique, parce que ce serait faire de la raison une cause première qui déterminerait *a priori*, par sa propre forme législatrice. Dès lors qu'on ne pense plus métaphysiquement la causalité, qu'on s'interdit le recours à une causalité finale ou par liberté, on reconnaîtra que la raison, dont l'expérience nous apprend les effets, est une cause parmi d'autres, qui s'insère dans la chaîne phénoménale et dont nous ignorons l'essence intérieure aussi totalement que celle de la matière ou des corps. La causalité de la raison est connue empiriquement. Il faut ajouter que cette faculté n'a aucune fin propre : même la recherche de la vérité procède d'une passion. Elle a les buts que les passions lui imposent. Et c'est un trait remarquable de la philosophie morale humienne que de réduire toute causalité finale : les passions sont des tendances qui se portent vers leurs objets naturellement ; la raison, instruite par l'expérience, représente ces objets et propose les moyens aptes à les réaliser, sans engendrer de fins nouvelles. Elle reçoit et pense bien les objets des passions comme des fins, mais celles-ci ne sont rien que les termes auxquels nous portent des tendances aveugles et qui sont dépourvus de toute efficace propre. La volonté est le désir éclairé par la raison.

Indifférente, la raison est en outre impuissante. Dépourvue d'objet et sans passion, elle n'est pas un motif pour l'action. L'expérience montre qu'elle a pour unique effet l'efficacité dérivée du jugement sur l'action, lorsque le raisonnement présente les enchaînements des causes et des effets. Elle élargit le champ de la passion ou de la tendance, lui permet de se déplacer des fins aux moyens, d'un objet à un autre qui lui est associé par les principes de l'imagination ; mais elle n'a pas de pouvoir direct sur la décision, même quand l'action s'accompagne de réflexion et de délibération. Elle n'est donc pas cause d'une action et par conséquent est incapable de contrarier ou de suspendre l'exercice d'une passion. « Si la raison n'a pas d'influence primitive, il est impossible qu'elle puisse contrebalancer un principe qui a ce pouvoir ou qu'elle puisse faire hésiter l'esprit un moment » [1]. Le conflit de la raison et de la passion, du bon principe et de ce

---

1. *Traité*, II, 3, 3, 415, 271. La suspension du jugement n'a donc pas le pouvoir de conduire à l'ataraxie, comme le pensaient les sceptiques antiques.

qui est censé le divertir et l'aveugler, n'existe pas, parce qu'elles ne sont pas du même ordre et qu'elles ne se rencontrent pas. « Puisqu'une passion ne peut jamais, en aucun sens, être appelée déraisonnable, sinon quand elle se fonde sur une supposition erronée ou quand elle choisit des moyens impropres à atteindre la fin projetée, il est impossible que la raison et la passion puissent jamais s'opposer l'une à l'autre et se disputer le commandement de la volonté et des actes »[1]. Ainsi dans l'économie des tendances, le raisonnement ne joue aucun rôle actif, même pas ce rôle qui consisterait à jouer de l'opposition des inclinations. Sur le domaine de l'esprit et de l'action, la passion règne absolument, parce qu'elle est l'effort de la vie vers ses objets et l'impulsion au plaisir.

Or, Hume tire de cette analyse une conclusion célèbre : « La raison est, et ne doit qu'être l'esclave des passions ; elle ne peut prétendre à d'autre rôle qu'à les servir et à leur obéir »[2]. Cette formule est à saisir dans son contexte : Hume s'interroge sur ce qui peut s'opposer à la passion et il observe que, si l'on parle rigoureusement, on ne peut nommer ce principe contraire *raison*, parce que la raison est et ne doit être comprise, dans un discours philosophique, que comme l'esclave des passions. Le verbe devoir recommande seulement un usage correct des mots : la raison sert les passions et ne peut les combattre. La formule représente donc un jugement de réalité appartenant à la science de la nature humaine. Il s'y ajoute l'exigence où se trouve le langage dans cette

1. *Traité*, II, 3, 3, 416, 273. Cf. *Essais, I*, « Des partis en général », 54-55, 113.

2. *Traité*, II, 3, 3, 415, 524.

science, d'exprimer exactement la réalité[1]. Il faut dès lors se
garder d'une interprétation selon laquelle la nature poursui-
vrait des fins et exercerait à travers les passions une fonction
normative, chargée de régler et de réprimer les excès d'une
raison qui tendrait à s'affranchir de ses origines, en se prenant
elle-même comme règle et en suscitant un scepticisme moral
analogue au scepticisme intellectuel[2]. Hutcheson, interpré-
tant à sa façon Shaftesbury, pour fonder la morale, substituait
à la connaissance de la Nature, comme ordre universel, le
pouvoir d'un sentiment issu de la nature humaine, mais
saisissait celle-ci dans une évidence normative et finale.
L'être de la nature humaine est règle et est voulu par Dieu. De
la raison au sentiment, de l'être universel à l'être humain, la
même confusion du réel et du moral est conservée; seule la
puissance morale change. Or, le sentiment, chez Hume, est
une impression, c'est-à-dire une existence première, qui ne
contient rien de plus que son propre être. On y chercherait en
vain une causalité finale obscurément enveloppée ou une
règle primitive. La nature est l'objet d'une science expérimentale, elle est connue comme étant l'ensemble des principes de transition entre les perceptions, impressions ou idées,
impressions de sensation ou impressions de réflexion. Toutes
les résistances et tous les conflits lui sont intérieurs. La raison,
qui est inactive, ne lui est pas contraire : elle n'a d'autre être
que d'être son esclave; elle n'est qu'un rôle.

---

1. Cette interprétation est soutenue par R.D. Broiles, *The Moral
Philosophy of David Hume*, (The Hague 1969) p. 31 et *sq*. Même interprétation de la part de J. Laird, *Hume's Philosophy of Human Nature*, p. 203.

2. N. K. Smith en vient à soutenir une telle thèse en opposant dans
l'œuvre de Hume l'influence de Hutcheson et celle de Locke.

Cependant il reste à comprendre deux choses : comment la raison peut n'être pas la nature sans pour autant être autonome, et comment elle peut la servir. D'autre part, si la raison n'est pas la règle, étrangère ou intérieure, de la nature, comment celle-ci résout-elle ses désordres, comment exerce-t-elle une fonction d'équilibre, indispensable au maintien de la vie ?

La raison sert les passions en ce qu'elle les aide à parvenir à leur terme. Nous sommes déterminés par des mouvements d'inclination vers le plaisir ou d'aversion envers la douleur ; ces émotions se répandent sur les objets que l'entendement représente comme étant reliés à l'objet primitif : le réseau de la connaissance ou de la probabilité étend ainsi le domaine des passions, qui se diffusent et prennent la mesure d'un monde de plaisir. Mais ce monde est d'un autre côté le monde réel instruit par l'expérience. Car l'entendement, en même temps qu'il complète l'association des impressions par l'association des idées, soumet les passions à l'épreuve de la réalité : épreuve de la contingence, de la distance, de la contrariété, qu'on domine grâce à une activité éclairée par le savoir. L'avantage de la raison est son indifférence même : n'ayant pas de motif propre, elle ne poursuit aucun intérêt et peut représenter la réalité, telle que l'impose l'expérience. En elle, l'expérience est règle et fournit aux affections ce contrôle indispensable à leur satisfaction. La raison n'est en ceci que le rapport instruit et industrieux, qui s'établit entre le réel et les passions. « L'impulsion ne naît pas de la raison, mais est seulement dirigée par elle »[1]. Toutefois, ne peut-on objecter

---

1. *Traité*, II, 3, 3, 414, 270. Cf. III, 2, 2, 493, 94.

qu'entre l'expérience et la passion il y a une place qui est celle de la règle, et que leur rapport est précisément réglé ? Sans la raison, établie en système de l'expérience et en une législation empirique, l'existence serait une suite hasardeuse de satisfactions et de malheurs particuliers : cette faculté est ce en quoi le réel et le plaisir entrent en ordre, dans leur rapport réciproque ; elle est le moment de la finalité où concourent les tendances et les moyens. Ne faut-il pas lui reconnaître dans ces conditions un pouvoir constitutif sur l'expérience et un pouvoir législateur sur les passions ?

La genèse des vertus artificielles permet de comprendre comment l'expérience en vient à régler d'abord naturellement, puis moralement les passions. La justice ne naît pas d'une considération primitive de l'intérêt public, car elle serait alors une vertu naturelle : « c'est uniquement de l'égoïsme de l'homme et de sa générosité limitée, en liaison avec la parcimonie avec laquelle la nature a pourvu à la satisfaction de ses besoins, que la justice tire son origine »[1]. Les hommes sont primitivement déterminés par les passions de l'amour de soi et de l'amour des proches, c'est-à-dire par des passions sans étendue, étroitement limitées à eux-mêmes, en un mot partiales[2]. Mises à l'épreuve de la réalité, ces passions deviennent des besoins, et, si l'entendement s'y applique, ces besoins se transforment en des systèmes d'intérêts. L'avantage de l'intérêt sur la passion est qu'il n'est pas aussi borné qu'elle, qu'il est en mesure de s'instruire auprès de l'expérience passée et de prévoir un résultat, de rapporter un

---

1. *Traité*, III, 2, 2, 495, 96.
2. *Traité*, III, 2, 2, 488, 88.

moyen à une fin. En ce sens, l'intérêt dépend toujours de l'entendement, qui l'éclaire par la connaissance de la réalité. Et l'intérêt devient raison, quand il est pris comme la règle de l'utilité à laquelle les passions doivent se soumettre pour se satisfaire. «Evidemment la passion est beaucoup mieux satisfaite si on la contient que si on la laisse libre »[1]. L'intérêt majeur des hommes est de former une société, qui puisse suppléer à leurs déficiences individuelles et leur apporter la force par l'union, la capacité par la division du travail et la sécurité par l'aide réciproque. L'expérience nous représente les avantages de l'existence commune administrée par les lois de justice. Cependant «pour que se forme la société, il faut non seulement qu'elle soit avantageuse, mais encore que les hommes aient conscience de ces avantages »[2]. La raison, entendue comme conscience d'utilité, n'est déterminante que si s'exerce à travers elle une nécessité naturelle, qui fait que les hommes, ayant éprouvé progressivement les avantages d'être ensemble, sont naturellement portés à admettre l'utilité des lois sociales. Par l'effet d'un concours d'opinions et d'un concours d'intérêts, chacun vient à prendre en compte l'intérêt général, et attend d'autrui qu'il s'imprègne du même sens de l'avantage public. Toutes les doctrines qui en appellent à une convention ou un contrat volontaire ont oublié (à moins qu'on n'invoque un législateur supérieur) que la loi n'est pas une promesse, mais le résultat d'un sens général de l'intérêt commun, c'est-à-dire d'une histoire des passions qui

1. *Traité*, III, 2, 2, 492, 93.
2. *Traité*, III, 2, 2, 486, 85.

en suscite la conscience et l'efficacité [1]. L'expérience, constituée en règle pour les passions, est le fruit d'une auto-éducation progressive et hasardeuse de l'humanité, qui a à découvrir ses intérêts et à modifier l'orientation de ses passions. En cette genèse, la raison intervient comme un pouvoir naturel double : d'une part, comme imagination introduisant des associations régulières et faciles : « la nature fournit, dans le jugement et l'entendement, un remède à ce qu'il y a d'irrégulier et d'incommode dans les affections » [2] ; d'autre part, comme réflexion, elle fixe la conscience active de l'avantage de la vie sociale en des règles de justice, qui croissent en généralité et se fortifient au fur et à mesure que la société se renforce et s'organise. Mais elle ne fonde pas elle-même la justice, qui n'a pas de rapport avec la vérité de l'harmonie universelle.

Si les lois de justice résultent de la modification du cours de nos passions vers des objets dérivés et d'une temporalisation de leur exercice, qui les conduit à retarder leur satisfaction, ce n'est pas en tant qu'elles dérivent de l'amour de soi qu'elles obtiennent notre approbation morale. Et il faut encore distinguer entre l'obligation d'une conscience d'utilité et l'obligation de la conscience du devoir, dont dépend la vertu artificielle de justice. La première est variable et dépend des calculs d'intérêts faits par l'entendement, la seconde est simple et est issue du sens moral. Comment la justice peut-elle être tenue pour une vertu ? Lorsque la société est devenue

1. *Traité*, III, 2, 2, 490-491, 90-91. *Morale*, *appendice* III, 306-307, 230-231.
2. *Traité*, III, 2, 2, 489, 89.

nombreuse et stable, les lois de justice prennent une généralité telle qu'on ne voit plus quel intérêt particulier il y a à les respecter. Et même dans certains cas, un acte isolé de justice pourra paraître contraire au bien public. Ainsi retiendra-t-on principalement sa généralité : c'est comme ordre général que la justice est avantageuse. Or, cette généralité de l'intérêt affaiblit l'obligation naturelle qui conduit à la respecter (même en faisant la part de l'éducation et de la contrainte de la société), mais elle sollicite le sens moral. C'est par l'effet de la sympathie ou de la bienveillance, que nous approuvons la justice et condamnons l'injustice, dans la mesure où elle appelle la conscience du bien universel. Ainsi s'impose l'obligation morale, qui supplée à l'obligation naturelle, quand l'intérêt se fait trop lointain. « Ainsi l'intérêt propre est le motif original qui préside à l'*établissement* de la justice ; mais une *sympathie* pour l'intérêt public est la source de l'*approbation morale*, qui accompagne cette vertu »[1]. La règle morale est donc distincte de la règle de l'utilité, mais elle n'a pas pour autant son principe dans la raison ; nous devons agir avec justice, parce qu'un sens moral naturel nous y pousse, quand nous ne sommes plus mus par notre intérêt, mais par la sympathie envers le bien de la société, pris en général. Si on oppose à ce sentiment les limites qui s'attachent à notre situation propre et qui bornent l'étude de ce que nous pouvons considérer, on répondra que la raison, par la connaissance qu'elle a des règles générales, corrige par extension ce qu'il peut y avoir d'étroit et de variable dans l'effet de la sympathie : « Afin de prévenir ces *contradictions* continuelles et

---

1. *Traité*, III, 2, 2, 499, 101.

d'arriver à plus de *stabilité* dans notre jugement sur les choses, nous fixons certains points de vue *fermes et généraux* et, dans nos pensées, nous nous y plaçons, quelle que puisse être notre situation présente »[1].

Ainsi, aussi bien en ce qui concerne l'obligation naturelle qu'en ce qui concerne l'obligation morale, la raison assume cette fonction, qui appartient à l'imagination, d'étendre et de régulariser par passage au général le cours des passions et de ce qui en dérive, et cette autre fonction qui lui appartient en propre, de réfléchir la généralité et de l'introduire dans la considération de l'esprit[2]. Elle est donc apte à proposer des règles. Mais la règle ne doit pas être dissociée de la nature : elle est dans son origine la nature et elle tient son efficacité de la nature. Lorsque la raison suscite l'examen de la généralité, elle fait seulement de celle-ci l'occasion de l'exercice des passions tournées vers elle. C'est pourquoi, lorsqu'on prétend que la raison s'oppose et contrôle les passions, c'est parce qu'on la confond avec les passions calmes. Cette raison qu'on tient pour capable de résister aux passions « n'est rien qu'une détermination générale et calme des passions, fondée sur une vue distante ou sur la réflexion »[3]. Calme ne signifie pas faible. Est violente toute passion qui suscite le désordre dans l'âme et crée des tensions pénibles, soit par opposition à d'autres affections, soit par leur précipitation dans la pour-

---

1. *Traité*, III, 3, I, 581-582, 204.
2. *Morale*, IV, 207, 113-114 : « On étend souvent les règles générales au-delà du principe qui leur a d'abord donné naissance ; et cela dans toutes les questions de goût et de sentiment » Cf. G. Deleuze, *Empirisme et subjectivité*, chap. 3.
3. *Traité*, III, 3, I, 583, 205 ; cf. II, 3, 3, 417, 273.

suite de leurs objets. Au contraire est calme une passion modérée, qui s'accompagne toujours, outre sa satisfaction
propre, du plaisir second de la facilité[1], et qui est liée à la
distance qu'ouvre toujours la réflexion. Cette sorte d'affections accepte d'être retardée, de prendre des délais, afin
d'avoir une vue adéquate des fins et de porter une juste
appréciation sur ses objets[2]. Elle n'est plus liée à l'urgence de
la situation. Les passions calmes (et le sens moral en est la plus
privilégiée) pondèrent et équilibrent la vie affective, comme
l'entendement régularise le flux des perceptions. Elles engendrent un ordre, avec l'aide de la raison qui a suscité la largeur
de vue nécessaire et suggéré les délais indispensables, et qui a
lié les fins et assuré la transition facile de l'une à l'autre ; elles
permettent d'atteindre un bonheur stable et durable, assez
animé pour que les émotions soient source de jouissance,
assez modéré pour refouler dans le délire ou dans la barbarie
les excès du désir. La nature agit par tendance et elle tend vers
une harmonie intérieure, naturellement régulatrice, dominée
par le sens moral, rendue aisée par cette facilité qu'est la
raison. « Notre sens du devoir suit toujours le cours habituel et
naturel de nos passions »[3].

*

La philosophie morale nous enseigne que la raison est
empirique et naturelle. Or, cela signifie chez Hume qu'elle est

---

1. Cf. *Traité*, II, 3, 5, 423, 280.
2. Ainsi pour le goût : *Morale*, I, 172-173, 73.
3. *Traité*, III, 2, 1, 484, 82.

le fruit de l'expérience, dans le genèse d'une nature, qui est la transition de la vie et son développement en des formes adaptatrices[1]. L'analyse qui rapporte la raison à la nature est sans reste : la première tient tout de la seconde, quoique la seconde ne soit pas la première. Il faut donc expliquer comment celle-ci en vient à produire celle-là, comment elle suscite le pouvoir des règles et donne une efficace à ce pouvoir. C'est l'examen de la fonction spéculative de la raison qui manifeste le plus clairement l'histoire de la raison.

Hume partage le préjugé d'un grand nombre de ses contemporains, envers la logique. «Nos têtes scolastiques et nos logiciens ne montrent pas une telle supériorité sur le simple vulgaire, dans leurs raisonnements et leurs capacités, qu'ils nous donnent la tentation de les imiter en présentant un long système de règles et de préceptes pour diriger notre jugement en philosophie »[2]. La logique aide tout au plus à fixer l'attention et à supporter l'effort analytique permettant au philosophe de s'orienter dans la complication des circonstances qui entrent dans son jugement. Mais pas plus que la règle morale, la règle logique n'est déterminante par elle-même : elle réfléchit les principes naturels selon lesquels l'entendement se comporte dans ses raisonnements. C'est pourquoi, la notion prend une extension plus large que la doctrine formelle du jugement et du raisonnement. «La seule fin de la logique est d'expliquer les principes et les opérations

---

1. *Enquête*, V, 43-45, 108, note.
2. *Traité*, I, 3, I5, I75, 252. Cf. Locke, Essai III, 10, 6 et 7. Chez Berkeley la logique est avec la métaphysique la prétendue science des idées abstraites *Principes*, intr. § 6.

de notre faculté de raisonner, et la nature de nos idées » [1]. Tout le premier livre du *Traité* constitue en ce sens une logique. Une telle définition n'est pas inhabituelle à l'époque et se trouve déjà dans la logique de Port-Royal. Mais alors que Port-Royal comprend la logique comme l'art de raisonner juste, et, logicisant en quelque sorte la nature, s'intéresse aux règles qui contrôlent les opérations de l'esprit humain, Hume, naturalisant la logique, considère l'exercice naturel de l'entendement et tient les normes du juste pour le reflet de ce qui s'accomplit par tendance [2]. La logique prédicative, par exemple, prescrit les règles de formation des propositions, qui consistent en des liaisons non réversibles de la substance et de l'attribut, du sujet et du prédicat. Or, Hume, reprenant la définition lockienne de la connaissance [3], comme mise en rapport de deux idées, réduit la formalité de la liaison, en fait le produit linguistique d'un acte de comparaison, qui procède de l'imagination. Cet acte n'est pas de nature discursive, mais seulement transitive : l'esprit passe d'une idée à l'autre directement, que le jugement soit de connaissance ou de probabilité. C'est pourquoi, d'une façon générale, usant d'une thèse avancée par Malebranche [4], Hume récuse la distinction traditionnelle de la conception, du raisonnement et du

1. *Traité*, intr. xix, 59.
2. *La Logique de Port Royal* par A. Arnauld et P. Nicole (Paris 1662 ; plusieurs éditions anglaises jusqu'en 1717), 1er discours. Cette naturalisation de la logique est la source des nombreuses accusations de psychologisme. Sur le problème de la logique en général, voir J. Passmore, *Hume's Intentions,* chap. 2.
3. *Essai*, IV, 1, 5.
4. *Recherche de la Vérité*, IV, 1, 7, 4.

jugement : « Ce que nous pouvons généralement affirmer de ces trois actes de l'entendement, c'est que, si nous les prenons sous le jour convenable, ils se ramènent tous au premier et qu'ils ne sont rien que des manières particulières de concevoir les objets » [1]. Certes, dans l'idée complexe, la relation s'ajoute aux idées simples ; mais, les relations philosophiques dépendant à l'origine des relations naturelles, la connaissance est le passage d'une idée à une autre, sans unité catégoriale ni forme logique du jugement ou du raisonnement.

Dans ces conditions, faut-il des règles, faut-il une logique de la connaissance vraie ? La connaissance est une transition qui s'accompagne de nécessité, nécessité qui résulte de la comparaison des idées dans la connaissance au sens strict, nécessité qui est produite par la croyance dans la connaissance probable [2]. Dans la connaissance au sens strict, où le vrai est séparé exactement du faux, la nécessité rationnelle consiste en l'impossibilité naturelle de penser la contradiction. Ou plus exactement, la contradiction est cette impossibilité même, ce pourquoi elle appartient à l'acte de l'entendement : « La nécessité qui produit l'égalité de deux fois deux à quatre ou celle des trois angles d'un triangle à deux droits, se trouve seulement dans l'acte de l'entendement par lequel nous considérons et comparons ces idées » [3]. Des règles logiques ne sont

1. *Traité*, I, 3, 7, 97, 161, note.
2. *Traité*, I, 3, 14, 166, 242.
3. *Traité*, I, 3, 14, 166, 242. La doctrine humienne de la connaissance est difficile. Elle est prise entre deux sens de la contradiction : l'un étroit, prenant en compte la séparation de toutes les perceptions, de sorte que la seule contradiction qu'on puisse trouver est celle entre l'existence et la non existence (*Traité*, I, 1, 5, 15, 59 ; I, 3, 15, 173, 250), l'autre large, s'appliquant à la

ici nécessaires, que pour autant que l'analyse, lorsqu'elle a affaire à des objets complexes, a besoin de repères formels. En droit elles sont inutiles, puisque dans les relations d'idées l'entendement n'étend pas sa connaissance au-delà de ce qui lui est donné, à savoir les idées elles-mêmes. La liaison est directement perçue et ne dépend pas d'une organisation préalable de l'expérience passée.

Il en va différemment pour les relations de fait ou du moins de la causalité, où la comparaison engendre la croyance. Des trois associations la ressemblance est, quant à l'existence, la plus libre : tout peut ressembler à tout, dans n'importe quel ordre. La contiguïté est, elle, la forme de la multiplicité ; prise temporellement elle détermine l'esprit à parcourir la suite des impressions, mais sa détermination est pauvre et asservie à l'ordre d'apparition. La causalité est la seule relation à conjuguer les avantages de la liberté et de la détermination, à passer naturellement de la cause à l'effet (ou réciproquement), en étant instruite d'une expérience passée faite mémoire et, dans sa récapitulation, affranchie de la contiguïté impressionnelle. Elle détermine à passer de *telle* cause à *tel* effet, dans une liaison qui synthétise les conjonctions constantes, selon un ordre qui anticipe sur l'ordre des existences. Par cette relation « la pensée est toujours déterminée à passer de l'impression à l'idée et de cette impression particulière à cette idée particulière, sans pouvoir choisir ni hésiter »[1]. L'expérience

comparaison des idées et établissant entre celles-ci des liaisons indissolubles ou des oppositions nécessaires (*Traité*, I, 2, 2, 29, 79 ; 32, 83). Cf. F. Zabeeh, *Hume Precursor of Modern Empiricism* (La Haye 1960) chap. 4.

1. *Traité*, I, 3, 9, 110, 177.

passée, agissant par association naturelle, conduit l'esprit à la croyance.

Il s'ensuit que la croyance est soumise à différents degrés de probabilité, proportionnés aux différentes causes qui produisent la détermination à l'inférence, et qui forment ensemble ce qu'on peut appeler la disposition de l'esprit [1]. Etant une idée vive associée à une impression présente, elle dépend d'une part de l'attention qui est cette présence de l'esprit, insensiblement décalée de la présence originelle de l'impression, d'autre part de la facilité de la transition avec laquelle l'imagination passe d'un terme associé à l'autre, et qui repose principalement sur l'habitude, quoiqu'étant aussi favorisée par la ressemblance et la contiguïté [2]. Dans toutes ces circonstance différentes, l'esprit se comporte naturellement et proportionne sa croyance selon une probabilité non critiquée, n'ayant pas plus de libre arbitre sur ses opérations intellectuelles que sur ses actions morales : il est lui-même un système de causes et d'effets. Il en va de même en ce qui concerne la probabilité philosophique qui, étant régulière et indépendante de la disposition de l'esprit, varie en fonction des degrés de constitution de l'expérience passée, laquelle ne nous instruit pas toujours avec la même certitude de l'identité de la cause ou de l'effet inféré. On aura les possibilités suivantes : ou la constance de la conjonction a toujours été observée et en de nombreux cas : l'inférence s'élèvera à une preuve [3]. Ou la constance a toujours été observée, mais comporte, comme

1. *Traité*, I, 3, 8, 98, 163.
2. *Traité*, I, 3, 8, 9 et 13.
3. *Traité*, I, 3, 11, 124, 193-194.

lorsque je jette un dé, une indétermination relative de l'effet : l'inférence est soumise à la probabilité des chances[1]. Ou l'expérience passée est insuffisante, soit qu'elle soit lacunaire, soit qu'elle manifeste des conjonctions contraires : le raisonnement suit alors la probabilité des causes[2]. Ou enfin la ressemblance entre l'impression présente et les cas comparables de l'expérience établie, n'est pas complète : on a affaire aux divers degrés de l'analogie[3].

Dans tous ces cas, Hume naturalise la logique des probabilités, à laquelle il se réfère étroitement[4]. Qu'on considère par exemple la probabilité des chances. Les chances désignent les possibilités diverses qui peuvent se réaliser, sans qu'on soit déterminé à préférer l'une plutôt que l'autre. L'incertitude n'est pas objective, mais résulte de la contrariété compensée des cas et se résout en une croyance proportionnée au rapport des possibilités. Quand je jette le dé, j'attends qu'il présente une face, quand il se sera immobilisé, et, concernant cet effet, ma croyance est entière. Mais j'ignore quelle face particulière du dé apparaîtra. Supposons qu'il y ait quatre faces portant le chiffre 3 et deux le chiffre 6. La croyance « nous conduit à l'ensemble des six faces de telle manière qu'(elle) divise sa force également entre elles »[5]. Ainsi répartie, elle fait l'objet d'additions et de soustractions, les faces concordantes unissant leurs effets sur l'esprit, la contrariété des faces distinctes

---

1. *Traité*, I, 3, 11, *Enquête*, VI, 56-5 7, 128-130.

2. *Traité*, I, 3, 12. *Enquête*, VI, 57-59, 130-132.

3. *Traité*, I, 3, 12, 142, 214.

4. Sur les débats de l'époque concernant la probabilité, voir J. Laird, *Hume's Philosophy of Human Nature*, p. 127.

5. *Traité*, I, 3, 11, 129, 199.

affaiblissant proportionnellement la croyance qui s'attache à l'occurrence dominante. «La vivacité de l'idée est toujours proportionnelle au degré de l'impulsion ou de la tendance à la transition»[1]. Or, en toutes ces opérations, qui valent aussi pour la probabilité des causes, l'inférence reste dans son fond l'effet pré-réflexif de l'imagination ; le calcul des probabilités est le reflet, non la règle, d'une quantification naturelle de la croyance. Hume admet bien la part de l'observation et de la réflexion, qui empêchent la précipitation accompagnant communément ce genre de raisonnements, mais la détermination qui conduit à la décision finale est l'effet d'une habitude qui s'est répartie en fonction de l'expérience passée. «La première impulsion se fragmente donc ici et se répand sur toutes ces images, dont chacune reçoit en partage une quantité égale de la force et de la vivacité dérivées de l'impulsion»[2]. La mesure résulte non d'une proportion-règle, mais d'une proportion-mélange. L'entendement se comporte comme une machine logique naturelle, qui fixe infailliblement le degré de vivacité ou de croyance convenable. Machine en vérité singulière qui s'élabore dans son fonctionnement même.

La règle n'est que nature, même dans les raisonnements exacts[3]. Y a-t-il, dans ces conditions, des règles? En faut-il si la nature fait le travail de la raison? Comment distinguer la probabilité non philosophique et la probabilité philosophique? Que devient cette vertu de précision indispensable à la connaissance?

1. *Traité*, I, 3, 11, 130, 200.
2. *Traité*, I, 3, 12, 136, 205.
3. *Traité*, I, 3, 16, 179, 257. «La raison n'est rien qu'un merveilleux et inintelligible instinct dans nos âmes… ».

Or, les règles sont nécessaires, si on ne veut pas abandonner toutes les inférences à la menace de la crédulité, dont les effets sont universellement constatés. La possibilité de l'erreur ou du préjugé résulte de la nature même de l'inférence. Les raisonnements de causalité sont instruits par l'expérience passée, de sorte que la liaison particulière de l'impression présente à l'idée inférée répète une liaison constamment observée. Au contraire, les principes de contiguïté et surtout de ressemblance sont susceptibles d'engendrer des croyances, quoique la liaison qu'ils établissent alors soit unique, arbitraire et modifiable. « La ressemblance a très communément pour effet d'aviver les idées »[1]. Ils ouvrent la porte à une fantaisie, que ne contrôle pas la constance des conjonctions. Il est vrai que Hume se corrige lui-même : « Bien que je ne puisse refuser complètement aux relations de ressemblance et de contiguïté d'agir de cette manière sur l'imagination, on doit noter que, lorsqu'elles agissent seules, leur action est très incertaine »[2]. C'est sur le fond de l'expérience constituée en monde causal que ces relations opèrent habituellement leurs liaisons. Mais elles n'en sont que plus redoutables, puisqu'elles introduisent un élément de « caprice »[3] dans le système de la causalité, qui ne peut être corrigé que par les règles générales. Par exemple, quoique toute la force d'un témoignage tienne à l'enchaînement des causes et des effets et dépende de notre expérience des faits

---

1. *Traité*, I, 3, 8, 100, 165. Voir tous les exemples proposés dans la section 8. La ressemblance, source la plus féconde d'erreur : *Traité*, I, 2, 5, 61, 115-116.

2. *Traité*, I, 3, 9, 109, 176.

3. *Traité*, I, 3, 9, 109, 177.

naturels et mentaux, la ressemblance nous pousse souvent à la crédulité, par la similitude attendue du discours du témoin et de la réalité, et remplace le raisonnement par le préjugé. L'esprit se précipite dans l'association la plus immédiate. Au contraire l'association causale, qui est certes directe en tant que principe de l'imagination, est cependant causée par l'habitude, qui est le pouvoir déterminant de l'expérience établie. Mais l'habitude ne suffit pas à nous protéger de l'erreur, car elle est à son tour à la source de nombreuses croyances que la philosophie refuse. La répétition d'une idée ou d'une chaîne d'idées peut rendre artificiellement une idée vive, sans qu'une impression présente soit requise. Ainsi agit l'éducation, et « plus de la moitié des opinions qui triomphent parmi les hommes sont dues à l'éducation, et les principes qu'on embrasse ainsi implicitement l'emportent sur ceux qui sont dus au raisonnement abstrait et à l'expérience » [1]. Par défaut de la répétition ou par excès de la répétition, l'imagination conduit à des croyances que l'expérience ne règle pas.

Il y a une autre source d'erreurs et d'opinions, plus redoutable encore, parce qu'elle touche à l'inférence causale elle-même. C'est un fait de la nature humaine que l'entendement dans son exercice ordinaire, forge des règles générales. On doit même dire, que lorsqu'il suit sa tendance naturelle, il pèche non pas par défaut mais par excès, et que ce penchant aux règles est la source principale des préjugés. « Un Irlandais ne peut avoir d'esprit, un Français ne peut avoir de solidité » [2]. Cette inclination à l'universel et au nécessaire ne

1. *Traité*, I, 3, 9, 117, 184.
2. *Traité*, I, 3, 13, 146, 220. Cf. Berkeley, *Principes* § 106.

peut surprendre, car elle tient à la nature même de la formation de la croyance causale, étant ce mouvement par lequel, sans réflexion, l'imagination passe du général au nécessaire. L'effet de l'habitude déborde toujours le degré de constance et d'uniformité qui ont produit cette disposition. Toute inférence causale contient un renforcement indu de la connexion entre les phénomènes. Or, cet excès manifeste l'exercice d'un principe déterminant dans l'influence de l'expérience passée : celui de la ressemblance, qui est susceptible à la fois de servir l'inférence ou de lui nuire. D'un côté, ce principe est à la source du rapprochement des cas semblables, des conjonctions analogues, de l'existence de la causalité par uniformité. D'un autre côté, il produit une précipitation qui mène souvent l'esprit à se satisfaire de ressemblances imparfaites, de conjonctions peu nombreuses, à ne pas prendre en compte la contrariété des cas etc. ; précipitation qui caractérise un pouvoir d'images, dépourvu d'appréhension analytique et saisissant les phénomènes dans leurs apparences globales, sans que soit considérée la variété des circonstances. En un mot, toute inférence étend la généralité. Mais, ou bien cette extension est produite par une expérience passée agissant analytiquement et mesurant étroitement la ressemblance, et l'on a alors le jugement ; ou bien elle est produite par une expérience passée agissant d'une façon à la fois globale et morcelée, et l'on a alors le préjugé. « La coutume, bien qu'elle soit au principe de tous nos jugements, a cependant sur l'imagination un effet opposé à celui qu'elle a sur le jugement et elle produit de la contrariété dans nos opinions sur le même objet »[1].

Ainsi, l'abus des inférences ou des règles générales (opérations en elles-mêmes abusives) rend nécessaire l'institution des règles critiques qui feront le partage entre les opinions du vulgaire et le discours des savants[2]. L'ensemble de ces règles critiques forment la raison. L'usage naturel de l'entendement doit être corrigé par l'exercice d'une raison elle-même empirique, puisqu'il n'y a pas d'autre source que l'expérience. Ces règles sont dérivées par réflexion et « sont formées d'après la nature de notre entendement et notre expérience de ses opérations dans les jugements que nous formons des objets »[3]. Hume en distingue huit[4]. Les trois premières prescrivent les causes de toute inférence causale : contiguïté de la cause et de l'effet, antériorité de la première sur la seconde, constance de la conjonction. Elles font de la détermination naturelle à l'inférence, un droit qui permet de dénoncer les croyances substitutives produites par la contiguïté, la ressemblance et l'habitude seules, et de distinguer le jugement de l'éducation, en ne retenant que ce qui suit le processus régulier de la formation de la croyance. Les cinq règles critiques suivantes portent sur l'abus des règles générales, imputable à la ressemblance. Elles peuvent être résumées en une seule : « la même cause produit toujours le même effet et le

---

1. *Traité*, I, 3, 13, 147-148, 221.
2. Sur la fonction extensive et corrective de la règle générale, Cf. G. Deleuze, *Empirisme et subjectivité*, p. 47 et *sq.*
3. *Traité*, I, 3, 13, 149, 223.
4. *Traité*, I, 3, 15.

même effet ne naît jamais que de la même cause »[1]. Cette règle de l'uniformité de la détermination est rationnellement paradoxale, puisqu'elle consiste à prendre pour droit ce qui est précisément excessif dans l'inférence, mais elle est naturellement explicable, parce qu'elle ne fait que réfléchir ce que la nature accomplit. C'est la tendance même à la généralité qui est chargée de s'autorégler. L'esprit se déterminera selon la plus grande régularité et la plus grande harmonie possible. Si par exemple, trompé par la ressemblance, je fais entrer en ligne de compte dans un raisonnement causal une circonstance accessoire qui se révèle non conforme aux croyances causales plus générales déjà entretenues, je récuserai l'inférence causale à laquelle je suis déterminé. « La règle générale est attribuée à notre jugement comme plus étendue et plus constante; l'exception l'est à l'imagination comme plus capricieuse et plus incertaine »[2]. Le faux n'est pas le contraire du vrai, mais l'exception par rapport au général.

Ainsi la raison critique est un parti pris de cohérence, qui renvoie toute inférence, c'est-à-dire toutes les lois universelles produites à partir de l'expérience passée, à la totalité des autres lois, ordonnées et hiérarchisées, cette totalité faisant règle; un parti pris qui naît de la contrariété du jugement et de l'imagination ou plus exactement : des « propriétés générales et les plus établies de l'imagination »[3] et les propriétés plus libres et plus incertaines de cette même imagination. Cette exigence de systématicité ne procède pas d'un pouvoir

1. *Traité*, I, 3, 15, 173, 251.
2. *Traité*, I, 3, 13, 149, 223.
3. *Traité*, I, 4, 7, 360. Cf. I, 4, 4, 225-226, 312-313.

logique indépendant, mais prolonge la nature de l'entendement : elle est la tendance de l'imagination à la régularité,
redoublée dans une règle. Il serait vain de poser la question de
sa légitimité : elle est une tendance réfléchie, grâce à laquelle
notre pensée et notre action échappent au désordre dans lequel
la fantaisie les entraînerait autrement. Elle se comporte à
l'instar de la pondération que l'entendement accomplit
naturellement, dans ses raisonnements de probabilité portant
sur les chances ou les causes. Cependant, et elle est en cela
d'un autre degré, sa pondération est corrective, d'un exercice
non point direct mais secondaire. Le parti pris est proprement
spéculatif et distingue la science de sens commun : comme
celle du vulgaire, la pensée du philosophe est déterminée
naturellement, mais elle l'est par conscience analytique et
systématique. Pressé par la nécessité, le vulgaire se précipite
et tombe dans la prévention, n'y ayant aucune nécessité
rationnelle entre le semblable et le semblable, la cause et
l'effet. Il ne saurait attendre que le système de l'expérience
passée soit assez distinct et assez complet, pour se livrer à ses
inférences. C'est pourquoi, il s'abandonne à la ressemblance
qui opère directement et dispense de la patience de l'expérience. Au contraire, le sage s'efforce de contrôler l'inférence
et il le fait en la retournant vers sa cause. Préréflexivement,
l'expérience passée détermine à former des lois générales ; par
un retour réflexif, la critique renvoie les lois générales à
l'expérience passée, fait de celle-ci la garantie de l'universalité de la loi, étant entendu qu'en dernier recours la loi sera
toujours plus étendue. Mais dans cette tension entre la
constance et la nécessité, par cet *itus et reditus* en vertu duquel
l'universalité ne cesse de dépasser la généralité et la généralité

de corriger l'universalité, naît un art tout empirique de la modération, une logique toute naturelle de la probabilité, qui ajuste des proportions, qui équilibre l'exception et le système, la fantaisie et la régularité. La raison est la prudence de la nature. «L'observation des règles est une espèce de probabilité très peu philosophique; pourtant c'est seulement en les observant que nous pouvons corriger toutes les probabilités non philosophiques, celle-ci et les autres»[1].

*

Ainsi le conflit de l'imagination et de la raison prend-il la forme d'un conflit des règles générales, d'une opposition entre l'entendement qui se hâte sous l'effet de la ressemblance, et la critique qui prend du recul pour embrasser la plus grande régularité. Cette opposition est aussi bien celle de deux tendances de l'imagination, l'une à la plus grande facilité, l'autre à la plus grande stabilité. Mais de quelque façon qu'on la considère, elle doit être prise pour naturelle et il n'y a d'autre issue à en attendre que naturelle. On peut se fixer la règle de la plus grande généralité : cette règle s'imposera pour autant qu'elle a de l'*influence* sur l'esprit, ce qui demande une pratique constante de la science et de l'étude, une passion pour la vérité et pour l'exactitude, une fréquentation des hommes dans la société ou dans l'histoire. Si ces causes sont assez puissantes, elles finiront par équilibrer l'imagination et rendre la nature raisonnable. Par conséquent, pas plus que dans le domaine moral, la raison n'a de pouvoir par elle-même dans le

1. *Traité*, I, 3, 13, 150, 224.

domaine de la connaissance ni ne tend vers des fins propres. Il n'y a pas de pouvoir formel de la règle. Mais de même que les passions calmes, par leur modération, tempèrent le cours de la vie affective, de même cette puissance calme de la réflexion, quand elle existe, régularise le cours de l'entendement. Dans les deux cas, la nature se stabilise elle-même, la tendance s'assagit dans sa poursuite de la facilité. L'esprit est retardé, de façon à pouvoir s'adapter et accorder à la réalité l'imagination qui se presse et le désir qui saute le temps. Il en résulte une histoire de la nature, qui est l'histoire de la maturation progressive par laquelle les passions calmes, étant cultivées, l'emportent de plus en plus, et par laquelle, l'entendement augmentant ses connaissances et renforçant l'expérience passée, les règles les plus générales finissent par s'imposer. La sagesse et la science (réunies dans la philosophie) sont les fruits historiques d'une nature s'ordonnant peu à peu [1].

L'équilibre est toujours précaire et contingent. Toute puissance doit être modérée, y compris celle de la modération elle-même. Trop de modération deviendrait obstacle à la tendance ; trop de retard conduirait à un arrêt. C'est pourquoi il faut éviter que les passions calmes ne deviennent violentes, que la vertu ne se fasse farouche, que la règle n'interdise l'inférence. Il est indispensable que la nature l'emporte toujours.

La raison, plus particulièrement, étant en son fond inclination, est susceptible d'excès et de déraison. Il y a en effet une tentation sceptique de la règle à laquelle il convient de ne pas se livrer, et qui surgit lorsque le philosophe s'adonne à

---

1. Sur l'analogie des rapports de la raison à la croyance et aux passions, voir N. K. Smith, *The Philosophy of David Hume*, p. 143-147.

l'exigence d'une certitude absolue, dans ses principes et dans ses démonstrations[1]. D'une part, dans les sciences démonstratives, la raison produisant la vérité comme son effet, mais pouvant être contrariée par d'autres causes, « toute connaissance dégénère en probabilité; cette probabilité est plus ou moins grande selon notre expérience de la véracité ou de la fausseté de notre entendement et selon la simplicité ou la complexité de la question »[2]. D'autre part, en ce qui concerne la croyance, celui qui voudrait appliquer avec rigueur la règle de proportion et d'exactitude se heurterait au fait que la croyance est en son fond injustifiable, qu'il y a en elle toujours un excès de la part de l'entendement, que l'expérience passée n'est jamais assez complète ni régulière. Une raison, qui se prendrait ainsi elle-même pour fin, ruinerait toute probabilité et se perdrait dans le doute le plus incurable. « La raison des sceptiques et la raison des dogmatiques, sont du même genre, malgré la contrariété de leurs opérations et de leurs tendances »[3]. Par bonheur, la raison est incapable de nous entraîner dans de telles extrémités, car elle est corrigée par la nature ou par l'imagination. La raison ne l'emporte qu'aussi longtemps que la règle a quelque efficace et qu'elle est en mesure de s'opposer à la détermination de l'inférence. Son pouvoir s'affaiblit au fur et à mesure qu'il se répète et perd progressivement son influence sur l'imagination. Il est d'autre part forcé, car il va à contre-courant; et tout effort demande relâchement. La nature finit donc par imposer l'infé-

1. Ainsi Descartes tombe dans un scepticisme extrême. *Enquête*, XII, 149-150, 264.

2. *Traité*, I, 4, 1, 180, 261.

3. *Traité*, I, 4, 1, 187, 268.

rence, par mener au jugement, quoi qu'en aît le philosophe. « La croyance est plus proprement un acte de la partie sentante que de la partie pensante de notre nature »[1].

La raison philosophique est ainsi à la fois la croyance causale réglée réflexivement et la règle limitée naturellement par la croyance. Elle propose un idéal scientifique de précision et de certitude, étranger à l'entendement commun, mais elle ne l'atteint que par compromis. Son art est un art de la modération : une philosophie abstraite qui ne soit pas abstruse et à laquelle la nature puisse s'appliquer ; une règle sévère sans être stricte ; la tendance aisée mais cultivée par l'étude ; un jugement tendant à l'universalité mais tolérant toujours l'exception ; une indépendance de l'esprit qui accepte les effets de l'éducation, l'influence des passions ; une nature réfléchie mais se déterminant naturellement. Qui méprise le compromis ne comprendra pas le sens de la modération humienne, et la tiendra pour un succédané de peu d'intérêt. Qu'on considère par exemple le conflit de la raison philosophique et des sens, qui anime une bonne part de l'histoire de la philosophie[2]. La croyance sensible soutient l'existence continue, distincte et indépendante, des perceptions sensibles, ce qui est manifestement contraire à l'expérience. Pour remédier à cette contradiction, les philosophes, à l'exception de Berkeley, distinguent l'existence des perceptions et l'existence des choses elles-mêmes. On satisfait ainsi la réflexion et l'imagination, en accordant la croyance sensible à

1. *Traité*, I, 4, 1, 183, 265.
2. *Traité*, I, 4, 2, 209-218, 295-304 ; I, 4, 4, 231, 318-319 ; I, 4, 7, 265-267, 358-359.

l'expérience de la discontinuité et de la dépendance des perceptions. Or, cet accord, sous son apparence rationnelle, ne peut être atteint que par composition. « Ce système philosophique est le fruit monstrueux de deux principes contraires, que l'esprit embrasse tous deux à la fois et qui sont incapables de se détruire l'un l'autre » [1]. La théorie de la double existence est une croyance hybride, qui résulte de la stratégie que l'imagination impose aux croyances sensible et causale, et qui contient toutes les difficultés de la croyance vulgaire, plus quelques unes qui lui sont propres. Doit-on condamner ce compromis injustifiable ? Ce n'est pas la question, car il est dogmatiquement inéluctable, à moins qu'on ne s'enferme dans un scepticisme total envers les sens et l'entendement. Un scepticisme modéré ne sera pas moins conscient de la contradiction, mais il sera modéré en ce sens qu'il acceptera les opérations de la nature. Il acceptera que les principes de la nature humaine ne soient pas conformes à la raison et que celle-ci soit l'apparence de l'ordre qui résulte des compromis de la nature, quelque monstrueux qu'ils soient.

Par nature, la raison a tendance au dogmatisme : elle se porte spontanément garante. Or, les analyses qu'elle-même développe dans une philosophie expérimentale, montrent qu'elle ne saurait fonder l'ordre qu'on lui impute, que cet équilibre, qui est le sien, est produit par d'autres principes qui s'opposent et se composent. L'empirisme lui accorde le pouvoir de réflexion, mais lui nie celui de fondation. Tout tribunal rationnel siégerait dans l'*a priori*. Le vrai a pour source la croyance, le bien, la passion. Et il ne faut pas se

1. *Traité*, I, 4, 2, 215, 300.

méprendre : la vérité ou la moralité existe ; la raison connaît et est morale, mais elle ne connaît ni n'est morale par elle-même. Etre sceptique, ce n'est pas affirmer qu'il n'y a pas de savoir ou de vie morale, mais que l'origine de ce savoir et de cette vie morale, est la nature, qu'on ne peut réfléchir de façon première et fondatrice, mais seulement découvrir par des raisonnements expérimentaux ; car la nature est cette genèse tendancielle, qui progressivement engendre l'ordre de l'esprit humain et s'autorègle, sans qu'il faille se référer à une loi primitive ou transcendante. Le scepticisme enseigne que l'ordre est résultat et que c'est une illusion de la raison de le considérer comme principe. A l'évidence il faut substituer la tendance qui certes va de soi, parce qu'elle opère incessamment, mais qui ne donne rien à voir, parce qu'elle est une puissance obscure, à laquelle la philosophie doit se soumettre.

CHAPITRE VI

LA SCIENCE DE LA NATURE HUMAINE

La nature humaine n'est pas connaissable en elle-même, ni comme réalité empirique observable, ni comme condition transcendantale. Nous en embrassons les effets, sans pouvoir réfléchir la causalité qui les produit. Elle est un principe, qui étant premier est privé de la lumière d'une cause supérieure et qu'on ne découvre donc que par inférence, à partir de l'expérience. « On accorde que le dernier effort de la raison humaine est de réduire les principes qui produisent les phénomènes naturels, à une plus grande simplicité et de résoudre les nombreux effets particuliers à un petit nombre de causes générales au moyen de raisonnements tirés de l'analogie, de l'expérience, de l'observation. Mais les causes de ces causes générales, nous tenterions en vain de les découvrir; et nous serons toujours incapables de nous satisfaire en en donnant une explication particulière »[1]. Il est donc impossible de prendre

---

1. *Enquête*, IV, 30, 90.

la nature pour un fondement, de lui conférer une évidence première. On ne saurait non plus vouloir en tirer des fins pour l'entendement ou pour la pratique, puisqu'elle échappe à la représentation. En tout elle agit causalement, et s'il résulte un ordre de cette causalité, c'est toujours un ordre dont l'harmonie précaire aurait pu être autre. Ainsi la nécessité causale est non dans les choses, mais dans l'esprit, non dans la raison mais dans l'imagination. La nature est précisément le nom le plus général et le moins intelligible pour signifier cette détermination qui échappe à la pensée, et qui est par-devers la raison, quand celle-ci essaie de la recueillir.

Il en résulte des contraintes pour la science qui la prend pour objet. Si la nature était raison, la science serait assurée d'un fondement évident. Privée de cette ressource, elle a pour unique origine l'expérience. Encore l'expérience est-elle grosse du débordement du pur donné par la fiction ou la tendance : elle est l'origine dont la connaissance s'est toujours détachée, par l'effet de l'imagination. La certitude est sensible, ce qui suffit pour établir les faits, ce qui ne suffit pas pour pénétrer l'essence du réel. D'autre part la science connaît naturellement la nature : toutes ses liaisons sont des déterminations à l'inférence ou à la démonstration, et non point des raisons. Le savant préjuge comme le sens commun. Enfin, si elle est systématique en tant qu'elle lie les phénomènes sous des lois, les lois sous des principes plus généraux, elle n'est cependant pas architectonique, car la nature ne fait pas système, n'est pas l'ordre mais produit l'ordre. Ainsi la science doit-elle toujours s'appréhender elle-même comme un effet, ou, ce qui revient au même, s'admettre sceptique.

Le scepticisme nous commande-t-il de suspendre notre jugement, de renoncer au savoir ? Non point, car nous sommes inclinés à la science et à la philosophie, quand, las des plaisirs de la compagnie, jouissant par ailleurs de la fortune et de la tranquillité de vie indispensable, nous nous abandonnons aux penchants de notre esprit, comme à autant de déterminations faciles. « Ces sentiments surgissent naturellement dans ma disposition présente ; et si je tentais de les bannir en m'attachant à quelque autre occupation ou à quelque divertissement, je *sens* que j'y perdrais en plaisir ; telle est l'origine de ma philosophie » [1]. On ne peut empêcher la nature : la science est d'abord un plaisir. Même lorsqu'elle combat la superstition, c'est pour laisser l'humanité sous l'empire de ce qui est plus sûr et plus agréable. Comme toute autre détermination naturelle, la connaissance obéit à la facilité de l'imagination, à la tendance du désir, à la sociabilité par la sympathie. Le philosophe se comporte comme l'homme du commun, par inclination ; et la séparation qui existe entre eux est seulement un effet circonstancié de principes identiques. En ce sens – naturel – la science est donc possible : bien plus, la nature s'y adonne.

Mais, objectera-t-on, une telle science est impossible ! La philosophie a généralement combattu le scepticisme en le prenant au piège de la nécessité de vivre et d'avoir des vérités pour vivre. Et l'alternative proposée était : ou une raison séparée du réel et rendue impuissante par son suspens, ou une raison en harmonie avec le réel et apte à la poursuite des fins. Le scepticisme humien est plus redoutable, car il refuse le

1. *Traité*, I, 4, 7, 271, 364.

choix. La modération qui le caractérise, n'est pas un aveu de défaite, mais l'institution d'un scepticisme positif et concurrent : une science sceptique de la nature humaine est possible elle substitue le fait au droit, la détermination à la raison, la circonstance à la fin, la contingence à la nécessité. L'expérience est sa légitimité, le plaisir ou le bonheur son objet. Quand on a fait la part des indignations philosophiques, quelle difficulté y a-t-il à observer et à affirmer qu'une science sans fondement se porte et se comporte bien, qu'une vérité sans principe est aussi sûre par l'expérience que par la contemplation du monde intelligible, que la critique est aussi puissante quand elle est produite par ce sur quoi elle s'applique, que lorsqu'elle repose sur le pouvoir législateur *a priori* de la raison ?

On a souvent défini la philosophie humienne comme un naturalisme positif[1]. Le terme mérite d'être retenue si on ne le prend pas en mauvaise part. Le naturalisme comporte deux caractères essentiels : le retour à l'expérience et le recours à la nature. Il faut rapporter toute vérité à l'expérience radicale, qui est la donation originaire de l'être, ce qui conduit à une ascèse qui dépouille les évidences de leur clarté et les fondements de leur raison. L'esprit prend ainsi fond dans l'impression. Or, c'est par la nature qu'il échappe à l'origine, que

---

1. Ce terme est pris en des sens divers, mais marque toujours la reconnaissance que le scepticisme de Hume n'est pas total, mais qu'il est lié à une intention positive de science. Ainsi N. K. Smith entend par là le fait que la connaissance, si elle n'est pas rationnelle, est cependant une croyance naturelle, et que la croyance est une détermination positive ; chez Husserl, l'accusation de naturalisme est justifiée par la confusion du retour aux choses mêmes et du retour à l'expérience, etc.

l'expérience s'étend en se formant. A l'expérience passée d'abord : « De ces impressions ou idées de la mémoire nous formons une sorte de système, qui comprend tout ce qui à notre souvenance a été présent à notre perception intérieure ou à nos sens, et chaque élément de ce système, uni aux impressions présentes, nous jugeons bon de l'appeler une réalité »[1]. A l'expérience possible ensuite, grâce à la relation causale : des phénomènes qui ne sont pas l'objet d'une expérience présente, l'esprit forme « un nouveau système, qu'il honore également du titre de réalité »[2]. La science est donc ainsi susceptible de s'élaborer progressivement, d'étendre son champ phénoménal et de passer à la loi.

Mais il y a plus : l'expérience peut être prise comme règle ; cette science, née naturellement, fournit des principes critiques, capables de régler les déterminations de la croyance. La méthode est la réflexion de la nature, mais réflexion telle qu'elle contient et exprime ce qui ne se réfléchit pas et ce à quoi elle se subordonne. La science de la nature humaine en fournira le fondement. Prendre l'expérience pour règle, c'est s'ordonner à la production de la règle ; la critique signifie toujours sa propre genèse ; et c'est de cette façon qu'elle peut valoir, s'imposer à l'entendement et dominer la nature.

Une science sceptique est donc possible, puisqu'elle est même capable d'exercer une fonction critique. Corrélativement la science de la nature humaine est une véritable doctrine de la science, de laquelle on peut tirer des règles pour la pratique des autres sciences.

---

1. *Traité*, I, 3, 9, 108, 174.
2. *Traité*, I, 3, 9, 108, 174.

*

Quelle est donc cette méthode qui peut valoir, bien qu'un fondement rationnel de la science fasse défaut? C'est dans l'*Enquête sur l'Entendement Humain* qu'elle est exprimée avec le plus de vigueur, l'intention critique étant au principe même de la composition de l'ouvrage. On en discernera les effets, en examinant la triple application de la doctrine de la causalité à la question métaphysique et morale de la liberté, à la question historique du témoignage, à la question théologique de la providence.

Le premier avantage de la science de la nature humaine est de mettre à jour l'inanité des disputes scolastiques ou philo-sophiques, telles celles concernant la nécessité et la liberté. Les débats de ce genre n'existent que par les mots : « Tous les hommes se sont toujours accordés sur les deux doctrines de la nécessité et de la liberté, aux sens raisonnables qu'on peut donner à ces mots » [1], et perdent tout intérêt, dès qu'on pense avec exactitude. Il suffit en effet d'appliquer ici le concept naturaliste de nécessité. Nous jugeons qu'un effet suit néces-sairement sa cause, quand la conjonction constante et unifor-me de ces deux phénomènes nous détermine à inférer de l'un à l'autre. La nécessité n'est rien que cette détermination et repose uniquement sur la relation naturelle de causalité. Or, l'imagination se comporte de la même façon, que les percep-tions qu'elle lie aient trait à la matière ou à l'esprit. Alors que le conflit de la liberté et de la nécessité supposerait qu'on pût distinguer deux régions d'être pourvues d'une causalité

---

1. *Enquête*, VIII, 81, 165. Sur liberté et nécessité voir *Traité*, II, 3, 1 et 2.

distincte, attachée à leur essence, la science de la nature
humaine efface les spécifications ontologiques : toutes les
perceptions, considérées en elles-mêmes, sont sur le même
pied, c'est-à-dire sont de simples données ; elles peuvent être
associées par l'imagination, qui en dispose à son gré ; les
concepts de substance matérielle et de substance spirituelle
sont des fictions philosophiques qui n'entrent pas dans l'expérience commune ; enfin la liaison est dans l'entendement et
non dans les choses. C'est pourquoi, nous ne cessons d'associer dans nos raisonnements les faits naturels et les faits
moraux. « Quand nous considérons avec quelle propriété
s'enchaînent l'évidence naturelle et l'évidence morale, pour
ne former qu'une seule chaîne d'arguments, nous ne ferons
aucun scrupule d'accorder qu'elles sont de même nature et
qu'elles dérivent des mêmes principes » [1]. La nécessité étant
une impression de réflexion, il n'y a pour l'entendement
qu'un seul et unique système de causalité, qui s'applique
également à tous les phénomènes. « Une fois que nous
sommes convaincus que nous ne connaissons rien de plus, sur
toute espèce de causalité, qu'uniquement la *constante
conjonction* et l'inférence consécutive de l'esprit de l'un à
l'autre, et que nous trouvons que, de l'aveu de tous les
hommes, ces deux circonstances interviennent dans les actions
volontaires, nous pouvons être plus aisément poussés à reconnaître que la même nécessité est commune à toutes les
causes » [2]. Sous cette nécessité, la liberté est simplement
l'efficace des liaisons entre nos motifs et nos actions, distin-

---

1. *Enquête*, VIII, 90-91, 177.
2. *Enquête*, VIII, 92, 179-180.

guée de l'efficace des liaisons matérielles. La dispute ainsi réduite, il faut se demander ce qui a pu l'engendrer, comment les mots ont pu faire illusion. Et on répondra que l'imagination a tendance à mettre ses liaisons dans les choses et que la liberté est la fiction au prix de laquelle cette tendance se maintient, quoique l'expérience de notre activité ne nous instruise pas d'une telle liaison ; que, d'autre part, cette fiction est renforcée par l'idée de pouvoir, c'est-à-dire l'idée que la raison de la liaison serait dans la nature de la cause. La méthode est donc exemplaire : c'est le rappel de la définition génétique de la nécessité, c'est-à-dire d'une définition la renvoyant à son origine, qui dissout le problème de la liberté et le réduit à une affaire de mots. D'une façon générale, la science de la nature humaine décide de la validité des questions philosophiques en exposant, à partir de l'expérience, la production des concepts mis en jeu, et en fixant l'espace problématique lié à leur signification. Ce mode d'argumentation est constant dans l'œuvre de Hume : il est appliqué à l'idée de pouvoir, de substance, d'identité, d'obligation, de Dieu, etc., pour ne pas parler de l'idée de causalité elle-même. On refuse de prendre position dans les débats dogmatiques hérités de l'histoire de la philosophie, mais en rapportant les concepts à la racine de l'expérience ; et en assurant leur sens dans leur origine, indépendamment de toute évidence pure et rationnelle, on produit une nouvelle scène philosophique qui décide de la pertinence des notions, de la validité des questions et de la nature des solutions. La science empiriste de l'homme permet de s'orienter dans l'histoire de la philosophie et renouvelle les fondements de toutes les autres sciences, par sa problématique naturaliste.

Mais elle leur fournit encore une véritable méthodologie capable de régler le jugement de manière péremptoire, comme le montre la section X de l'*Enquête,* consacrée aux miracles[1]. Cette section, qui suscita en son temps de nombreuses querelles par son intention de dénoncer toute fondation d'une religion qui en appellerait au témoignage ou au récit d'un miracle, est en fait un exercice critique, dérivé de la théorie de la probabilité. Les raisonnements portant sur des faits, n'ayant point de nécessité rationnelle, ne sont jamais d'une certitude si parfaite que la croyance qui les accompagne ne puisse être mise en défaut. A la différence du sens commun, naturellement dogmatique, « le sage proportionne sa croyance à l'évidence »[2]. C'est-à-dire, par réflexion, mesure sa certitude en fonction du degré d'uniformité de son expérience passée, que celle-ci soit lacunaire ou qu'elle renferme des enseignements contraires. Le principe d'uniformité, à défaut d'être la condition des inférences causales, peut être pris, dans un jugement critique, comme leur règle *empirique,* et suffit à fournir une méthodologie appliquée, décisive dans les questions de témoignage historique. L'analyse humienne de la causalité ne se prononce pas sur la possibilité du miracle, elle la renforcerait plutôt, puisque l'uniformité de la nature, si manifeste soit-elle dans notre expérience passée, ne s'impose

---

1. Sur l'histoire de cette section, voir J. Laird, *Hume's Philosophy of Human Nature*, p. 282-284. Cette section eut un retentissement considérable dès la moitié du XVIIIe siècle. Voir L. Stephen, *History of English Thought in the Eighteenth Century*, 1876, (nlle éd. 1962, New-York) tome 1 p. 333-343. On trouve une première réflexion consacrée au témoignage dans le *Traité*, I, 3, 13, 145-146, 219.

2. *Enquête*, X, 110, 206.

nécessairement que par une transition de l'imagination, et n'est pas, en droit, à l'abri d'un événement singulier : toute la nécessité de la science est incapable de réduire la différence de l'être donné. Mais cette possibilité n'est pas l'objet de la section X. Il y est question de cette autre possibilité qui est celle pour nous de croire dans le récit qu'un témoin donne d'un événement miraculeux [1]. Or, notre croyance peut et doit sur ce point être exactement réglée. La probabilité d'un miracle est par définition nulle, puisqu'elle contrarie la totalité de l'expérience passée et introduit l'idée qu'un fait d'existence a pu ne pas avoir de cause naturelle. Nous devons par conséquent refuser toute foi aux témoins prétendus de cet événement, qu'infirme le témoignage universel et infiniment plus puissant de la constance et de la régularité de la nature. Il faut en outre tenir compte de ce que, dans le cas de la révéla- tion, le témoignage nous est rapporté dans un récit, qui est véhiculé par la tradition orale ou écrite, et qui dépend ainsi de tout un ensemble de facteurs devant être soumis eux-mêmes à la règle de la probabilité : authenticité du livre, continuité de la tradition, bonne foi du témoin, degré de proximité du témoin à l'événement etc. En ce sens, tous les faits historiques, même lorsqu'ils sont conformes au système de l'expérience, n'attei- gnent jamais une telle probabilité qu'on puisse en tirer une certitude absolue. « Nous pouvons établir comme maxime qu'aucun témoignage humain ne peut avoir assez de force

---

1. Question presque nouvelle à l'époque, puisque, à l'exception des analyses peu systématiques d'un Leslie ou d'un Middleton, le débat sur les miracles était posé en termes de religion, raison, mais non d'histoire. Cf. L. Stephen, *History of English Thought in the Eighteenth Century*, tome 1, chap. 4.

pour prouver un miracle et en faire le juste fondement d'un système de religion [révélée] »[1].

Cette critique est remarquable, que ce soit pour la pratique de l'historien[2] ou pour celle du politique, du moraliste ou du sociologue. Elle illustre avec fidélité l'usage empirique de la règle empirique de l'expérience. Cette règle est l'équilibre, la mesure qui résulte de la confrontation de l'expérience passée, régulière, mais de droit sinon de fait, toujours incomplète, et de l'expérience possible, renfermée dans l'excès de l'infé- rence. Cette dernière impose que le raisonnement tolère l'exception, que la généralité d'une loi puisse être limitée ou même contrariée, mais de telle sorte que l'entendement, libre ainsi du dogmatisme, élargisse ses ordres, renforce ses cons- tances, intègre dialectiquement ce qui l'excède. L'uniformité n'est jamais telle que la prévision soit absolument assurée, l'inférence absolument certaine, mais elle est suffisante pour régler à chaque fois, au coup par coup, la nouveauté qui vient la surprendre. Le possible est l'unité hybride et mouvante, dans l'imagination, de l'événement incessamment renouvelé des impressions et de leur dépôt dans la mémoire, en laquelle elles prennent la forme de la régularité. La science, fondée sur la nature humaine, est à la fois un savoir déconcerté et une tendance réglée.

Le scepticisme humien établit donc qu'une science exacte est possible, quoiqu'elle repose sur la nature humaine. Il

---

1. *Enquête*, X, 127, 232-233.
2. Voir par exemple, dans l'*Histoire d'Angleterre*, la partie du chapitre XX consacrée à Jeanne d'Arc. L'historien suspend tout appel au miracle, pour rendre compte politiquement, militairement, sociologiquement, psy- chologiquement, de l'aventure, reconnue singulière, de Jeanne d'Arc.

demande en outre, toujours en vue de l'exactitude, que soient fixées les limites de notre connaissance. La signification de ces limites varie avec les diverses significations de l'expérience. Il y a d'abord cette limitation réelle, qui fait que l'esprit ne peut créer aucune idée nouvelle et que toute idée, sans impression correspondante, est un néant verbal[1]. Elle appelle l'exercice du principe d'analyse, c'est-à-dire du retour à l'expérience donnée : une idée est clairement pensée et définie, quand elle est rapportée aux perceptions originaires qui lui correspondent. Mais le domaine de l'expérience donnée est sans cesse transgressé par les inférences causales, soit d'une façon simple, lorsque l'inférence répète exactement une conjonction établie, soit d'une façon plus complexe, lorsque son rapport à l'expérience passée s'appuie sur l'analogie. Toute loi générale, naturelle ou morale, met en jeu l'association de ressemblance, en raison de sa généralité même, qui lui permet d'être valable pour des groupes de phénomènes qui ne sont pas identiques particulièrement, mais varient quantitativement ou qualitativement. C'est toujours par analogie que la science peut s'élever jusqu'aux principes les plus simples et les plus amples, que nous pouvons connaître les mondes passés, les mondes futurs, et que la religion peut espérer étendre la connaissance au-delà de toute expérience intérieure à cet univers. L'entendement s'ouvre ainsi un domaine immense, mais périlleux, parce que la ressemblance peut associer n'importe quelle idée à n'importe quelle idée, n'importe quelle conjonction à n'importe quelle conjonction, et qu'elle introduit la conjecture dans l'infé-

---

1. *Traité*, I, 2, 6, 67, 124 ; *Enquête*, II, 18, 63, etc.

rence. Ce principe serait la ruine d'une science exacte s'il n'était possible de lui imposer une règle et de fixer les limites que l'entendement ne doit pas dépasser. Ebauchée dans le *Traité*[1], la critique de la ressemblance est menée méthodiquement dans la section XI de l'*Enquête sur l'entendement*, à propos de l'argument expérimental en faveur de l'existence d'une Providence, et développée systématiquement au détriment de la religion naturelle dans les *Dialogues*. De même que la croyance doit être mesurée au degré d'uniformité de l'expérience passée, de même doit-elle être réglée en fonction des variations de l'analogie. Plus précisément, elle doit être soumise à une nouvelle loi de proportion. « Quand nous inférons une cause particulière d'un effet, il nous faut, proportionner l'un à l'autre, et l'on ne peut nous accorder d'attribuer à la cause que les qualités qui suffisent exactement à produire l'effet »[2]. On pourrait objecter à cette exigence que l'analyse humienne de la causalité a détruit le concept d'une causalité métaphysique et y a substitué la seule idée d'une conjonction régulière, indifférente aux qualités réelles des phénomènes. Il n'est pas absurde qu'une petite cause ait un grand effet ou réciproquement. Mais cette loi de proportion s'adresse ici à la ressemblance, non à la causalité proprement dite. L'expérience nous enseigne la conjonction constante entre une certaine cause (tel pouvoir humain) et un certain effet (telle œuvre humaine); elle montre que le degré de qualité de la première varie conjointement avec le degré de qualité du second. Cette variation régulière, nous l'appelons

---

1. Voir plus particulièrement, *Traité*, I, 3, 12, 142, 214-215.
2. *Enquête*, XI, 136, 245.

proportion. Si à présent quelque effet considérable est proposé à l'entendement, il devra inférer quelque cause considérable, en rapport proportionnel aux liaisons déjà établies. Ainsi le monde, qui est une œuvre régulière, mais renfermant le mal, permet peut-être d'inférer un Dieu habile et imparfait, mais certes pas un Dieu tout-puissant et absolument bon, dont on prétend ensuite dériver la raison de l'existence du mal. La croyance en une Providence échappe à la proportion, car elle établit une liaison, entre l'effet et la cause, sans ressemblance avec les conjonctions constantes connues. Privée de la mesure de l'expérience établie, elle ouvre le champ aux hypothèses et voue la ressemblance à la fantaisie, ainsi que le montrent les *Dialogues* qui, dans la démesure du théisme expérimental, logent tous les systèmes religieux, y compris l'athéisme, systèmes aussi possibles et aussi improbables les uns que les autres [1]. La connaissance doit se renfermer dans les limites d'une analogie bien réglée, dans le cercle défini par la réflexion critique, dans le progrès pondéré d'une raison qui résiste aux élans de la fantaisie. « En vain notre entendement voudrait-il rompre ces barrières trop étroites pour notre folle imagination » [2].

La science de la nature humaine, rapportant l'entendement à son origine, c'est-à-dire l'expérience, impose la règle générale de précision, qui est une règle de mesure. Il ne lui est pas nécessaire d'en appeler à un pouvoir rationnel fondé dans l'évidence de sa propre représentation ou exprimant un ordre préétabli dans l'être, mais à une raison empirique qui est

1. *Dialogues*, V à VIII.
2. *Enquête*, XI, 142, 253.

comme la nature réfléchie des raisonnements de causalité, de laquelle peut être dérivée la forme de la science. Cette forme est pénétrée par le rapport entre l'imagination et l'impression, selon lequel les principes de transition enrichissent le champ de l'expérience donnée, tout en se soumettant à cette vertu que le donné possède seul en partage : l'existence. La science est donc le triomphe de la tendance la plus régulière de l'imagination sur la fantaisie et ses libres associations, ou l'imagination s'appliquant à son penchant à l'uniformité. Loin que la modération sceptique de Hume exprime passivement la réussite des sciences, devant laquelle il faut s'incliner, elle signifie que l'imagination est capable d'engendrer la forme de la science et d'imposer une systématique empirique. La modération, c'est la mesure, la proportion d'une science portée par l'imagination et pourtant capable de décider de ses problèmes, de ses limites et de ses degrés de vérité.

*

Cela est peut-être difficile à admettre, mais cependant nécessaire : une science première sceptique, soumettant les phénomènes moraux à l'expérience, libère les sciences humaines et ouvre en elles un nouveau domaine de connaissance. La grandeur de Hume est non seulement d'avoir fait une théorie de la méthode expérimentale, mais d'avoir rendu possible son application à des objets qui lui échappaient jusque là. On a généralement admis, il est vrai, que Hume avait joué un rôle plus ou moins important dans le développement au XVIIIᵉ siècle de la psychologie, de la sociologie politique ou religieuse, de l'économie, ou de l'histoire. Mais ce rôle a été le plus souvent attribué à une sorte de mimétisme newtonien, dont la critique est facile. Or, il nous semble que les analyses humiennes, ayant trait à ces sciences, sont les produits directs et raisonnés de sa philosophie sceptique.

Cette philosophie lève tout d'abord l'hypothèque métaphysique, puisqu'elle impose que l'esprit soit soumis à des raisonnements de causalité; comme il n'y a pas de liaison d'essence entre les causes et les effets, mais que la liaison est connue par expérience, il apparaît que l'esprit n'est pas plus aisé à connaître que la matière, ou plutôt qu'il est aussi obscur à lui-même que celle-ci[1]. Le donné se comporte identiquement, qu'il soit de sensation ou de réflexion. Dans les deux cas, les causes dernières sont hors de portée et leur pouvoir reste inconnu. La science a pour tâche de découvrir des rapports entre les phénomènes de l'esprit, de les soumettre à des principes plus généraux, et d'étendre autant qu'il se peut un ordre uniforme sur tout ce qui s'offre à l'expérience. Il faut transférer en philosophie morale cette grammaire naturelle que Berkeley reprochait à la physique moderne, en lui opposant la certitude de la connaissance des esprits[2]. Certes, l'accès à l'esprit est en un sens plus facile, puisque son observation est directe, et qu'on n'y rencontre pas les embarras dus à la croyance sensible. « Le monde intellectuel, bien qu'enveloppé dans des obscurités infinies, n'est pas embarrassé par des contradictions analogues à celles que nous avons découvertes dans le monde de la nature. Ce que nous connaissons à son sujet s'accorde avec lui : et ce qui nous est inconnu nous

---

1. *Enquête*, IV, 30-31, 89-90.
2. *Principes*, § 108.

devons nous contenter de le laisser comme tel »[1]. Mais cet avantage est largement compensé par la complication des phénomènes spirituels, et par l'impossibilité d'une véritable expérimentation[2]. Ce n'est pas qu'il faille l'étudier comme une chose; mais plutôt le rappel de ceci : il faut traiter les choses et l'esprit comme des phénomènes. Aujourd'hui l'idée est banale, (et passablement appauvrie), mais il faut se souvenir qu'au XVIIIe siècle Berkeley tire argument, en faveur de l'immatérialisme, du succès même de la philosophie naturelle de Newton, et que les philosophies du sens commun sécréteront une sorte d'évidence des phénomènes moraux observés empiriquement, évidence chargée de colmater la signification sceptique de la doctrine humienne de l'expérience et de jouer, en ce qui concerne l'esprit, un rôle analogue à celui des évidences *a priori* dans les philosophies de l'essence. Tous les positivismes ont oublié que s'ils ne fondaient pas la positivité des sciences dans une philosophie transcendantale, ils ne pouvaient échapper a une instauration sceptique, aussi fatale à leur naïveté[3].

Soumettre ainsi l'esprit à une science expérimentale et causale, c'est être conduit ensuite à déterminer phénoménalement les phénomènes moraux et à dénoncer l'identité du fait et du droit qui pénètre encore toutes les analyses politiques, religieuses, morales, esthétiques, tous les discours sur la nature humaine du début du XVIIIe siècle, et en vertu de laquelle l'être, étant ordre, est source d'obligation. Hume

---

1. *Traité*, I, 4, 5, 232, 320. Cf. II, 2, 6, 366, 214-215.

2. *Traité*, intr., XXII-XXIII, 36-37.

3. Rappelons que le débat sceptique n'a cessé d'être lié intimement au progrès de la science moderne au XVIIe et au XVIIIe siècle.

s'exprime sur ce point dans un passage célèbre du *Traité* : « Dans tous les systèmes de morale que j'ai rencontrés jusqu'ici, j'ai toujours remarqué que l'auteur procède quelque temps selon la manière ordinaire de raisonner, qu'il établit l'existence de Dieu ou qu'il fait des remarques sur la condition humaine ; puis tout à coup j'ai la surprise de trouver qu'au lieu des copules *est* ou *n'est pas* habituelles dans les propositions, je ne rencontre que des propositions où la liaison est établie par *doit* ou *ne doit pas.* Ce changement est imperceptible ; mais il est pourtant de la plus haute importance. En effet, comme ce *doit* ou ce *ne doit pas* exprime une nouvelle relation et une nouvelle affirmation, il est nécessaire que celles-ci soient expliquées : et qu'en même temps on rende raison de ce qui paraît tout à fait inconcevable, à savoir comment cette nouvelle relation peut se déduire d'autres relations qui en sont entièrement différentes » [1]. On ne peut comme Clarke [2]

---

1. *Traité*, III, 1, 1, 469, 65. Ce passage, le plus souvent soustrait à son contexte, a été cité à l'envi et compris généralement comme l'affirmation que les jugements moraux ne peuvent être dérivés du fait et qu'en ce sens il n'y a pas d'expérience du devoir être. Cf. A. N. Prior, *Logic and the Basis of Ethics* (Oxford 1949), p. 30-34 ; R. M. Hare, *The Language of Morals*, (Oxford 1952), p. 29 ; J. L. Gardies, *Essai sur les Fondements a priori de la Rationalité Morale et juridique* (Paris 1972) p. 13-16 ; etc. Interprétation remise en cause par A. C. Mac Intyre, dans un article, « Hume on Is and Ought » (*Philosophical Review*, oct. 1959, p. 451-468), qui a suscité une polémique ; R. F. Atkinson, « Hume on Is and Ought : a Reply to Mr Mac Intyre » (*Philosophical Review*, April 1961) ; M. J. Scott-Taggart, « Mac Intyre's Hume » (*Philosophical Review*, April 1961) etc. Voir encore sur ce point R. D. Broiles, *The Moral Philosophy of David Hume* (La Haye, 1969) chap. 6.

2. *A Discourse Concerning the Unchangeable Obligations of Natural Religion*, (London, 1705) prop. 1.

démontrer, à partir de la nature éternelle des choses, certaines obligations morales antérieures à toute institution positive; on ne peut, comme le fait encore Montesquieu [1], lier la nécessité, connue empiriquement, des lois régissant les mœurs et l'histoire, à un devoir être politique; on ne peut d'une façon générale faire de la raison, qu'elle connaisse *a priori* ou qu'elle infère empiriquement, une instance pratique qui dégagerait dans les ordres qui la réfléchissent, les principes de l'activité humaine. Jugement de droit et jugement de fait sont étrangers : comment en effet tirer de la vérité des devoirs, quand la raison est indifférente et qu'elle n'est pas un motif pour l'action? Hume admet que nous ayons une expérience proprement morale, car le sens moral est une perception comme les autres passions, mais il nie que ce sens soit déterminant par la représentation d'une vérité qui y serait contenue. Si l'on pouvait établir par raisonnement que la bienfaisance est bonne et la méchanceté mauvaise, on ne pourrait pas encore conclure : je dois agir avec bienveillance et me détourner de la méchanceté. En vérité, le rapport de ces vertus et du sens moral est naturel et nous incline avant toute réflexion. La science de l'esprit est une science de fait.

*

Or, on a reproché à Hume de pratiquer ce qu'il dénonce, quand il en vient aux vertus artificielles, morales et politiques. La justice et le loyalisme *(allegiance)* déterminent par une obligation, qui est suscitée par la réflexion sur l'avantage de ces vertus pour la conservation des intérêts humains. Le

---

1. *De l'esprit des Lois*, livre 1.

passage de la connaissance de notre intérêt au devoir de travailler au bien public ne revient-il pas à inférer le droit du fait? D'une façon générale les phénomènes moraux, tels que la science de la nature humaine les embrassent, ne renferment-ils pas dans leur être une dimension déontique propre à instruire la pratique des hommes?

En vérité, la critique humienne tient à l'essence même de la science qu'il propose. Une connaissance causale et phénoménale est apte à tracer la genèse du droit en général, la genèse du droit comme tel, mais elle exclut que l'être puisse par là fonder le devoir être : le fait ne renferme aucune légitimité et les raisonnements de causalité ne sont pas démonstratifs. Au contraire, c'est en suspendant la justification, qu'on libère l'enquête génétique. Et certes les phénomènes moraux se distinguent des phénomènes naturels, en ceci qu'ils sont normatifs et qu'en eux la nature humaine suscite le pouvoir de la règle : nécessité de l'entendement, nécessité de la raison critique, nécessité du jugement esthétique, nécessité de la détermination morale, nécessité de la loi politique. Mais puisque la règle ne peut s'installer dans l'évidence de son droit, il devient clair qu'elle est le résultat d'une production causale, dont il faut découvrir les enchaînements. Les sciences morales seront naturalistes.

On se bornera à deux illustrations exemplaires.

C'était une pratique si commune, pour le théologien ou même le philosophe, de commencer par établir l'existence de Dieu et la nature de ses attributs, puis d'en déduire les devoirs religieux, voire même politiques, qu'elle semblait aller de soi, qu'on fût orthodoxe ou déiste. Le meilleur des titres de la religion n'est-il pas qu'elle fonde la morale, qu'en elle on passe sans peine du fait au droit, puisqu'un ordre fait par Dieu ne peut être qu'un ordre voulu par Dieu ? Or, sans même examiner la vérité des raisonnements fondant l'existence de l'être suprême (ce qu'il fera dans les *Dialogues)* Hume dans *l'Histoire Naturelle de la Religion,* niant qu'on puisse déduire un droit d'un fait, modifie radicalement la démarche du philosophe envers la religion et passe d'une science religieuse à une science de la religion. Cette dernière n'est pas un système de vérités, mais un ensemble de phénomènes moraux : les hommes ont des croyances, ils se plient à des règles de culte, se soumettent à des devoirs particuliers, se jettent dans des guerres de religions ou dans des disputes théologiques. Tous ces faits sont à étudier pour eux-mêmes ; et on se proposera de connaître les lois qui régissent leur développement, leur évolution, leurs variations, grâce à une science causale qui en placera l'origine dans la nature humaine. Et comme la religion n'est pas une conduite naturelle mais qu'elle résulte du rapport de passions primitives à certaines circonstances, on analysera par quelle suite de causes et d'effets le polythéisme est né d'abord, puis comment il s'est transformé en un théisme populaire instable, enfin par quelle nécessité les différentes formes de religion ont été engendrées. On mesurera leurs conséquences sur la société morale, les passions, la raison, et on montrera qu'il n'en résulte aucun devoir que le sens moral puisse approuver. En un mot, on écrira une histoire naturelle de la religion [1].

---

1. Cf., sur ce passage du fondement à l'origine, l'introduction de *l'Histoire Naturelle de la Religion*, et sur l'interprétation de ce texte et des

Un déplacement semblable, prenant le devoir être dans sa genèse, s'accomplit dans le domaine de la philosophie politique, où il s'agit de fonder un ordre juridique et constitutionnel existant ou à promouvoir. La doctrine du contrat primitif avait pour fonction de se substituer à la doctrine qui rapportait tout pouvoir à l'autorité de Dieu. Mais si elle modifiait ainsi le fondement de la souveraineté, elle conservait cependant l'esprit de ce à quoi elle se substituait : établir un fait normatif qui soit source de toute légitimité. Le contrat primitif remplaçait exactement la volonté divine, la différence étant que l'un permettait de justifier un régime d'essence républicaine et l'autre la monarchie de droit divin, l'un d'autoriser le droit de résistance, l'autre de le condamner. Or, et c'est la critique essentielle de Hume, ce fait primitif, qu'il soit placé à la création du monde ou à la naissance du corps social et politique, est un fait fictif précisément parce qu'il est normatif. Un examen causal et historique montre que, comme la théologie, la doctrine du droit naturel est proprement une idéologie chargée de légitimer une pratique politique. Hume observe ainsi qu'en ce qui concerne du moins l'Angleterre, la philosophie politique de Locke entreprend seulement de justifier la révolution de 1688 qui, avec la chute de Jacques II, imposait une monarchie parlementaire où désormais le monarque serait contrôlé par le Parlement[1]. Or, le pacte primitif n'a aucune

rapports de l'*Histoire* et des *Dialogues* notre propre introduction, à la traduction de l'*Histoire*.
   1. *Essais, II*, « Le Contrat Primitif » 478, 200 *sq ;* 486-487, 207-208. Voir encore, par exemple dans le même essai, les formules suivantes : « Peut-on affirmer sérieusement qu'un pauvre paysan, qu'un artisan qui ne connaît ni les langues ni les mœurs des pays étrangers et qui vit au jour le jour de ce qu'il

réalité historique, il « n'a pour lui ni l'histoire ni l'expérience ; nous ne trouvons pas qu'il ait jamais eu lieu dans aucune contrée du monde »[1]. Le droit divin en appelle à l'autorité divine, mais l'histoire montre que tous les gouvernements établis ont pour origine la violence et l'usurpation[2] ; le droit naturel en appelle au contrat, mais l'histoire montre que les associations primitives entre les hommes furent toujours des accords historiquement déterminés et limités, et en tout cas sans postérité juridique[3]. Les gouvernements naquirent donc de la nécessité et de la force. De la nécessité d'abord : une société humaine ne peut survivre sans justice, c'est-à-dire « sans observer les trois lois fondamentales sur la stabilité de la possession, sur son transfert par consentement et sur l'accomplissement des promesses »[4]. La justice est une obligation tournée vers le sens du bien public. Encore faut-il que ce sens puisse devenir un motif déterminant pour la volonté et que la réflexion sur l'intérêt général ait acquis assez d'efficace, pour compenser les passions primitives de l'amour de soi et de la générosité limitée. Or, si la réflexion « qu'il est impossible aux hommes de consulter leur intérêt d'une manière aussi effective que par l'observation universelle et

gagne par son travail, peut-on dire qu'un tel homme soit libre de quitter son pays natal ? » (475,197) ; « En disant que le droit du gouvernement dérive du peuple, nous lui faisons assurément plus d'honneur qu'il n'en mérite et même qu'il n'en prétend » (478, 200). Les doctrines du droit naturel méconnaissent la réalité du peuple quand elles en font l'origine de toute souveraineté et lui donne le libre pouvoir de déléguer cette souveraineté.

1. *Essais, II*, « Le Contrat Primitif », 471,193.
2. *Essais, II*, « Le Contrat Primitif », 471-472, 193-194.
3. *Traité*, III, 2, 8, 541, 153 ; III, 2, 10, 554, 169.
4. *Traité*, III, 2, 8, 541, 152.

inflexible des règles de justice »[1] est évidente, si l'entendement la représente même dans les esprits les plus simples, il
reste que l'imagination l'emporte couramment, l'individu
ayant tendance à juger de son intérêt en fonction de sa
situation particulière, et s'adonnant à l'association de contiguïté. Comme la justice n'est bénéfique que si elle est appliquée par tous, il faut trouver un expédient pour que soit
combattue la tendance humaine à préférer le proche au
lointain, il faut qu'une autorité s'exerce et qu'elle prenne la
forme d'un *gouvernement*. L'idée n'est pas nouvelle, mais
Hume, s'apparentant en cela à Hobbes, est conscient que le
remède ne peut s'appliquer aussi simplement au mal. Il
faudrait en effet que les gouvernants aient le sens du bien
public, que les gouvernés reconnaissent la qualité de leurs
dirigeants et acceptent de s'y soumettre : autrement dit que
tous soient déterminés par l'intérêt général et soient par
conséquent justes (c'est pourquoi un contrat de gouvernement
rendrait inutile le gouvernement). Un législateur avisé
éviterait la difficulté, en agissant de façon à « changer la
situation [des membres sociaux] et à faire de l'observation de
la justice l'intérêt direct de quelques hommes particuliers et
de sa violation leur plus faible intérêt. Ces hommes sont alors
poussés non seulement à observer ces règles dans leurs
propres conduites, mais encore à contraindre les autres à une
semblable soumission à la règle, et à imposer les décrets de
l'équité sur toute la société »[2]. Mais où trouver un tel
législateur sinon dans l'esprit des philosophes, et d'où vient la

1. *Traité*, III, 2, 7, 534, 143.
2. *Traité*, III, 2, 7, 537, 147.

puissance du gouvernement? Il faut donc que la logique de l'intérêt général, parfaite pour des hommes justes, s'accomplisse d'une toute autre façon, d'une façon réelle, dans les hasards de la violence. Car la seule obligation qui vaille pour tous et qui soit universellement respectée, c'est la force. Les membres des premières sociétés, à peu près égaux en puissance naturelle, découvrent dans les guerres extérieures l'avantage de l'autorité et d'un premier gouvernement, surtout lorsque les richesses s'accroissent[1]. Lors de cette première institution, les hommes peuvent s'engager par des promesses, mais celles-ci sont oubliées avec le passage des générations et les progrès d'une puissance tyrannique. «Bien que le devoir de loyalisme soit tout d'abord enté sur l'obligation des promesses et qu'il soit quelque temps soutenu par cette obligation, pourtant il prend promptement racine lui-même et il a une obligation et une autorité originale, indépendantes de tout contrat»[2]. En un mot, le premier consentement est un fait historique qu'il faut considérer comme tel, sans tenter d'en dériver un droit, et l'obligation politique est tout à fait distincte de l'obligation morale qu'elle est chargée d'appuyer (c'est le gouvernement qui impose le respect des promesses). La première autorité, dès qu'elle a pris quelque poids dégénère, s'impose par la force et la crainte, puis finit par susciter une obligation plus subtile qui

---

1. Noter la différence d'orientation entre le *Traité* et l'essai «Le Contrat Primitif» : dans le premier texte, Hume est soucieux de combattre Hobbes et d'autre part de distinguer morale et politique; dans le second, c'est à partir de l'expérience de la réalité historique, qu'il mène la critique de l'idée de contrat.

2. *Traité*, III, 2, 8, 542, 153.

est celle de l'habitude, laquelle à son tour, le temps aidant, prendra la forme du droit. La situation politique devient stable, et le gouvernement finit par régner, grâce à l'opinion de sa légitimité, qui est un principe plus assuré que la terreur ou l'affection[1]. Avec l'ordre public qui s'impose, les passions se modèrent, les lois sont appliquées plus régulièrement et l'intérêt l'emporte assez souvent, jusqu'à ce que le corps politique se dégrade et qu'une nouvelle usurpation réamorce le cycle. C'est donc historiquement, dans la contingence des circonstances, que la violence en vient à coïncider avec l'intérêt public, que l'efficacité et la légitimité des gouvernements se concilient. Cette impuissance du droit qui, tant chez Locke que Rousseau, appelle des remèdes dont il est difficile d'ignorer qu'ils sont corrupteurs, qui demanderait des législateurs et des gouvernants vertueux, Hume en prend acte, ou plutôt montre qu'elle résulte de l'opinion erronée d'un droit primitif, dont l'histoire ne peut être que l'échec. C'est l'histoire qui fait le droit, l'événement qui fait l'ordre. L'obligation politique, dans les devoirs qu'elle suscite, et dans la nature même de contrainte, varie avec le progrès ou le déclin des sociétés et des civilisations.

Ainsi la philosophie morale établira-t-elle la production des phénomènes moraux, qui sont d'espèce déontique, à la différence des phénomènes naturels. Cependant leur histoire naturelle ne conduit-elle pas à des jugements de valeur, n'apporte-t-elle pas des enseignements pratiques? Comment ne pas tirer, de la science des relations de fait, des devoirs pour l'entendement, la volonté ou la société?

---

1. Cf. l'essai « Les Premiers Principes du Gouvernement » (*Essais, I*).

Il semble bien que Hume, au moins dans son langage, assume la pensée de son siècle, laquelle tenait la loi naturelle pour la loi de nature et la loi morale réunies, faisait de la méthode expérimentale un devoir et donnait pour fin à la science la vertu. L'auteur de l'*Enquête* espère bien réconcilier la philosophie spéculative et la philosophie pratique. L'*Histoire Naturelle de la Religion*, reprenant la méthode déjà utilisée dans l'essai *Superstition et Enthousiasme*, joint à l'enquête génétique une évaluation critique des effets des religions populaires, dans le but manifeste de libérer les hommes des servitudes du culte et du dogme. D'une façon générale, les *Essais* appliquent à des problèmes souvent pratiques les principes dégagés naturellement dans le *Traité* et invoquent une sorte de certitude historico-juridique.

Cependant, il faut raisonner avec plus de précaution, car Hume ôte au devoir être toute évidence spéculative. A proprement parler, la légalité n'est pas un objet de connaissance et ce n'est pas par vérité qu'elle agit sur la conduite humaine. Deux cas sont à distinguer, qui corrélativement déterminent deux sortes de rapport de la science de la nature humaine à la pratique des hommes.

Le devoir être est d'abord une impression naturelle : le sens esthétique ou le sens moral influence l'action, antérieurement à toute réflexion. La philosophie morale, par la connaissance qu'elle a des liaisons des causes et des effets, est susceptible de déplacer ou de répartir la louange et le blâme, et, en quelque sorte, de rendre analytique le sentiment qui, étant spontané, commence toujours par se rapporter aux situations globalement. De ce point de vue, le philosophe ne donne aucune leçon ni ne représente aucune loi, car la loi est l'affaire de la nature humaine et celle-ci n'est pas philosophe. Mais à défaut de créer la tendance, il peut l'éclairer de ses lumières.

Plus difficile est le cas des devoirs artificiels, pour lesquels l'obligation est produite par la réflexion. Il en va ainsi des devoirs politiques. L'histoire tourmentée de l'Angleterre au XVIIe siècle avait suscité la question, débattue autant par les philosophes que par les politiques, du droit de résistance ou du devoir d'obéissance passive [1]. Est-il légitime de résister à une autorité tyrannique ? Les doctrines du droit naturel représentaient une règle simple : le droit de résistance a son principe dans le fondement contractuel des gouvernements. Si ceux-ci rompent le pacte en devenant tyranniques, leurs sujets peuvent légitimement reprendre leur liberté naturelle. Ainsi la philosophie peut-elle décider d'une situation politique, en fondant des règles d'essence morale. Or, d'une façon remarquable, Hume reprend la question en des termes naturalistes. Il y a une force des intérêts qui est source d'une obligation naturelle : le motif qui fait accepter l'autorité du gouvernement est la sécurité et la protection qu'il procure. Si cette cause cesse, l'effet cesse, et les sujets se révoltent. Il est vrai que cette conséquence est contrariée par l'influence de la réflexion, qui suscite des règles générales et qui représente si bien les avantages de l'autorité, la difficulté de juger de l'intérêt public, que l'esprit de soumission l'emporte communément. « On peut donc penser que dans le cas du loyalisme, notre obligation morale ne cessera pas, même si l'obligation

---

1. Cette question oriente toute la philosophie politique du *Traité* (III, 2, 7 à 10) et est reprise dans les essais : « Le Contrat Primitif » et « l'Obéissance Passive » (*Essais, II*), qui en est la suite.

naturelle d'intérêt, qui est sa cause, a cessé, et que des hommes peuvent être liés par leur conscience à se soumettre à un gouvernement tyrannique contre leur intérêt propre et l'intérêt public » [1]. Les gouvernements s'efforceront du reste d'entretenir cette conscience. Dans les cas de tyrannie extrême, rien ne supporte plus l'obéissance passive et les hommes sont portés à la destruction du régime. Mais la plupart des gouvernements ne sont ni vertueux ni tyranniques et dans l'entre-deux de l'obligation naturelle et de l'obligation morale, la question est posée : « quel est le degré de nécessité qui puisse justifier la résistance ou même la rendre légitime et louable » [2] ? Or, Hume n'apporte pas de réponse juridique, il récuse au contraire la nécessité catégorique du droit : « Un strict attachement à des règles générales et un loyalisme rigide envers des personnes ou des familles particulières, qualités auxquelles certaines gens accordent une si haute valeur, sont des vertus qui tiennent moins de la raison que de la bigoterie et de la superstition » [3]. Ceci dit pour l'obéissance passive, mais il en va de même pour la religion du droit de résistance. Le respect du droit pour le droit, qui fait de l'obligation politique une obligation morale (laquelle n'est pas non plus absolue), est déraisonnable, car la décision en politique est affaire d'*opinion*, et l'opinion dépend de l'imagination et de la passion. Telle est la puissance des devoirs politiques : c'est une puissance d'opinion, forgée par l'histoire ; et c'est comme tels qu'il faut les considérer et en user, en prenant en compte

---

1. *Traité*, III, 2, 9, 551, 165.
2. *Essais, II*, « L'Obéissance passive » 490, 209.
3. *Traité*, III, 2, 10, 562, 177.

qu'ils n'ont pas de fondement de droit, mais seulement un fondement dans les représentations humaines. Ainsi il y a cinq sources à l'autorité, qui ont de l'effet sur la pensée des sujets : la longue possession, la possession présente, la conquête, la succession et enfin la loi constitutionnelle. Ces cinq principes sont dans l'opinion autant de droits, et se distinguent par l'influence relative (dans l'ordre ci-dessus, du plus ou moins) qu'ils exercent sur l'imagination, en fonction de la contiguïté et de l'accoutumance[1]. Ils se renforcent ou se combattent, sans que la raison puisse les régler. « Quand ces titres se mêlent et s'opposent à différents degrés, ils produisent souvent de la perplexité et ils sont moins susceptibles de recevoir une solution des arguments des légistes et des philosophes que du sabre de la soldatesque »[2]. Car c'est la violence, c'est-à-dire les passions, qui font l'histoire, dont le droit politique est le reflet second. Ainsi les devoirs artificiels résultent-ils des transformations historiques qui, à travers les discours et les pensées humaines, sollicitent le sens moral, naturel dans ses impulsions, variable dans ses motifs.

Quel est la part du philosophe en tout ceci ? « Ici j'avoue que je pencherai toujours du côté de ceux qui resserrent le plus qu'il est possible les liens de la soumission, qui ne permettent de les briser que dans les cas les plus désespérés, et qui regardent l'infraction de ce devoir comme le dernier asile contre les débordements de la tyrannie la plus affreuse, comme le dernier remède pour sauver l'état d'une ruine totale »[3]. Le

---

1. *Traité*, III, 2, 10.
2. *Traité*, III, 2, 10, 562, 177.
3. *Essais, II*, « L'Obéissance passive », 490, 209.

philosophe comme tous les mortels n'a que des opinions et se gardera de tomber dans une bigoterie spéculative. Son avis peut avoir de l'influence. Cette influence sera celle de la réflexion, celle des règles générales, tempérées par une raison empirique. Et il est inévitable qu'il incline le plus souvent, en raison même de sa profession, vers l'ordre qui résulte de la mesure des passions, et qu'il se fixe dans l'effort du juste milieu. «Décider du juste milieu entre les extrêmes est toujours une chose difficile ; pour ces deux raisons qu'il est malaisé de trouver les mots propres à déterminer ce juste milieu et que, dans de telles questions, le bien et le mal communiquent si graduellement que notre jugement même est frappé de doute et d'incertitude »[1].

*

Le raisonnement va du juridique à l'historique. Toute obligation morale et politique est marquée par l'histoire non seulement dans son contenu mais encore dans son devoir être et dans son efficacité, parce qu'elle oblige en tant qu'elle

1. *Essais, II*, «De l'Indépendance du Parlement», 46, 105. C'est pourquoi Hume marquera l'avantage des régimes mixtes, plus particulièrement celui d'une monarchie équilibrée par le Parlement, sans en ignorer les inconvénients, et d'une façon générale tournera ses opinions dans le sens d'un conservatisme éclairé Cf. S. S. Wolin, « Hume and Conservatism », *American Political Science Review*, XLVIII (1954) ; F. A. Hayek, dans « The Legal and Political Philosophy of David Hume », *il Politico* XXVIII (1963), repris dans *Modern Studies in Philosophy : Hume* (New-York 1966) p. 335-360), voit en Hume le philosophe de la théorie politique et légale libérale, dont l'enseignement fut supplanté sur le Continent par la philosophie politique de Rousseau, auprès des révolutions modernes.

représente, et que toute représentation dépend des situations et des circonstances. Il en va de façon analogue pour le jugement esthétique ou moral, quoiqu'il soit suscité par un sens naturel. Si ce sens est immédiat, cependant en tant qu'il juge et se représente dans une règle, ses décisions sont soumises à l'éducation et à la réflexion. La nature n'est pas règle par elle-même, elle est une tendance qui engendre dans l'histoire la pensée et le droit.

C'est dire l'importance de l'histoire dans l'œuvre de Hume. On finit toujours par se rappeler qu'il fut un grand historien, qui a été reconnu, après certaines difficultés, de son vivant [1], et dont l'*Histoire d'Angleterre* sera rééditée un très grand nombre de fois pendant un siècle et tenue presque pour le manuel de référence [2]. On voit moins que l'œuvre historique et l'œuvre philosophique de Hume sont indissolublement liées par des rapports qui leur sont essentiels [3].

Il faut considérer d'abord que, la science de la nature humaine étant empirique, l'histoire est son matériau. Les prin-

---

1. Sur les aspects biographiques accompagnant la parution des différents volumes de l'*Histoire d'Angleterre*, (dans l'ordre : Les règnes de Jacques 1er et Charles 1er (1754) ; Les règles de Charles II et Jacques II (1757) ; l'*Histoire d'Angleterre*, de l'invasion de Jules César à la Révolution de 1688, incorporant les deux précédents volumes, (1762)), voir E. C. Mossner, *The Life of David Hume* chap. 23.

2. Popkin et Norton ont recensé 76 éditions de 1782 à 1874 dans les Iles Britanniques, et 48 de 1795 à 1895 aux États Unis, sans compter les éditions abrégées (*David Hume, Philosophical Historian* (Indianapolis-New-York 1965) p. 413-417).

3. Sur Hume historien, voir G. H. Sabine, « Hume's contribution to the Historical Method », *The Philosophical Review*, 1906, vol 15, qui insiste sur l'intérêt de Hume pour une histoire sociale. E. C. Mossner, « An Apology for David Hume Historian », *P.M.L.A.*, 1941, p. 657-690.

cipes de la nature sont inférés d'une expérience de la conjonction constante des phénomènes moraux, et comme l'expérience personnelle est limitée, qu'elle est modifiée par l'examen, l'histoire est seule à la mesure des lois les plus générales. « Le principal usage [de l'histoire] est seulement de nous découvrir les principes constants et universels de la nature humaine en montrant les hommes dans toutes les diverses circonstances et situations, et en nous fournissant des matériaux d'où nous pouvons former nos informations et nous familiariser avec les ressorts réguliers de l'action et de la conduite humaine »[1]. Encore cette matière est-elle insuffisante pour nous assurer de l'universalité des principes que nous établissons, alors que nous-mêmes appartenons à une situation déterminée, qui par les effets de l'imagination limite nos perspectives. Ainsi Machiavel eut-il le tort d'étendre aux états monarchiques des analyses faites sur les gouvernements tyranniques des petites principautés italiennes. « Le monde est encore trop jeune pour autoriser un grand nombre de ces vérités appelées à rester vraies jusqu'à la dernière postérité »[2]. Bien plus, l'histoire montre l'inachèvement des sciences de l'homme, par ce qu'elle contient d'événements futurs et de généralités élargies potentielles.

En retour la philosophie élargit le champ de l'histoire, parce qu'elle efface des distinctions qui l'embarrassaient encore. La plus notable est cette distinction entre l'histoire religieuse qui, par la qualité divine de ses faits et par l'autorité

---

1. *Enquête* VIII, 83, 168.
2. *Essais, I*, « De la Liberté Civile », titre avant 1758 : « La Liberté et le Despotisme », 87, 147.

des récits bibliques, commande un respect aveugle à l'autorité, et l'histoire profane qui est la proie de la folie des hommes
et de la fantaisie des narrations. Si Hume n'est pas le premier à
dénoncer ce partage[1], sa philosophie a le mérite d'établir un
espace historique homogène : est historique tout fait rapporté
par témoignage ou présent, qui est susceptible d'entrer dans le
réseau des conjonctions constantes et de prêter à des inférences causales. Outre les phénomènes religieux, l'histoire
comprendra aussi bien l'économie, la démographie, la géo-
graphie, le progrès des arts et des sciences, la psychologie des
peuples, etc.[2]. Inversement, la relation de causalité fournit un
principe de sélection dans l'immense abondance des *data*
dont dispose l'historien. Ne seront retenus que les faits prêtant
à l'analyse scientifique, qui est causale. Il y a en effet trois
façons d'unir les événements, comme il y a trois principes de
l'imagination : Ovide fait une histoire par ressemblance mais,
la ressemblance concernant les idées et non les existences, et
se jouant librement, il se comporte en fabuliste ou en poète. La
relation de contiguïté concerne les faits et les unit dans
l'espace et dans le temps. C'est à elle que se livre l'annaliste,
qui juxtaposera aveuglément les événements d'un siècle et
qui, faute de pouvoir choisir à bon escient, en retiendra les
plus marquants, batailles, traités, règnes etc. Mais la contiguïté ne fait pas à elle seule l'histoire ; c'est pourquoi, « l'espèce

---

1. R. H. Popkin, « Scepticism and the Study of History », 1er int. à *David Hume. Philosophical Historian*, p. IX-XXXI.

2. Sur ce point Hume n'est pas non plus original. Qu'on se souvienne de l'*Essai sur les Mœurs* de Voltaire qui est contemporain. Mais Hume à la différence de Voltaire a fixé les principes théoriques de sa pratique d'historien.

la plus habituelle de rapport entre les différents événements qui entrent dans une composition narrative est celle de cause à effet : quand l'historien suit la série des actions selon leur ordre naturel, qu'il remonte à leurs ressorts et principes secrets et qu'il représente leurs conséquences les plus lointaines » [1]. Grâce à la causalité, l'historien trace une chaîne d'événements, qui en quelque sorte véhicule avec elle-même la totalité de l'expérience passée, de l'histoire renfermée dans la mémoire comme ensemble des conjonctions constantes, totalité qui *détermine* dans l'esprit chaque liaison. C'est seulement dans ces conditions que l'histoire devient une science, une connaissance régulière et déterminée, capable tantôt de privilégier telle série historique, tantôt de s'essayer à embrasser la totalité de l'histoire de l'humanité, capable encore de conjecturer de façon réglée, quand les documents manquent, ou de faire la critique des sources d'information.

L'histoire devient aussi une science pour cette autre raison qu'elle trouve dans la philosophie morale les principes d'une analyse de probabilité, permettant de proportionner la croyance aux évidences fournies. Depuis l'âge de la Renaissance, l'histoire avait été un champ clos où dans le conflit des orthodoxies religieuses, le scepticisme changeait ses rôles : tantôt le scepticisme était une arme apologétique, destinée à manifester l'impossibilité d'un fondement indépendant de l'histoire : en celle-ci toute certitude s'égare dans l'accumulation des faits et dans l'impossibilité de les établir avec évidence, de sorte qu'il faut se fier à une autorité inspirée pour

---

1. *Enquête*, III, 74 (partie supprimée dans l'édition de 1777 et non reproduite par Selby-Bigge).

juger du miracle ou pour embrasser le progrès de l'humanité ; tantôt l'histoire devient la preuve sceptique des préjugés et des erreurs et est chargée de détruire l'assurance des dogmes. Des deux côtés, le problème de la certitude ne cessait d'empêcher le développement de la science historique. Or, celle-ci trouve dans la doctrine de la causalité une solution : nous pouvons régler notre certitude et croire en l'existence d'un fait passé, sans que le degré relatif de croyance qui l'accompagne soit tenu pour l'échec du savoir. « Dans nos raisonnements sur des questions de fait, il y a tous les degrés imaginables de certitude, de la plus haute à l'espèce la plus basse de la certitude morale »[1]. L'histoire appartient au corps des sciences des faits.

Cependant l'inférence causale ne peut s'y exercer dans des conditions identiques à celles que connaît la philosophie naturelle. En effet, la causalité y est en quelque sorte renversée : au lieu de porter à l'existence d'un fait absent dont une expérience future est en droit toujours possible, elle régresse vers un fait passé, qui ne se répète pas. Privée de la ressource de l'anticipation, l'histoire est condamnée à une vérification au présent du passé, étant dans l'incapacité de produire son objet en personne. C'est pourquoi son problème est celui de la conservation. Sa relation au fait est nécessairement média-tisée par le document et par le témoignage que contient le document. Non seulement, comme les sciences naturelles, elle doit mesurer ses références, mais encore elle ne peut se rapporter au fait que d'une façon critique. L'expérience historique est une expérience critique. Hume ne disposait pas

1. *Enquête*, X, 110, 206.

des moyens contemporains, pour la critique des documents, c'est pourquoi il ne considère guère que la critique du témoignage. Or, le témoignage fait toute la difficulté. Par observation, par sympathie et par imagination, nous sommes portés à croire en la véracité des témoins. Cependant, notre confiance n'est pas telle qu'elle dispense l'historien de l'examen de la bonne foi ou de la fidélité du témoignage, dont nous savons par expérience qu'elles ne sont pas toujours exemplaires. Il faut donc vérifier le témoignage qui permet de vérifier le fait passé, ce qui paraît être le cercle sur lequel Pascal et d'autres fondaient l'autorité des anciens. Or, dans la section 10 de l'*Enquête* sur les miracles, Hume donne une solution qui permet le travail de l'historien : l'authenticité du fait est établie à travers le témoignage véridique ; la véracité du témoin est établie en fonction de la probabilité du fait. L'histoire est précisément dans cette réciprocité : elle suppose la conscience que le témoin appartient lui-même à l'histoire, que l'historien lui-même y est engagé, et que l'histoire n'est plus cette mémoire négative qui signifie notre distance au commencement, à ce qui se passait en ces temps-là, mais la connaissance de la continuité du devenir humain, auquel nous appartenons. Il faut rompre le charme de l'antiquité et y substituer une conscience historique.

Mais si l'histoire est ainsi faite une, de telle sorte que ni le témoin ni l'historien ne puisse s'en abstraire, toutes les difficultés méthodologiques passent au premier plan : comment comprendre dans la science historique la situation de chacun dans l'histoire ? Si l'imagination procédait seulement par contiguïté, elle ne pourrait s'abstraire ni de son lieu ni de son

temps[1]. Au contraire, la causalité reprend le particulier dans le
général et permet de s'en détacher en l'insérant dans un
ensemble de rapports. La causalité libère l'imagination de la
contiguïté, et l'histoire de la mémoire. En ce sens la science de
la nature humaine qui infère les principes les plus généraux,
est la science même de l'histoire : embrassant la suite des
temps en conjonctions constantes, inférant des liaisons nécessaires plus ou moins probables, elle réfléchit dans l'uniformité
de la nature humaine la continuité homogène des différents
âges.

Mais cet étroit accord de l'histoire et de la philosophie
morale, a-t-on objecté[2], signifie l'impuissance de Hume à
établir une véritable méthodologie historique. Et l'on dit : la
première est la matière de la seconde, elle en est le fait ; mais la
seconde est à son tour la condition critique qui permet d'établir le fait dans son historicité. Plus précisément, la science de
la nature humaine fournit les lois qui permettent de juger de la
véracité du témoignage et par conséquent de l'authenticité des
faits : Or, ces lois sont elles-mêmes inférées de l'expérience
historique. Ou encore : la critique a pour principe l'uniformité
de la nature humaine, laquelle est tirée de la réalité de
l'histoire. On remarque alors que le dernier critère dans
l'évaluation de la validité du témoignage et de la probabilité
du fait est l'expérience subjective de l'historien, étendue à
l'expérience historique par l'effet de la sympathie. « Personne
ne peut avoir d'autre expérience que la sienne propre.

1. *Traité*, II, 3, 7, 428, 286.
2. D. F. Norton, « History and Philosophy in Hume's thought », 2e intr. à
David Hume : Philosophical Historian, p. XLIII-L.

L'expérience des autres devient nôtre seulement par la foi que nous accordons à leur témoignage, laquelle procède de notre propre expérience de la nature humaine » [1]. Hume serait incapable d'instaurer une critique historique objective.

En vérité cet appel à l'expérience propre signifie seulement que l'expérience historique est l'expérience de l'historien, que celle-ci est toujours au présent, et que par conséquent il n'y a pas à recourir à une autorité étrangère, ce qui serait inéluctable si l'histoire appartenait au passé. Il ne faut cependant pas faire de l'expérience personnelle une référence absolue, car on observe aisément que, ne serait-ce qu'en raison de l'éducation, elle est une mémoire collective, et que la sympathie, si elle nous intéresse au passé des hommes et favorise l'étude de l'histoire [2], si elle renforce l'uniformité de la nature humaine, suppose cependant celle-ci comme principe. L'extension sympathique est possible, lorsque nous reconnaissons en autrui le même que nous. L'uniformité des actions humaines est donc elle-même inférée de l'expérience. Et il faut accepter l'aporie de la raison empirique, il est vrai renforcée dans cette science critique qu'est l'histoire, en vertu de laquelle la raison a pour tâche de juger ce dont elle dérive. La critique, quand elle corrige son objet, se corrige elle-même. L'histoire est une science probable non seulement dans ce qu'elle établit, mais encore dans ce par quoi elle établit. Tout progrès est en connaissance et en méthode.

---

1. *Lettres*, I, 349 (à Hugh Blair 1761 ?).
2. « La lecture de l'histoire paraît être un divertissement paisible; mais ce ne serait en rien un divertissement, si nos cœurs ne battaient de mouvements analogues à ceux que décrit l'histoire », *Morale*, V, 223, 132. Cf. « l'Étude de l'Histoire » (*Essais, I*, essai retiré par Hume après 1760).

Si on n'entretient pas l'illusion du fait historique pur,
qu'une méthode parfaitement objective aurait le devoir de
restaurer, il apparaîtra que cette raison empirique, s'affermis-
sant et se rectifiant dans sa pratique, est exactement adaptée à
l'étude de l'histoire. L'imagination se précipite habituellement pour tisser des ressemblances et des constances, et
inférer des nécessités. Si celles-ci sont mises en défaut, on en
appelle tout aussi dogmatiquement au hasard. C'est l'avantage de la science historique d'analyser les similitudes, de corriger critiquement les règles générales, et ainsi de comprendre
l'événement sans avoir à répudier ses raisonnements de
causalité. D'une part «il ne nous faut pourtant pas attendre
que l'uniformité des actions humaines soit portée à un point
tel que tous les hommes, dans les mêmes circonstances, agissent précisément de la même manière, sans aucune considération de la variété des caractères, préjugés et opinions »[1]. Le
champ de l'expérience est immense et l'imagination est capable d'y poursuivre des ordres multiples. En outre, le fait y
conserve la nouveauté de son émergence dans l'existence.
D'autre part, généralité n'est pas nécessité, quoique la
première produise dans l'esprit la seconde. La nécessité des
lois qui dérive de l'expérience historique est et reste toujours
une nécessité inférée, c'est-à-dire solidaire de ce en quoi elle
se découvre, affectée d'un degré déterminé de généralité,
soumise à la variation des phénomènes. La nécessité de la
nature humaine dans l'histoire est une nécessité, ouverte à la
circonstance. La circonstance (concept fondamental chez
Hume) signifie à la fois l'antériorité logique du fait sur la loi et

1. *Enquête*, VIII, 85, 170.

sa régularité sous la loi, de sorte qu'elle modifie un raisonnement, en marque la limite, mais en même temps invite à une
causalité plus variée et plus diverse. Dans cette pondération
empirique, l'historien peut éviter le dogmatisme du fait et le
dogmatisme de la nécessité, et concilier l'événement et la
causalité [1].

L'histoire est donc un art délicat, qui demande beaucoup
de mesure. Aussi se gardera-t-elle de tout expliquer. « Rien ne
demande plus de finesse, dans les recherches touchant les
affaires humaines, que de distinguer exactement entre ce qui
est dû au hasard et ce qui est produit par les causes ; et il n'y a
pas de sujets où les auteurs sont plus enclins à s'abuser eux-
mêmes par de fausses subtilités et de vains raffinements » [2].
Elle saura reconnaître que tous les faits ne sont pas d'une
nature identique, qu'elle ne peut pas les déterminer tous
également, et qu'à la limite la meilleure explication serait
dans quelques cas la totale indétermination. Ainsi, ce qui
dépend d'un petit nombre de personnes est-il plus variable
que ce qui concerne les nations et les peuples ; les révolutions
politiques sont plus explicables que le sort d'une bataille,
quelque décisive que celle-ci puisse être. Ainsi l'histoire des
arts et des sciences est-elle plus difficile que l'histoire civile et
politique, laquelle est plus uniforme parce qu'elle est dominée
par les passions, alors que la première s'intéresse au dévelop-

1. G.H. Sabine, dans « Hume's contribution to the Historical Method »,
The philosophical Review, 1906, vol. 15, lie l'intérêt qu'a Hume pour les
généralités sociales à un défaut du sens de la continuité historique.
2. *Essais, I*, « De l'Origine et du Progrès des Arts et des Sciences »,
(*essais esthétiques*) 111, 167. Le hasard n'est pas l'incertitude des causes
(*Traité*, I, 3, 12, 132-133, 203), mais le rappel à l'événement.

pement souvent hasardeux du sentiment et de l'entendement[1]. Pour la même raison, l'historien respectera l'exception ; bien plus, il enrichira le registre des lois qu'il découvre, en leur adjoignant régulièrement les cas où elles sont mises en défaut. Il évitera de cette façon une faute fréquente que dénonce le sceptique chez les philosophes qui « posent des principes beaucoup trop étroits et n'expliquent pas cette ample diversité dont use si grandement la nature dans toutes ses opérations »[2].

Il serait aussi absurde de parler du désordre de l'histoire que du destin de l'histoire. Celle-ci a ses ordres, qui ont plus ou moins de détermination. « Si compliqués qu'ils paraissent, il est certain que les principes généraux, s'ils sont justes et solides, doivent toujours l'emporter dans le cours général des choses, même s'ils peuvent être défaillants dans des cas particuliers ; et c'est l'affaire principale des philosophes de considérer le cours général des choses »[3]. La science de la nature humaine montre que les phénomènes moraux forment des systèmes empiriques, pourvus de lois de composition et d'évolution. En ce sens, c'est dans le domaine politique que l'histoire réussit le mieux et autorise la fixation de principes généraux, assez observés par les époques et les nations, pour être proposés avec un degré suffisant de certitude[4]. En effet la nature des régimes politiques, leur progrès ou leur déclin,

1. *Essais, I*, « De l'Origine et Du Progrès des Arts et des Sciences », 110-114, 167-169 ; « De l'Éloquence », 97-98, 155.
2. *Essais, I*, « Le Sceptique », 159, 209.
3. *Essais, II*, « Du Commerce », 254, 11.
4. On pourrait aussi pénétrer cette unité de l'histoire et de la science humaine, à propos de la religion, dans *l'Histoire Naturelle de la Religion*.

leurs conditions et leurs effets obéissent à des lois régulières, indépendantes de l'humeur ou de la valeur des chefs d'état et de leurs sujets. « Si grande est la force des lois et des formes définies de gouvernement, elles dépendent si peu des humeurs et des tempéraments des hommes, qu'on peut en déduire parfois des conséquences presque aussi générales et certaines que celles qui sont proposées par les sciences mathématiques »[1]. Ainsi le despotisme de César est-il la conséquence d'une démocratie sans corps représentatif[2]. Ainsi le commerce accroît-il en général le pouvoir du souverain et le bonheur des sujets, si l'on excepte des cas aussi notables que Sparte et la jeune Rome[3]. Ainsi est-il impossible « que les arts et les sciences prennent leur première origine dans un peuple qui ne goûte pas au bonheur d'avoir un gouvernement libre »[4]. Au fil des *Essais*, se dégage une typologie[5] des constitutions

1. *Essais, I*, « Que la Politique peut être réduite à une Science », 16, 82.

2. *Essais, I*, « Que la Politique peut être réduite à une Science », 16-17, 82-83.

3. *Essais, II*, « Ddu Commerce », 254-255, 11-12.

4. *Essais, I*, « De l'origine et du Progrès des Arts et des Sciences », 115, 170.

5. On ne peut manquer de songer à Montesquieu. Rappelons que les *Essais Moraux Politiques et Littéraires* datent de 1741 et 1748, *les Discours Politiques* de 1752, *l'Esprit des Lois* de 1748. C'est après 1748 que Hume et Montesquieu échangent une correspondance. On ne peut donc parler d'influence. Les ressemblances et les différences n'en sont que plus remarquables : Même projet d'une science politique, indépendante de la morale, prise comme science du fait politique ; même rejet de la fantaisie humaine, même exclusion de la doctrine du droit naturel ; même affirmation que les lois forment systèmes ; même conscience historique. Mais Montesquieu dégage un esprit des lois qui est une sorte d'a priori empirique, alors que Hume ne sort pas d'une philosophie strictement naturaliste.

politiques, qui est vérifiée par l'étude de l'histoire. Des principes généraux, indépendants des volontés humaines et des
mœurs, sont établis, qui fixent les opérations intérieures d'un
système donné, ses rapports externes aux caractères natio-
naux, à l'économie, aux arts et aux sciences, à la religion, et à
la morale. Et Hume les applique pour l'analyse d'une situation
historique donnée. On comprendra par exemple la nature, la
composition sociale, le programme des partis politiques de
l'Angleterre des XVIIe et XVIIIe siècle, à la lumière d'une étude
de la constitution mixte de ce pays[1]. On pourra encore
répondre, en des termes de causalité, à la question : l'usage
illimité que les Anglais font de la presse est-il avantageux ou
préjudiciable au bien public ?, en montrant que cette liberté est
un rouage essentiel de l'équilibre du gouvernement mixte
britannique, qui autrement glissera vers la tyrannie[2]. On
pourra même enfin risquer des conjectures sur l'avenir de ce
gouvernement[3]. D'une façon générale, c'est une démarche
habituelle des *Essais* de définir des règles générales au terme
d'un examen empirique, de démêler les différentes variables
susceptibles de les altérer, puis de les éprouver dans une
situation historique donnée, et ainsi de réaliser analytiquement ce que l'*Histoire d'Angleterre* réalise historiquement dans le tissu du temps.

1. *Essais, I*, « Les Partis en général »; « Les Partis de la Grande
Bretagne ».
2. *Essais, I*, « La Liberté de la Presse ».
3. *Essais, I*, « Sur la Question : le Gouvernement Britannique penche-t-il
davantage vers la Monarchie absolue ou vers la République ? ».

*

Tel est l'empire de la nécessité. Mais cette nécessité n'est que causale. Lorsqu'on a inféré les enchaînements entre les causes et les effets, lorsqu'on a poussé la généralité assez loin pour qu'elle fasse système, on n'a pas pour autant pénétré l'essence de la nature humaine ou de l'histoire. C'est l'imagination qui détermine l'esprit à l'inférence, quand il observe l'expérience passée et régulière. Il s'ensuit que la science empirique est sceptique et qu'elle ne peut découvrir aucun ordre rationnel. C'était une idée familière au parti des lumières que la nature humaine est en son fond la raison enveloppée, sous forme d'instinct ou de tendance, et que l'histoire est le progrès dans lequel l'homme développe sa perfection, c'est-à-dire son essence rationnelle, avec plus ou moins de rapidité. Or, qu'en est-il ? La nature humaine est le principe de l'histoire, mais un principe empirique, qui est inféré et connu seulement par ses effets, et dont on ne peut pas dire qu'il soit le fondement ou la fin de l'Histoire. Il permet d'attendre une certaine régularité dans la conduite humaine et dans les mouvements des civilisations. Tient-on à y réfléchir la raison ? Mais les Idées n'ont jamais gouverné le monde, car l'expérience montre que seuls ne varient pas les passions et les principes de l'imagination, et qu'au contraire l'avantage de l'histoire est de nous apprendre comment les tendances, au fil du temps, par le jeu des circonstances engendrent l'entendement humain et ses produits : obligation morale, gouvernements, arts et sciences, luxe, religion. Le contenu de l'histoire, c'est la raison, rendue ainsi impuissante à s'éprendre d'elle-même dans l'histoire, parce qu'elle y apprend qu'elle est événement. Il faut abandonner tout ce qu'il y a de final dans la notion de progrès. Certes, le siècle des Lumières est un grand siècle, et l'Angleterre un grand pays, d'ailleurs plus par ses institutions et son savoir que par son raffinement[1]. Il n'y a cependant en cette époque qu'un heureux concours de circonstances qu'il faut essayer d'entretenir et dont on peut jouir avec mesure. Comble d'ironie, c'est la superstition des papes, qui empêcha que les invasions barbares ne menassent à la disparition totale de la civilisation gréco-latine[2]. Les peuples et les civilisations n'échappent pas à la nécessité inéluctable du déclin. «Quand les arts et les sciences ont atteint dans un Etat leur perfection, ils commencent à décliner par une suite naturelle ou plutôt nécessaire, et rarement, sinon jamais, ils ne renaissent dans cette nation où ils ont d'abord fleuri»[3]. L'histoire montre en un mot que la raison est mortelle et que tout état de perfection relative est un état de grâce.

---

1. C'est un trait remarquable des analyses humiennes que de refuser une idée globale du progrès. «Les meilleures époques pour l'esprit public ne le sont pas toujours pour la vertu des particuliers. De bonnes lois peuvent introduire de l'ordre et de la mesure dans le gouvernement, tandis que les mœurs et les coutumes n'auront guère instillé d'humanité ou de justice dans les tempéraments des hommes», *Essais, I*, «Que la Politique peut être réduite à une Science», 25, 88. Les arts peuvent prospérer sous une monarchie absolue; le savoir n'est pas incompatible avec la superstition etc.

2. *Dialogues*, VI, 213-214, 139.

3. *Essais, I*, «De l'origine et du Progrès des Arts et des Sciences», 135, 187.

CONCLUSION

Quoiqu'elle ne soit que tendance, la nature produit dans l'histoire des ordres. Quoiqu'elles n'aient pas de fondement rationnel, la science et la pratique redoublent ces ordres et produisent des systèmes, des méthodes et des règles, afin de les conserver. La différence est surmontée dans une existence individuelle, sociale ou historique, qui est l'effet accordé des principes naturels. Certes, comme le signifie le scepticisme, cette harmonie est en suspens et a la fragilité de l'événement qui passe : l'entendement est déterminé par l'imagination, la pratique reçoit son impulsion du désir, la société est assemblée par la sympathie; la règle est toujours modérée par l'exception, la nécessité par la circonstance, le droit par l'opinion. En un mot, la raison est un effet. Cependant, si obscures que soient les voies de la nature humaine, il reste que l'ordre inventé par elle s'accorde avec la Nature ou avec l'Etre. Nous survivons et, dans une certaine mesure, nous progressons. Les économies prospèrent, les sociétés se stabilisent, les arts et les sciences se développent; peut-être les hommes deviennent-ils plus sages. Si le sceptique se refuse à chercher en cela la loi d'un progrès, il ne peut cependant méconnaître cette preuve qu'est la civilisation ou même, plus simplement, cette sanction qu'est notre existence. Ne faut-il pas dans ces conditions s'étonner et étendre ce qui est dit à propos de la croyance causale : « Voilà donc une sorte d'harmonie pré-établie entre le cours de la nature, et la succession de nos idées ; bien que les pouvoirs et les forces qui gouvernent le premier, nous soient totalement inconnus, pourtant nos pensées et nos conceptions ont toujours continué, trouvons-nous, du même train que les autres œuvres de la nature »[1]. Nous ne pouvons fonder cet accord ; il pourrait en droit nous décevoir[2], mais nous ne cessons en fait de le vérifier. La pointe d'une épée me détermine plus fortement qu'une coupe de vin. Et quoiqu'il n'y ait en ceci que l'effet de l'imagination, le fait est que l'expérience m'instruit des moyens de ma survie.

La pratique témoignerait donc d'une finalité ensevelie au fond de la nature humaine, d'une Nature bienveillante qui ne peut être connue par la raison philosophique, indifférente et sceptique, mais dont les effets qui viennent des passions, de l'imagination, des principes, seraient autant d'indices. Il est impossible de comprendre comment la tendance enferme une causalité finale, car toute nécessité rationnelle échappe à l'esprit ; mais l'expérience fournirait la preuve que la nature humaine œuvre en faveur de l'homme, qu'elle est un pouvoir de la Nature qui, quoique se cachant à notre intelligence, ou peut-être : parce que se cachant à notre intelligence, veille à la conservation de notre espèce et à la direction de notre

1. *Enquête*, V, 54-55, 124.
2. *Enquête*, IV, 35, 95-96.

conduite. « Il est plus conforme à la sagesse ordinaire de la nature d'assurer un acte aussi nécessaire de l'esprit [que l'inférence causale], par un instinct ou une tendance machinale, qui peut être infaillible dans ses opérations, peut se découvrir dès la première apparition de la vie et de la pensée et peut être indépendant de toutes les laborieuses déductions de l'entendement »[1]. La Nature supplée avec bonheur à la raison[2], qui n'est elle-même « qu'un merveilleux et inintelligible instinct dans nos âmes »[3]. Impuissance bienheureuse de notre pensée : nous aurions là une expérience de la finalité, qui signifierait avec assez de clarté l'existence d'une providence sage et bonne !

De nombreux commentateurs ont relevé les formules de ce genre qu'on trouve dans le *Traité* et dans l'*Enquête,* Hume tenant ainsi le langage de son temps. Ils ont observé que la nature humaine prenait en charge toutes les fonctions de la raison et opérait, au bout du compte, avec autant de succès. Hendel déclare par exemple : « L'imagination est l'activité typique de l'esprit. Elle semble opérer régulièrement ; elle semble pourvue d'une conformité à la raison, bien que nous ne puissions la saisir grâce à l'examen de ses œuvres caractéristiques »[4]. Par là, la nature humaine trouve la garantie dont le scepticisme la privait. Même suggestion, quoique exprimée

---

1. *Enquête*, V, 55, 125-126.
2. *Traité*, I, 4, 7, 269, 362.
3. *Traité*, I, 3, 16, 179, 257.
4. C. W. Hendel, *Studies in The Philosophy of David Hume*, p. 417. Cf. J. Laporte, « Le Scepticisme de Hume », *Revue Philosophique*, 1934, p. 177 : la raison s'aperçoit qu'elle est nature, mais appelle la nature à la raison.

avec une précaution toute kantienne, dans cette formule de Deleuze : la finalité « sera pensée non pas connue, comme l'accord originel des principes de la nature humaine avec la Nature elle-même »[1]. La finalité serait cette Idée qui permettrait de penser l'expérience que nous avons de la nature humaine.

L'enjeu d'une telle interprétation est considérable. Elle signifierait, si elle était adoptée, les limites du scepticisme de Hume et d'autre part l'échec de son empirisme.

Si l'empirisme tolérait une expérience de la finalité, immanente aux œuvres de la nature humaine, le scepticisme qui l'accompagne reviendrait seulement à remplacer la raison par l'instinct ou le sentiment, et à prendre parti, dans le débat qui anime le XVIIIe siècle anglais, entre Locke et Shaftesbury, entre Clarke et Hutcheson. La philosophie humienne prônerait un naturalisme de type hutchesonien, qui, transposé de la philosophie pratique à la philosophie théorique, signifierait à la fois l'impuissance de nos facultés intellectuelles et l'adaptation du sentiment aux fins humaines, adaptation qui manifeste un ordre divin. De la raison au sentiment, telle serait le mesure exacte du scepticisme, scepticisme qui devient forcé, si on tente de le faire peser sur la nature elle-même : la nature humaine a l'évidence première d'un principe harmonieux et sage, face à laquelle tous les raisonnements ne sont qu'arguties. Ainsi s'éloignerait le spectre d'un scepticisme radical, qui après avoir montré que la raison n'est pas la nature, voudrait encore prouver que la nature n'est pas une raison supérieure.

1. G. Deleuze, *Empirisme et subjectivité*, p. 77 ; cf. p. 152, etc.

Mais l'empirisme de Hume échouerait dans ses intentions, s'il acceptait une telle restriction. Il aurait, par une théorie génétique, écarté l'*a priori* de la raison théorique et de la raison pratique, pour accepter à la fin l'*a priori* d'un concept de la raison téléologique. L'imagination produit les relations; les phénomènes s'associent sous des lois; la nature engendre l'obligation morale et politique. Et les relations deviennent des règles, les lois s'unissent en système, l'action prend forme morale et la société forme politique. Des ordres apparaissent. Or, que demande-t-on? On demande que ces ordres soient justifiés dans un concept de la raison qui, si vide soit-il, permettrait cependant de les délivrer de leur suspens. Tout forme appelle une raison, car autrement il se pourrait que la forme fût sans nécessité, que son agencement fût fortuit, que son être même fût contingent. Il faut par conséquent récupérer toute la genèse, l'enfermer dans une Idée ou un dessein, dont on n'exige pas qu'il soit rempli, mais qu'il soit placé au fondement. Peut-on tolérer que le multiple devienne l'un, la matière la forme, sans que l'un ou la forme ne soit déjà au principe de ce qui les produit? La causalité de la nature humaine, à défaut d'être connue, devrait être pensée selon une causalité finale.

Or, Hume récuse l'évidence du principe de raison, même lorsque, aux abois, ce principe demande par la bouche de Déméa : « Comment l'ordre peut-il naître de quelque chose qui ne perçoit pas l'ordre qu'il confère ? »[1]. Toute son œuvre contient les principes d'une critique de la finalité, en dépit de formules contraires; et cette critique trouve son expression

1. *Dialogues*, VII, 220, 149.

systématique dans les *Dialogues,* qui en ce sens achèvent l'entreprise humienne.

Dès 1739, il écrit à Hutcheson, auquel il venait de soumettre le troisième livre du *Traité* : « Je ne puis accepter le sens que vous donnez au mot *naturel.* Il est fondé sur les causes finales, ce qui est une considération qui me paraît assez incertaine et peu philosophique. Car, je vous prie, quelle est la fin de l'homme ? Est-il créé pour la vertu ou pour le bonheur ? Pour cette vie ou pour la suivante ? Pour lui-même ou pour son auteur ? Votre définition du mot *naturel* dépend de la solution de ces questions qui sont sans issue et hors de mon dessein » [1]. Ce dessein est celui d'une science causale, qui rejette toute interrogation finale dans le domaine de la spéculation hypo- thétique, et qui exclut jusqu'au concept de fin. En effet, la fin n'est pas un concept : elle est le terme d'une tendance qui s'y porte naturellement. L'entendement la reçoit telle qu'elle lui est imposée. « Si vous poussez plus loin vos questions et désirez connaître la raison pour laquelle un homme hait la douleur, il est impossible qu'il puisse jamais en donner une. C'est une fin dernière qui ne se rapporte jamais à un autre objet » [2]. Et si la fin est l'objet de la vie, il faut toujours la comprendre comme un simple effet causal. La passion produit sa fin. Certes, elle peut la représenter, mais cette représen- tation ne devient pas pour autant le principe déterminant ; elle signifie seulement la distance de la tendance à son terme, et éventuellement un objet secondaire de cette tendance. Et si

---

1. Lettre à Hutcheson (17 septembre 1739), *Lettres*, I, 33. Sur la défini- tion du mot naturel, cf. *Traité*, III, 1, 2, 473-475, 69-71.

2. *Morale appendice* I, 293, 215.

toute causalité est ainsi efficiente, il n'y a pas de place pour une causalité rationnelle. Pourvoir de la nature humaine, la raison n'est pas un principe autonome. Elle a une efficace propre, comme toute autre cause réelle. Et étant cause, elle est à son tour effet d'autres causes, détermination solidaire d'autres circonstances. « Un monde mental ou univers d'idées requiert une cause tout autant que le fait un monde matériel ou univers d'objets et, s'il est semblable dans son arrangement, il requiert nécessairement une cause semblable »[1]. La raison, dit-on, est principe architectonique : elle ordonne à partir de son principe la diversité et légitime dans son droit la disposition des idées. Mais de quelle expérience d'elle-même dérive-t-elle une telle causalité fondatrice? Nous avons l'expérience d'ordres de pensée sans causes connues ; la folie nous présente le désordre des idées. S'il y a en elle un agencement, il est produit ainsi que tout autre agencement. Enfin, c'est empiriquement que nous connaissons ses effets, que nous observons ses opérations : il n'y a aucune liaison d'essence entre elle et l'ordre, entre elle et la règle. La causalité rationnelle est de même nature que la causalité matérielle. « Pourquoi nous faudrait-il donc penser que l'ordre est plus essentiel à l'une qu'à l'autre ? »[2].

Car tel est le fond de la question : l'expérience de l'ordre n'est pas l'expérience de la finalité. Il faut faire la critique de l'idée d'ordre et montrer qu'elle n'appelle pas nécessairement une causalité intelligente. C'est le but principal des *Dialogues* qui sont moins un discours sur Dieu que sur l'ordre, car

1. *Dialogues*, IV, 198, 121.
2. *Dialogues*, IV, 200, 124.

l'existence d'un auteur intelligent n'est qu'une hypothèse parmi d'autres pour expliquer l'ordre ; le théisme expérimental est spéculatif et ce qui caractérise en propre la pure spéculation, c'est qu'elle s'arrache aux transitions aisées et régulières de l'ordre, pour le reprendre en sa totalité et s'interroger sur son origine. Rendre raison de l'ordre est hors du pouvoir de la philosophie ; c'est même l'unique question qui soit vraiment hors de son pouvoir, car cela supposerait que la philosophie, qui est elle-même une science causale, celle de la nature humaine, pût se réfléchir, pénétrer sa propre essence et fonder sa légitimité, alors qu'elle ne cesse d'être inclinée par l'imagination à enchaîner les causes et les effets. Elle est aveugle à son propre discours. Ses fins sont celles de la curiosité et d'une certaine passion pour le bien général, ses causes sont l'amour de la vérité, l'éducation, le loisir. Comme tout ordre, la philosophie est contingente dans son principe, parce qu'elle est de part en part naturelle.

Rendre raison de l'ordre ne peut signifier fonder l'ordre en lui-même, puisqu'il est produit, mais chercher l'origine de la forme de son agencement, qui lui advient au terme de la genèse causale qui l'engendre. Or, la cause et l'effet sont étrangers et toute liaison entre eux est inférée de l'expérience et de l'observation. La pensée ne jouit donc d'aucun privilège qui par essence la destinerait à être le principe de l'ordre. « Quel privilège particulier a cette petite agitation du cerveau que nous appelons *pensée,* pour que nous devions en faire ainsi le modèle de tout l'univers ? »[1] On dit trop, quand on affirme que l'ordre est une machine et qu'il consiste en une

---

1. *Dialogues*, II, I83, 102.

adaptation des moyens aux fins : on présuppose ce qu'il faut établir. Or, seule l'expérience peut nous instruire des causes capables de produire les formes et les systèmes. Rien n'est plus facile : nous connaissons de nombreux principes d'ordre et le monde est assez vaste pour qu'on en postule d'autres. « Rien que dans ce petit coin du monde, il y a quatre principes, la raison, l'instinct, la génération, la végétation, qui sont semblables les uns aux autres, et sont les causes d'effets semblables »[1]. Mais, dira-t-on, ce qu'on demande ce ne sont pas les causes matérielles de l'ordre, mais la cause de sa forme et de son harmonie, la cause du caractère complet et fini du tout : la question est *cosmogonique*. Assurément. Mais quelle idée d'un principe pouvons-nous former, sinon par l'expérience ? C'est pourquoi la cause du tout est nécessairement intérieure à son effet et ne peut être que matérielle. Il faudra rendre compte du tout par la partie, ainsi que le reconnaît le théisme expérimental, qui pense la création divine sur le modèle de l'activité humaine. Mais comme l'effet est ici le tout en tant que tel, comme chaque ordre, étant le système des liaisons et non telle liaison qui pourrait être répétée, est unique, et que sa cause n'est pas objet d'expérience, chaque cause particulière est valable par analogie : l'harmonie du monde peut avoir été produite par un dessein, par un instinct, par génération, par végétation. « Une comète par exemple est la graine d'un monde ; et après qu'elle est parvenue à pleine maturité, en passant de soleil en soleil, d'étoile en étoile, elle est à la fin lancée dans les éléments sans forme qui partout environnent cet univers, et immédiatement elle germe en un

1. *Dialogues*, VII, 219-220, 148.

nouveau système » [1]. Chercher un principe à l'ordre, c'est donner libre cours à la fantaisie, habile à tisser la toile de ses similitudes.

L'ordre n'est pas intelligible.

Hume en administre une preuve sceptique magistrale dans les sections V à VIII des *Dialogues,* qui envisagent à travers une série exhaustive de variations tous les systèmes religieux, c'est-à-dire tous les systèmes cosmogoniques possibles. Si, raisonnant de façon critique, conformément à la règle de l'expérience, nous proportionnons les causes aux effets et déterminons notre croyance en fonction du degré d'analogie observable, nous n'aurons point de peine à passer de la religion naturelle au polythéisme, à la théogonie, au panthéisme, à un athéisme vitaliste et enfin au matérialisme. A chaque étape, quelque attribut divin se perd : perfection, unicité, éternité, transcendance, spiritualité, activité. Corrélativement, par un mouvement archaïsant, l'idée d'ordre devient de plus en plus nue. L'ordre ne suppose pas une pensée parfaite : une divinité finie, imparfaite, multiple, mortelle... suffit. Il n'a pas pour condition un dessein transcendant : le dieu peut aussi bien être l'âme du monde liée à l'ordre inhérent au corps. Il ne convient même pas de lui attribuer une intelligence immanente : sa cause est sans doute un principe éternel et aveugle de génération ou de végétation ; un dernier pas efface toute espèce d'anthropomorphisme et renvoie l'ordre à une combinatoire des éléments qui lui sont intérieurs, ce qui en fait l'apparence globale et éphémère de l'agitation perpétuelle de ses parties :

1. *Dialogues*, VII, 218, 146-147.

le monde est le résultat hasardeux et passager des jeux de la matière. Ainsi tout peut être cause de l'ordre. La cosmogonie est l'impasse de la philosophie.

On ne saurait éluder cette conclusion, car le scepticisme montre que l'intelligible n'est pas intelligible. « La raison, dans son agencement et sa structure interne, nous est en réalité aussi peu connue que l'instinct ou la végétation ; et peut-être, même le mot vague et indéterminé, de *nature* auquel le vulgaire rapporte toutes choses, n'est pas en son fond plus inexplicable »[1]. Nous pouvons connaître la genèse des ordres, mais non pas la nécessité de leur forme. Ils auraient pu ne pas être et être autres qu'ils ne sont. Il est possible que le devenir les reprenne et les dissolve. Tout est possible *a priori*, c'est pourquoi le principe de raison n'a pas de prise sur l'existence. Et en vérité cette indétermination de la raison pure n'est rien que la répétition dans l'imagination de la différence originaire. Il n'y a de pensée déterminée que dans la science expérimentale et causale.

Dans cet au-delà d'incertitude, le sceptique triomphera toujours : se refusant à chercher un principe à l'ordre, il n'aura pas de peine à manifester les défauts de toutes les hypothèses et à se jouer des analogies. « Tous préparent, au bout du compte, un complet triomphe pour le *sceptique* qui leur dit qu'aucun système ne doit jamais être embrassé touchant de tels sujets, pour cette simple raison qu'aucune absurdité ne doit jamais être acceptée touchant aucun sujet. Une totale suspension du jugement est ici notre seule ressource

---

1. *Dialogues*, VII, 220, 149.

raisonnable » [1]. Mais il faut mesurer ce triomphe : le sceptique ne nie pas pour autant l'existence de l'ordre ou de la forme [2], mais il se refuse à la fonder. Qu'est-ce que l'ordre, en effet, sinon la fiction de la totalité engendrée par l'imagination ? L'imagination invente des formes : elle renforce les constances et les cohérences, suscite les relations et s'élève jusqu'aux idées de la totalité que sont le moi, le monde et le Dieu. Bien plus, étant puissance d'image, elle donne à voir, elle représente la différence qu'elle a ordonnée. Elle attire le regard, et crée cette illusion d'une expérience originaire de l'harmonie, dans laquelle tombe le théiste [3]. Aussi longtemps que cette image sert la pratique humaine, l'imagination remplit son office. Mais lorsque la représentation tente de se représenter elle-même, c'est-à-dire de se penser spéculativement dans l'unité d'une Idée, alors l'imagination devient fantaisie. Vouloir réfléchir l'imagination en raison, c'est la rendre folle et donner libre cours à la ressemblance. Il est vrai que ce délire de la causalité, qui consiste à s'interroger sur la cause de la causalité, est limité par le rappel insistant des fins naturelles de l'existence. La difficulté de vivre nous rend anthropomorphites et nous fait opter partialement pour le principe de la pensée. L'argument du dessein est vite converti en argument moral [4]. La nature investit la pure spéculation et courbe les excès de la raison à des fins plus pratiques.

Le philosophe sceptique est celui qui suspend ce voir de l'ordre et de la forme et qui se garde de l'intuition. Il ne sera

1. *Dialogues*, VIII, 230, 162.
2. *Dialogues*, VI, 215, 141-142.
3. *Dialogues*, III, 191, 112-113.
4. *Dialogues*, X, 245, 183.

point matérialiste, car le matérialisme n'est encore qu'une hypothèse et perpétue l'interrogation sur la cause de l'ordre. Ou plus exactement, il entretiendra un matérialisme de l'imagination et tiendra celle-ci pour la genèse naturelle de l'un hors du multiple, du même hors de l'autre. Il découragera toute question de légitimité. Au principe de raison qui cherche des fondements, il substitue le labeur de la raison empirique, ce système de l'expérience qui n'a jamais fini de produire ses formes et de les corriger. Il fait œuvre de science. Et s'il lui arrive d'être plus chasseur ou joueur qu'historien ou politique, si la spéculation pure est pour lui une tentation, puisque, après tout, la raison est une illusion naturelle de l'imagination, de cet ordre ou de cette harmonie qui surgit en surcroît, inattendue et impensable, de cette illusion fragile et heureuse, il saura jouir, se souvenant que « la beauté n'est rien qu'une forme qui produit le plaisir » [1], et que la forme n'est rien que le plaisir du beau. La sagesse est d'admirer sans s'étonner.

---

1. *Traité*, II, I, 8, 299, 136.

BIBLIOGRAPHIE

I. *Bibliographie générale*

Pour une bibliographie exhaustive, voir :

Jessop T. E., *A Bibliography of David Hume and of Scottish Philosophy from Fr. Hutcheson to L. Balfour* (1re éd. London 1938; 2e éd. New-York 1966). [jusqu'en 1938].

HALL R., *50 years of Hume Scholarship*, Edinburgh, 1978.

Cette bibliographie fait l'objet d'une mise à jour annuelle dans les *Hume Studies* (published by the Hume Society).

MALHERBE M., Les études humiennes : anatomie et problèmes, *Archives de Philosophie,* 1981, 44, p. 637-671.

II. *Œuvres de Hume*

A Treatise of Human Nature, (1739 : livres I et II; 1740 : livre III et appendice). Édition de référence : L.A. Selby-Bigge (Oxford 1re éd. 1888). Traduction du livre I sur *L'Entendement* par Ph. Baranger et Ph. Saltel, (GF, Paris 1995). Traduction du Livre II sur *Les Passions* par J.-P. Cléro (GF, Paris 1991). Traduction du livre III sur *La Morale* par Ph. Saltel (GF, Paris 1993).

An Abstract of a Treatise of Human Nature (1740), édition de J. M. Keynes and P. Sraffa (Londres, 1938), traduction par D. Deleule (Paris 1971).

Essays Moral, Political and Literary, (voir ci-dessous).

Philosophical Essays concerning Human Understanding (1748). Réédités en 1758 sous le titre : *Inquiry concerning Human Understanding.* Édition de référence : L. A. Selby-Bigge, (associée à *l'Enquête sur les*

Principes de la Morale, (3ᵉ éd., par P.H. Nidditch, Oxford 1975), traduction par D. Deleule (Le livre de poche, Paris 1999).

An Enquiry concerning the Principles of Morals (1751). Édition de référence : L.A. Selby-Bigge (associée à *l'Enquête sur l'Entendement Humain*). Traduction par P. Baranger et P. Saltel (Paris 1991).

Political Discourses (1752). Voir ci-dessous.

The History of England, publiée par parties : (1754, 1757, 1761, 1762), nombreuses éditions anglaises et américaines ; pour la traduction française voir parmi d'autres, l'édition Campenon (Paris 1819-1822).

Four Dissertations (1757). Voir ci-dessous.

My Own Life (1777). Voir ci-dessous.

Dialogues concerning Natural Religion (1779), édition de référence : N. K. Smith (Oxford 1935 ; nouvelle édition avec un supplément 1947). Traduction par M. Malherbe (Vrin, Paris 1987).

The Letters of David Hume, edited by J.Y. Greig, (Clarendon Press, Oxford 1932).(repr. 1969).

New Letters of David Hume, edited by R. Klibansky and E.C. Mossner (Clarendon Press, Oxford 1954).

New Letters to Lord Elibank 1748-1776, edited by E. C. Mossner, *Texas Studies in Literature and Langage* IV, n° 3 (1962), p. 431-460.

Table détaillée des Essays

Hume a corrigé à plusieurs reprises les *Essays,* modifiant les titres, supprimant tel essai, ajoutant tel autre, transformant tel passage. On donne ici le détail des éditions, du vivant de Hume.

– 1741 : *Essays moral and political,* (le titre changé en : *Essays moral, political and literary* dans l'édition 1758 des *Essays).*

    1. of the delicacy of taste and passion

    2. of the liberty of the press

    3. of impudence and modesty (non réimprimé après 1760)

    4. that politics may be reduced to a science

    5. of the first principles of government

    6. of love and marriage (non réimprimés après 1760)

    7. of the study of history (non réimprimé après 1760)

    8. of the independency of parliament

9. whether the british government inclines more to absolute monarchy or to a republic
10. of parties in general
11. of the parties of Great Britain
12. of superstition and enthusiasm
13. of avarice (non réimprimé après 1768)
14. of the dignity of human nature (nouveau titre en 1770 : of the dignity and meanness of human nature).
15. of liberty and despotism (nouveau titre en 1758 : of civil liberty).

– 1742 : seconde édition.
Le volume 2 contient les nouveaux *Essays* suivants :
1. of essay writing (publié dans cette seule édition)
2. of eloquence
3. of moral prejudices (publié dans cette seule édition)
4. of the middle station of life (publié dans cette seule édition)
5. of the rise and progress of the arts and sciences
6. the Epicurian
7. the Stoic
8. the Platonist
9. the Sceptic
10. of polygamy and divorce
11. of simplicity and refinement in writing
12. a character of Sir Robert Walpole (non publié après 1768) (dans les éditions de 1748 à 1768, est imprimé en note à la fin de l'essai « That politics... »).

– 1748 : *3 Essays moral and political*, qui complètent la précédente édition :
1. of national characters (incorporé ensuite dans la 1 re partie des *Essays*)
2. of the original contract (incorporé ensuite dans la 2 e partie des *Essays*)
3. of passive obedience (incorporé ensuite dans la 2 e partie des *Essays*).

– 1752 : *Political discourses*, devenant ensuite la 2 e partie des *Essays* :
1. of commerce
2. of luxury (nouveau titre en 1760 : of refinement in the arts)
3. of money

4. of interest
5. of the balance of trade
6. of the balance of power
7. of taxes
8. of public credit
9. of some remarkable customs
10. of the populousness of ancient nations
11. of the protestant succession
12. idea of a perfect commonwealth

Dans l'édition de 1758 sont ajoutés
– of the original contract of passive obedience (auparavant dans la 1 re Partie)

Dans l'édition de 1760, deux nouveaux essais :
1. of the jealousy of trade
2. of the coalition of parties

– 1757 : *Four dissertations :*
1. the natural history of religion
2. of the passions
3. of tragedy (ajoutés aux *Essays,* 1 re partie, en 1758)
4. of the standard of taste (ajoutés aux *Essays,* 1 re partie, en 1758)

En outre, soustraits par Hume et publiés en 1783 :
1. of suicide
2. of the immortality of the soul,

– 1777 : adjonction aux *Essays*, 1 re partie, de l'essai « of the origin of government ». Par ailleurs, en tête des *Essays* est placé *My Own Life*.

L'édition de 1777 des *Essays moral, political and literary* est reproduite par T. H. Green et T. H. Grose (Londres 1874-1875), *The philosophical Works of David Hume*. Les *Essays* et *The Natural History of Religion*, *My Own Life*, se trouvent dans les volumes 3 et 4 (repris séparément en 1882, en volumes 1 et 2). L'édition de référence est aujourd'hui celle de E. F. Miller, revised edition, Liberty Classics, Indianapolis 1987.

On aura intérêt à choisir les traductions qui ne dispersent pas les *Essais* par thèmes. Pour la 1re partie, traduction par M. Malherbe, Vrin, Paris 1999 (comprenant aussi *Ma Vie*) ; pour la 2e partie, traduction par F. Grandjean, T.E.R., Mauvezin 1993.

On trouvera par ailleurs en traduction indépendante *L'histoire Naturelle de la religion* à laquelle sont joints les essais non publiés du vivant de Hume sur «l'immortalité de l'âme» et «le suicide», traduction par M. Malherbe (Paris 1971).

La Dissertation sur les passions est jointe à la traduction du livre II du *Traité*, traduction de J.P. Cléro.

III. *Ouvrages sur Hume*
1) *Biographie*

BURTON J. H. – *Life and Correspondence of David Hume* (Edinburgh 1846), 2 vol.

MOSSNER E. C. – *The Life of David Hume* (2e édition, Oxford 1970).

– «Hume's Epistle to dr Arbuthnot 1734 : The biographical Significance», *Huntington Library Quarterly VII* (1944) 134-152.

– «Philosophy and Biography : the case of David Hume», *Philosophical Review* LIX (1950) p. 184-201.

– «Hume's Four Dissertations : an Essay on Biography and Bibliography», *Modern Philology*, XLVIII (1950), p. 37-57.

– «The continental Reception of Hume's Treatise, 1739-1741», *Mind*, LVI, 1947, p. 31-43.

2) *Ouvrages d'ensemble*

HENDEL C. V. – *Studies in the Philosophy of David Hume* (1re ed., Princeton 1925 ; nouvelle ed. augmentée, New York 1963).

LAIRD J. – *Hume's Philosophy of human Nature* (London 1932 ; repr. 1968).

KEMP SMITH N. – *The Philosophy of David Hume, a critical Study of its Origins and central Doctrines* (London 1941, repr. 1966).

PASSMORE J. – *Hume's Intentions* (London 1952 ; 2e éd. revue London 1968).

DELEUZE G. – *Empirisme et subjectivité* (Paris 1953).

LEROY A. – *David Hume* (Paris 1953).

NOXON J. – *Hume's philosophical Development, a Study of his Methods* (Oxford 1973).

CAPALDI N. – *David Hume, the newtonian Philosopher* (Boston 1975).

PENELHUM T. – *Hume* (London 1975).

STROUD B.– *Hume* (London and Boston 1977).

NORTON D.F. – *David Hume, Common Sense Moralist, sceptical Metaphysician* (Princeton 1982).

WRIGHT J.-P. – *The Sceptical Realism of David Hume* (Manchester 1983).

LIVINGSTONE D.-H. – *Hume's Philosophy of Common Life* (Chicago 1984).

GARRETT D. – *Cognition and Commitment in Hume's Philosophy,* New York-Oxford 1997).

3) *La théorie de l'entendement* :

LAPORTE J. – « Le scepticisme de Hume », *Revue philosophique,* 1933, 115, p. 61-122 et 1934, 117, p. 161-225.

CHURCH R. W. – *Hume's Theory of the Understanding* (London 1935).

MAUND C. – *Hume's Theory of Knowledge : a critical Examination* (London 1937).

PRICE H. H. – *Hume's Theory of the external World* (Oxford 1940).

ZABEEH F. – *Hume Precursor of modern Empiricism* (The Hague 1960).

FLEW A. – *Hume's Philosophy of Belief, a Study of the first Enquiry* (London and New York 1961).

WILBANKS J. – *Hume's Theory of Imagination* (The Hague 1968).

STOVE D. C. – *Probability and Hume's inductive Scepticism* (Oxford 1973).

BRICKE J. – *Hume's Philosophy of Mind* (Princeton 1980).

BEAUCHAMP T. L., ROSENBERG A. – *Hume and the Problem of Causation* (Oxford 1981).

KREIMENDAHL L. – *Hume's verborgener Rationalismus* (Berlin-New York 1982).

MICHAUD Y. – *Hume et la fin de la philosophie* (Paris 1983).

FOGELIN R. J. – *Hume's Scepticism in the* Treatise of Human Nature, (London 1985).

PEARS D. – *Hume's System, An examination of the First Book of his Treatise* (Oxford 1990).

FLAGE D.E. – *David Hume's Theory of Mind* (London and New York 1990).

WILSON F. – *Hume's defence of Causal Inference* (Toronto 1997).

4) La morale et la politique

KYDD R. M. – *Reason and Conduct in Hume's Treatise* (London 1946).

AGOLINI L. B. – *Esperienza giuridica e politica nel pensiero di David Hume* (Siena 1947).

AIKEN H. D. – *Hume's moral and political Philosophy* (New York 1948).

VLACHOS G. – *Essai sur la politique de Hume* (Athènes et Paris 1955).

ARDAL P. S. – *Passion and Value in Hume's Treatise* (Edinburgh 1966).

MERCER P. – *Sympathy and Ethics* (Oxford 1972).

FORBES D. – *Hume's philosophical Politics* (Cambridge 1975).

HARRISON J. – *Hume's moral Epistemology* (Oxford 1976).

MACKIE J. L. – *Hume's moral Theory* (London and Boston 1980).

HARRISON J. – *Hume's Theory of Justice* (Oxford 1981).

CLÉRO J.-P. – *La philosophie des passions chez David Hume* (Paris 1985).

FLEW A., – *David Hume : Philosopher of Moral Science.*

BAIER A. C. – *A Progress of Sentiments, Reflections on Hume's Treatise* (Cambridge, Mass., 1991).

LECALDANO E. – *Hume e la nascita dell'etica contemporanea* (Roma-Bari 1991).

LE JALLE E. – *Hume et la régulation morale* (Paris 1999).

5) L'histoire et l'économie

BLACK J. B. – *The Art of History, a Study of four great Historians of the eighteenth Century* (London 1926).

MOSSNER E. C. « An Apology for D. Hume Historian », *P.M.L.A.*, 1941, 56, p. 657-690.

POPKIN R. H. – *Scepticism and the Study of History* (intr. à *David Hume, philosophical Historian*) (New York 1965).

NORTON D. F. – *History and Philosophy in Hume's Thought* (intr. à *David Hume, philosophical Historian*) (New York 1965).

DELEULE D. – *Hume et la naissance du libéralisme économique* (Paris 1979).

6) L'esthétique, la religion

LEROY A. – *Critique et religion chez David Hume* (Paris 1929).

KEMP SMITH N. – *Hume's Dialogues concerning Natural Religion*, ed. with an introduction (Oxford 1935).

BRUNIUS M.T. – *David Hume on Criticism* (Stockholm 1952).

BRUNET O. – *Philosophie et esthétique chez David Hume* (Paris 1965).

GASKIN J.C. – *Hume's Philosophy of Religion* (London 1978).

JONES P. – *Hume's Sentiments, their Ciceronian and French Context* (Edinburgh 1982).

LEVINE M.– *Hume and the problem of Miracles: a Solution*, (Dordrecht 1989).

7) *Hume et les philosophes*

HUXLEY T.H. – *Hume with Helps of the Study of Berkeley* (New York 1896).

SAILMON C.V. –*The central Problem of David Hume's Philosophy* (Halle 1929).

KUYPERS M.S. – *Studies in the eighteenth Century Background of Hume's Empiricism* (Minneapolis 1930).

BONGIE L.L. – *David Hume, Prophet of the Counter-Revolution* (Oxford 1965).

HURLBUTT R.H. – *Hume, Newton and the Design Argument* (Lincoln 1965).

JEFFNER A. – *Butler and Hume on Religion* (Stockholm 1966).

LAUENER H. – *Hume und Kant, eine systematische Gegenüberstellung einiger Hauptpunkte ihrer Lehren* (Bern und Milnchen 1969).

MALL R.A. – *Experience and Reason, the Phenomenology of Husserl and its relation to, Hume's Philosophy* (The Hague 1973).

BECK L.W. – *Essays on Kant and Hume* (New Haven and London 1978).

ALHERBE M. – *Kant ou Hume, ou la raison et le sensible* (Paris 1980).

MURPHY R.T. – *Hume and Husserl, towards Radical Subjectivism* (The Hague 1980).

HAAKONSSEN K. – *The Science of a Legislator, the natural Jurisprudence of David Hume and Adam Smith* (Cambridge 1981).

PERA M. – *Hume, Kant e l'Induzione* (Bologna 1982).

GAWLICK G. et KREIMENDHAL L.– *Hume in der Deutschen Aufklärung* (Stuttgart-Bad Canstatt 1987).

8) *Publications collectives*

Revue internationale de philosophie, 1952, n° 2.

David Hume : a Symposium, ed. by D.F. Pears (London 1963).

Hume : a Collection of critical Essays, ed. by V.C. Chappell.

Les Études philosophiques, 1973, n° 1.

David Hume : manysided Genius, ed. by K.R. Merrill and R.S. Schahan (*Southwestern Journal of Philosophy*, 1975, 7, n° 2).

Revue internationale de philosophie, 1976, 30, n° 1 et 2.

Hume : A Reevaluation, ed. by D.W. Livinpton and J.T. King (New York 1976).

Philosophical Quarterly, 1976, 26, n° 1.

David Hume, bicentenary Papers, ed. by P. Morice (Edinburgh 1977).

Mc Gill Hume studies, ed. by D.F. Norton, N. Capaldi and W.L. Robison (San Diego 1979).

Hume Studies, 1975-…

TABLE DES MATIÈRES

INTRODUCTION 9

    Les philosophes et Hume (9); le plaisir de philosopher (12);
        jeunesse et maturité(13); la continuité de l'œuvre (14);
        humour et déception; comment lire Hume? (24)

CHAPITRE PREMIER : *Une Science Nouvelle* 27

    Fonder une science nouvelle: le projet du *Traité*; poursuite et
        affinement dans la suite de l'œuvre (28);
    La défense de la philosophie spéculative : philosophie facile et
        philosophie abstruse; de l'utilité de la philosophie (32);
    Une science précise : philosophie naturelle et philosophie morale;
        précision et scepticisme (42);
    La question fondamentale de l'empirisme: mathématiques
        et physique chez Newton; l'énigme de la méthode
        expérimentale (51);
    Le XVIIIe siècle et la critique de l'évidence (57);
    Méthode expérimentale et science morale : le vocabulaire; la
        méthode; la matière de la philosophie morale (60);
    L'analyse humienne des mathématiques : la connaissance au sens
        strict; les idées mathématiques; la géométrie, science impré-
        cise; le simple et l'impression (67);
    L'impression comme expérience radicale : l'expérience comme
        règle; la critique de l'expérience; l'idée de l'expérience
        pure (76);

La science première de la nature humaine : les divisions de la connaissance humaine ; une fondation naturaliste ; un principe inconnaissable par soi ; la philosophie n'est pas la psychologie (80)

CHAPITRE II : *L'Expérience-Impression*... 94

Le renouvellement de la théorie des idées : la critique de la doctrine des idées par Reid ; faut-il sauver Hume ? ; de l'idée à l'impression : le principe empiriste ; l'impression est une perception (94) ;

Sentir et penser : l'impression n'est pas représentative ; antériorité et ressemblance ; du réel au possible ; la pensée comme absence (100) ;

L'impression comme origine : vive ; simple ; ni interne ni externe ; une existence primitive et absolue ; impression simple et impression complexe ; la source de la détermination (110) ;

La doctrine fondamentale de l'atomisme : l'impression est une existence séparée, périssable, différente ; le principe de l'analyse ; toute relation est une fiction (123) ;

Une conscience sans subjectivité : *cogito* et impression ; le moi en question ; la pensée est aveugle à sa propre origine (130) ;

Une science sceptique : la genèse de l'esprit (133)

CHAPITRE III : *La Genèse de l'Entendement* 137

Expérience et genèse : les divers sens de l'expérience ; l'esprit comme supplément ; le premier livre du *Traité* (137) ;

L'espace et le temps ou l'esprit phénomène : la question de la divisibilité à l'infini ; des formes sensibles a posteriori ; coexistence et succession ; une manière d'apparaître ; l'esprit comme succession et synopsis (142) ;

La croyance naturelle de la mémoire : expérience passée et expérience future ; rétention et mémoire ; la vivacité du passé (149) ;

Une solution sceptique au problème de la causalité : les relations naturelles et les relations philosophiques ; trois principes et sept relations ; la structure de l'inférence causale ; une analyse sceptique (154) ;

L'inférence causale, transition de l'imagination : la conjonction constante ; association et observation ; l'expérience passée, cause de l'inférence ; l'habitude, principe de la nature humaine (162) ;

La croyance, mystère de la philosophie : est une idée vive ; une manière de concevoir ; une quasi impression ; la nécessité comme impression de réflexion ; le soi de l'entendement ; la liaison n'est pas dans les choses, mais dans l'esprit ; la liaison n'est pas dans la raison (169)

L'association et la production de l'ordre : une science causale et sceptique de l'esprit ; l'association, principe ultime ; séparer et unir ; l'ordre comme effet ; l'imagination productrice ; l'idée abstraite (182)

CHAPITRE IV : *Le Monde et le Moi* 193

Le problème de l'identité : la fiction ultime ; *Traité* I, 4 (193) ;

La critique de la notion de substance : de Locke à Hume ; identité de l'objet et identité du sujet (194) ;

Les fictions de la croyance sensible : existence continue et extériorité ; constance et cohérence ; les trois fictions de la durée, de l'objet, de l'existence continue ; la philosophie au rouet (201) ;

L'idée de monde (213) ;

L'énigme de l'idée du moi : le moi impensable ; succession et identité ; la fiction ultime (215) ;

Le moi pratique : de l'identité intellectuelle à l'identité passionnelle ; pourquoi les passions sont-elles subjectives (224) ;

L'économie du plaisir : plaisir et douleur ; la liaison hédonique ; l'association des passions (229) ;

Le moi hédonique : l'orgueil et l'humilité ; plaisir et imagination (236) ;

Autrui : l'amour et la haine ; la sympathie (240) ;

Les trois principes de la nature humaine : l'imagination, le désir et la sympathie (244)

CHAPITRE V : *Nature et règle* 247

Le problème de la raison : la nature comme tendance et transition ; l'idée d'une raison naturelle ; peut-on être empiriste ? (247) ;

Le goût et la raison : le sentiment du beau apprécie par plaisir et déplaisir ; la valeur ; le jugement et le goût ; la délicatesse et l'universalité du goût ; la critique (252) ;

Le sens moral : plaisir et obligation : la question de l'origine de la morale ; le sentiment moral ; un plaisir désintéressé ; sympathie et bienveillance ; les motifs moraux ; l'obligation (260) ;

L'utile et l'agréable : le mérite moral, les quatre sortes de qualités ; que Hume n'est pas utilitariste ; égoïsme et sentiment d'humanité ; (272) ;

La raison comme cause naturelle : un pouvoir théorique indifférent ; pratiquement inactif ; au service de la passion ; l'industrie de la raison ; la généalogie de la justice ; l'utilité du général ; la passion calme (277) ;

Les règles nécessaires : la naturalisation de la logique ; les liaisons nécessaires ; règle et probabilité ; abus de l'imagination, abus de la règle ; les règles correctives (289) ;

La raison compromis de la nature : la prudence de la raison ; correction et tempérance (303)

CHAPITRE VI : *La Science de la Nature Humaine* 309

La possibilité d'une science sceptique : des principes connus par leurs effets ; le plaisir et l'utilité de l'étude ; un scepticisme positif (309) ;

L'efficacité méthodique d'une science sceptique : une méthode critique ; réduire les disputes verbales : liberté et nécessité ; forger une analyse critique du témoignage : la question du miracle ; déterminer les limites de la connaissance : la question de la Providence (314) ;

Une science expérimentale des phénomènes moraux : non métaphysique, phénoménale, même touchant l'esprit humain ; levant la confusion du fait et du droit (323) ;

La science du normatif : la genèse du droit à partir du fait ; l'histoire naturelle de la religion ; l'histoire naturelle du politique ; la critique du contrat primitif ; la genèse du gouvernement ; la moralité publique : obéissance et résistance (327) ;

La science de l'histoire : Hume historien ; l'espace causal de l'histoire ; une connaissance probable ; vérifier le passé : une science critique est-elle possible ? ; la circonstance ; le hasard et la nécessité (339) ;
La raison dans l'histoire (353)

CONCLUSION... 355

Qu'il y a de l'ordre ; que l'ordre ne doit pas être compris finalement ; l'ultime bataille dans les *Dialogues* : la critique sceptique de la finalité

BIBLIOGRAPHIE 369

TABLE DES MATIÈRES 379

Imprimerie de la Manutention à Mayenne – Février 2001 – N° 28-01
Dépôt légal : 1er trimestre 2001